FUNDAMENTOS DE TODA A DOUTRINA DA CIÊNCIA

Dados Internacionais de Catalogação na Publicação (CIP)
(Câmara Brasileira do Livro, SP, Brasil)

Fichte, Johan Gottlieb, 1762-1814
  Fundamentos de toda a doutrina da ciência / Johan Gottlieb
Fichte ; tradução e apresentação de Diogo Falcão Ferrer. – Petrópolis,
RJ : Vozes ; Bragança Paulista, SP : Editora Universitária São Francisco,
2021 – (Coleção Pensamento Humano).

  Título original: Grundlage der gesammten Wissenschaftslehere
als Handschrift für seine Zuhörer
  ISBN 978-65-5713-240-1

  1. Filosofia 2. Filosofia da ciência 3. Ciência – Obras anteriores
a 1800 I. Título. II Série.

21-70206   CDD-100

Índices para catálogo sistemático:
1. Filosofia   100

Cibele Maria Dias – Bibliotecária – CRB-8/9427

Johan Gottlieb Fichte

FUNDAMENTOS DE TODA A DOUTRINA DA CIÊNCIA

Tradução e apresentação de Diogo Falcão Ferrer

Petrópolis

Bragança Paulista

Tradução realizada a partir do original em alemão intitulado
Grundlage der gesammten Wissenschaftslehre als Handschrift für seine Zuhörer

© desta tradução:
2021, Editora Vozes Ltda.
Rua Frei Luís, 100
25689-900 Petrópolis, RJ
www.vozes.com.br
Brasil

Editora Universitária São Francisco – Edusf
Avenida São Francisco de Assis, 218
Jardim São José
12916-900 Bragança Paulista, SP
www.saofrancisco.edu.br/edusf
edusf@saofrancisco.edu.br
Brasil

Todos os direitos reservados. Nenhuma parte desta obra poderá ser reproduzida ou transmitida por qualquer forma e/ou quaisquer meios (eletrônico ou mecânico, incluindo fotocópia e gravação) ou arquivada em qualquer sistema ou banco de dados sem permissão escrita da editora.

CONSELHO EDITORIAL

Diretor
Gilberto Gonçalves Garcia

Editores
Aline dos Santos Carneiro
Edrian Josué Pasini
Marilac Loraine Oleniki
Welder Lancieri Marchini

Conselheiros
Francisco Morás
Ludovico Garmus
Teobaldo Heidemann
Volney J. Berkenbrock

Secretário executivo
João Batista Kreuch

Diagramação: Raquel Nascimento
Revisão gráfica: Nilton Braz da Rocha
Capa: WM design
Arte-finalização: Editora Vozes

ISBN 978-65-5713-240-1

Editado conforme o novo acordo ortográfico.

Este livro foi composto e impresso pela Editora Vozes Ltda.

SUMÁRIO

Apresentação, 7

Fundamentos de toda a Doutrina da Ciência como manual para os seus ouvintes, 27

Prólogo à segunda edição, 29

Fundamentos de toda a Doutrina da Ciência como manual para os seus ouvintes, 31

Prefácio, 33

PRIMEIRA PARTE: PRINCÍPIOS DE TODA A DOUTRINA DA CIÊNCIA

§.1. Primeiro princípio, simplesmente incondicionado, 37

§.2. Segundo princípio, condicionado quanto ao conteúdo, 47

§.3. Terceiro princípio, condicionado quanto à forma, 51

SEGUNDA PARTE: FUNDAMENTOS DO SABER TEÓRICO

§.4. Primeiro teorema, 69

A. Determinação da proposição sintética a analisar, 71

B. Síntese dos opostos completa e universalmente contidos na proposição estabelecida, 73

C. Síntese, por determinação recíproca, dos opostos contidos na primeira das proposições opostas, 77

D. Síntese, por determinação recíproca, dos opostos contidos na segunda das proposições opostas, 82

E. Unificação sintética da oposição que tem lugar entre as duas espécies estabelecidas de determinação recíproca, 90

Dedução da representação, 165

TERCEIRA PARTE: FUNDAMENTOS DA CIÊNCIA DO DOMÍNIO PRÁTICO

§.5. Segundo teorema, 185

§.6. Terceiro teorema: No esforço do eu é posto simultaneamente um esforço contrário do não-eu, que mantém o equilíbrio com o primeiro, 220

§.7. Quarto teorema: O esforço do eu, o esforço contrário do não-eu e o equilíbrio entre os dois têm de ser postos, 222

§.8. Quinto teorema: O sentimento tem também de ser posto e determinado, 225

§.9. Sexto teorema: O sentimento tem de ser melhor determinado e limitado, 232

§.10. Sétimo teorema: O impulso tem também de ser posto e determinado, 236

§.11. Oitavo teorema: Os sentimentos têm também de poder ser opostos, 255

Glossário, 263

APRESENTAÇÃO

Largos anos decorridos após a publicação inicial dos *Fundamentos da Doutrina da Ciência*, em dois fascículos, nos anos de 1794/1795, Schelling recordará ainda o início da sua própria filosofia *"naqueles bons tempos, em que o espírito humano se soltou, com Kant e Fichte, das suas cadeias, para a liberdade efetiva"*[1]. O texto que, no seu bicentenário, agora apresentamos, inaugura, na verdade, o primeiro grande capítulo do Idealismo Alemão, período filosófico de que Schelling exprime, com aquelas palavras, a origem temática e histórica. As Lições que Fichte pronuncia em Iena, em 1794 e 1795, marcam o início de uma breve carreira do filósofo na universidade dessa cidade, para onde foi convidado para ocupar a cátedra deixada vaga por Reinhold, mudado para Kiel. Fichte é saudado, na ocasião, como o grande continuador da obra de Kant, o *"verdadeiro Messias da razão especulativa, o filho legítimo da promessa de uma filosofia inteiramente pura, subsistente em si e por si própria"*[2], até ao seu despedimento, em 1799, sob a acusação de ateísmo, iniciando então um período de relativo declínio da sua estrela que, no que diz respeito à influência e audiência filosóficas, não voltará a brilhar com a mesma intensidade. O seu parcial eclipse prolongar-se-á até a renovação dos estudos fichteanos a partir dos anos de 1960, caracterizada por uma extensa bibliografia, a par da edição crítica da sua obra, em 42 volumes, iniciada em 1962 e concluída em 2012 e de uma presença indiscutível no cânone filosófico[3].

---

1. F. W. Schelling, *Philosophie der Offenbarung* (Werke, 6. Erg. Band, München, 1858, 1954, p. 89).

2. F. H. Jacobi, *Carta a Fichte*, 1799 (Werke, III, Darmstadt, 1976, pp. 9-10).

3. Johann Gottlieb Fichte, *Gesamtausgabe der Bayerischen Akademie der Wissenschaften* (Herausgegeben von Erich Fuchs, Hans Gliwitzky, Reinhard Lauth und Peter K. Schneider, Stuttgart – Bad Cannstatt, 1962-2012).

Os testemunhos da época dão-nos conta de uma recepção calorosa do filósofo em Iena em 1794. *Durante as suas lições da Doutrina da Ciência, os ouvintes, respondendo ao apelo para se concentrarem em si mesmos, "pareciam realmente entrar em si próprios. Alguns levantavam-se e mudavam de lugar, outros curvavam-se sobre os seus bancos e fechavam os olhos, e todos esperavam, com o espírito tenso, aquilo que se seguiria ao convite de Fichte. Via-se-los verdadeiramente pensar aquilo que ele queria forçá-los a pensar. O êxito de Fichte afirmava-se a cada dia. Houve um momento, em Iena, em que o público inteiro se apaixonou por um sistema de metafísica, um momento [...] em que se falava dele não somente nas tabernas dos estudantes, mas também nos salões e, até mesmo, nos toucadores das damas"*[4]. Fichte encontrou discípulos, de ressaltar Schelling, que se iria igualmente impor no firmamento da filosofia alemã, e converteu às suas teses o principal intérprete e divulgador coevo da obra kantiana, Reinhold que, nos seus próprios termos, frente à Doutrina da Ciência de Fichte viu *"jazer em escombros o edifício doutrinal"* do seu próprio sistema[5].

A propósito do texto ora apresentado em tradução, permanecem em grande medida válidas as palavras de Richard Kroner, em apreciação histórico-sistemática do período do Idealismo Alemão: *"se é certo que Fichte considerava a exposição da sua Doutrina da Ciência a tarefa de uma vida, e que a sua primeira exposição não o satisfazia, esta primeira figura permanece, no entanto, aquela que elevou o pensamento kantiano a um novo estádio, que realizou a ruptura em direção ao especulativo, e apontou, assim, o caminho para os desenvolvimentos subsequentes. A Doutrina da Ciência de 1794 é uma obra que exerceu a máxima influência sobre os seus contemporâneos, lançou Schelling no seu caminho e deixou traços indeléveis no espírito de Hegel. Por isso, valerá sempre como um clássico. Para quem considerar o desenvolvimento do Idealismo Alemão, ela tem de constituir e permanecer um marco de fronteira, o ponto de viragem que separa a época especulativa,*

---

4. Xavier Leon, *Fichte et son temps*, (vol. I, Paris, 1922, p. 274).

5. K. L. Reinhold, *Carta a Fichte*, 14.2.1797 (in Fichte, Gesamtausgabe der Bayerischen Akademie [=GA], III/3, p. 48).

pós-kantiana, da kantiana em sentido estrito, que a precedeu. [...] Ainda hoje nela "cintilam as faíscas espirituais" (Fichte a Reinhold, 21.3.1797), os problemas que levanta não estão, ainda, e por muito tempo, esgotados – eles manterão, previsivelmente por muito tempo, ou para sempre, suspensa a respiração da humanidade pensante. Está-se ainda muito longe de ter tão somente compreendido este livro"[6].

Fichte entendia-se como o realizador da obra de que Kant tinha descoberto a chave e lançado as bases. O discípulo de Kant iniciará então um movimento de aprofundamento, e um modo de pensar que irá conduzir sucessivamente a Schelling e finalmente a Hegel, descrevendo um trajeto em que pela primeira vez a filosofia se compreende a si própria como consistindo essencialmente no *movimento* do próprio pensar, caminho que Hegel entenderá como sucessão lógica dos sistemas filosóficos a caminho do absoluto, o qual pretenderá, alguns anos mais tarde, da forma mais impositiva ao pensamento, ter atingido. Será aliás esta última compreensão, atribuível a Hegel, que ajudará a impor, durante mais de um século, o referido apagamento da obra de Fichte, entendido até há algumas décadas como mero ponto de passagem e jamais como proposta filosófica autossuficiente. No entanto, as mais de uma dezena de versões sempre novas da Doutrina da Ciência que o filósofo escreveu até a data da sua morte, em 1814, e que permaneceram em parte inéditas até recentemente, impõem uma perspectiva diferente do desenvolvimento do idealismo alemão, onde o pensamento de Fichte, na sua coerência, validade e desenvolvimento autônomos, é hoje entendido sem dúvida como um ponto culminante.

No que diz respeito à compreensão do sentido da filosofia como residindo essencialmente no movimento do pensar, as ideias de Fichte, expostas na sua versão de 1794/1795, delineiam claramente as operações básicas do pensar dialético, ou da dialé-

---

6. Richard Kroner, *Von Kant bis Hegel* (Tübingen, 1921, 1924, 1961, p. 32). A última afirmação, em especial, continua entretanto válida, passados mais de setenta anos sobre a publicação da obra. Cf. R.-P. Horstmann, *Die Grenzen der Vernunft. Eine Untersuchung zu Zielen und Motiven des Deutschen Idealismus* (Frankfurt a.M, 1991, p. 115), para quem *"a sua impenetrabilidade argumentativa não pode ser considerada resolvida, apesar de muitos esforços"*.

tica entendida como mais do que uma lógica da ilusão[7]. Constitui uma descoberta filosófica determinante o fato de que, dadas uma posição, uma oposição e uma limitação recíproca, o pensamento encontra um método em que ele próprio, segundo uma lógica interna, se desenvolve e determina por si mesmo e a si mesmo. Já no que diz respeito à explicitação do tema do absoluto como ponto nodal da filosofia, Fichte parece oscilar, efetivamente, no presente texto, entre uma filosofia da subjetividade, centrada na problemática do conhecimento – ou mesmo, principalmente no pequeno escrito programático do mesmo período "Sobre o conceito da Doutrina da Ciência", mais especificamente sobre o conhecimento científico – e uma problemática que se poderia caracterizar pela regência do tema, nos termos de Hegel na mesma época, de que Fichte também se servirá aliás, da "manifestação do absoluto"[8]. Este último tema, expresso e aprofundado posteriormente, por Fichte, pelo conceito de "imagem do absoluto"[9], irá decididamente dominar as versões mais tardias da Doutrina da Ciência, encontrando-se, por conseguinte, de algum modo na linha do seu desenvolvimento. É duvidoso, porém, o que significam e qual o estatuto que Fichte pretenderia atribuir aos seus princípios e ao seu desenvolvimento, conforme expostos em Iena em 1794/1795.

Estes princípios parecem poder receber o sentido tanto de uma denominação para algum gênero de realidades ou estrutura ontológica, e assim "eu absoluto", "não-eu" e "divisibilidade, quantidade ou limitação", se deixarem interpretar, por exemplo, como "Deus", "mundo" e "eu finito", ou "identidade", "diferença" e "oposição" – ou outros significados – quanto constituir meras ficções de cariz heurístico, ilusões transcendentais a desfazer ou princípios exclusivamente epistemológicos. De certo modo, o texto consiste num equilíbrio difícil entre uma filosofia do conhecimen-

---

7. Cf. Reinhard LAUTH, "Der Ursprung der Dialektik in Fichtes Philosophie" (in *Annalen der internationalen Gesellschaft für dialektische Philosophie*. Societas Hegeliana, V, Köln, 1988, p. 135-147).

8. G. W. F. HEGEL, *Differenz des fichteischen und schellingischen Systems der Philosophie* (Gesammelte Werke 4, Hamburgo, 1964, pp. 10, 32). A ideia manter-se-á, e.g., na Wissenschaft der Logik (Ib. 11, pp. 380-381.); em Fichte, a partir de Carta a Schad, 29.12.1801 (GA, III, 5, p. 102).

9. Expressão empregue a partir da Doutrina da Ciência de 1805 (GA, 11,9, p. 310).

10

to, com questões de tipo gnosiológico, cada vez mais tendendo a manifestar-se como domínio de questionamento maldelimitado, e uma filosofia emergente do absoluto, de contornos românticos.

Ou consistirá, porventura, justamente no prenúncio de um sistema de interpretação de Kant com o alcance de que o domínio do conhecimento, ou da experiência possível, consiste na imagem ou manifestação do absoluto. Deste modo buscará Fichte desenvolver um sistema do saber absoluto sem abandonar a matriz da crítica do conhecimento, um idealismo que é, simultaneamente, absoluto e crítico.

Assim, a identificação, ou confusão, induzida pela própria terminologia fichteana, do "eu absoluto" com o sujeito e do "não-eu" com o objeto é persistente, embora expressamente recusada por Fichte. Se é verdade que os *Fundamentos da Doutrina da Ciência* são pensados e projetados como teoria do conhecimento humano, que se trata tão somente de explicitar os seus primeiros princípios, e de encontrar quais os fundamentos necessários para a compreensão do acesso do eu ao sentimento e à experiência do mundo e de si próprio, é, entretanto, igualmente de assinalar que responder à questão sobre o conhecimento implica enunciar teses acerca do que são o mundo, o homem ou o absoluto. E assim, os próprios princípios da ciência, em conjunto com a sua expressão e desenvolvimento sistemáticos, constituem a imagem por si própria reconhecida do absoluto[10]. Esta é a ideia que a Doutrina da Ciência de 1794/1795 lança, muito embora em gérmen ainda, de modo irreversível.

Das ideias centrais de Fichte, aquela que permanecerá, para além da terminologia, não somente original, como também exclusiva do autor, e não fará carreira no Idealismo Alemão, é o projeto de constituição do saber a partir dos meios que são oferecidos exclusivamente pela liberdade. A equação entre absoluto e liberdade daqui resultante será específica de Fichte, constituindo um

---

10. As interpretações, e.g., de Wolfgang JANKE (*Fichte: Sein und Reflexion. Grundlage der kritischen Vernunft*, Berlim, 1970; *Vom Bilde des Absoluten. Grundzüge der Phänomenologie Fichtes*, Berlim, 1993; e *Die dreifache Vollendung des Deutschen Idealismus: Schelling, Hegel und Fichtes ungeschriebene Lehre*, Amsterdã – Nova York, 2009) ou de Marek SIEMEK (*Die Idee des Transzendentalismus bie Fichte und Kant*, Hamburgo, 1983) apontam neste sentido.

sistema do idealismo absoluto independente e inconfundível com as versões de Schelling ou de Hegel. Foi *"desta maneira [que] Fichte disse uma palavra nova na história da ética. É o descobridor do valor próprio da ação produtora como tal, da atividade; e, ao mesmo tempo, do valor próprio da liberdade"*[11]. E será esta equação que o autor buscará trazer à linguagem no híbrido terminológico que emprega de um modo inteiramente novo, *"Thathandlung"*, palavra construída por analogia com o termo "Thatsache" ("fato"), em que o elemento "Sache" ("coisa") é substituído por "Handlung" ("ação"), termo intraduzível de modo satisfatório, com o significado de um "ato originário"[12].

O texto de que aqui se apresenta a tradução portuguesa não constitui a "Doutrina da Ciência" de Fichte. O seu autor o dirá: *"a Doutrina da Ciência não é, de modo algum, um livro impresso, mas sim um pensamento vivo perpetuamente novo e a produzir de novo"*, trata-se de uma *"experiência a retomar continuadamente"*[13]. O sinal mais visível desta falta de coincidência entre a obra apresentada e o seu título é a referida multiplicidade de versões que o autor proporá a coberto do mesmo título. São contabilizáveis mais de uma dezena de versões diferentes (1794/1795, 1796/1798, 1801/1802, 1804(1), 1804(2), 1805, 1807, 1810, 1812, 1813, 1814), sem contar com repetições aproximadas. O texto, em qualquer caso, ainda segundo a declaração do autor, não é mais do que um apoio, quer para ele próprio pronunciar as suas lições, quer para os seus ouvintes, mas não substitui, jamais, a sua audição e acompanha-

---

11. Nicholas Hartmann, Die Philosophie des Deutschen Idealismus (trad. port., Lisboa, 1983, p. 98). Muito menos moderado na apreciação do significado e alcance desta *palavra nova* é Oswaldo Market ("Fichte y Nietzsche. Reflexiones sobre el origem del nihilismo", in Anales del Seminário de Historia de la Filosofia, I, Universidad Complutense de Madrid, 1980, pp. 106-119, esp. p. 118). Deste mesmo autor, em língua portuguesa, consulte-se o "Estudo Introdutório" ao Capítulo 8 de Fernando Gil (coordenação), Recepção da Crítica da Razão Pura (Lisboa, 1992, pp. 291-302).

12. O termo *"Thathandlung"* era utilizado desde o séc. XVII, com incidência jurídica, para designar uma *ação violenta* ou, noutros contextos, uma *façanha*. Fichte apropria-se do termo para designar um ato originário, e sem pressupostos, de livre-autoposição: "uma atividade que não pressupõe nenhum objeto, mas que o produz, no qual, portanto, o agir [*handeln*] se torna imediatamente ato [*that*]". (*Deutsches Wörterbuch von Jacob und Wilhelm Grimm*, Leipzig 1854-1961. *Online-Version vom* 04.03.2020). Na ausência de uma tradução satisfatória para o termo, optamos por traduzir *"Thathandlung"* por "ato originário".

13. Doutrina da Ciência de 1805 (GA, II, 9, pp. 181 e 182).

mento vivos. Fichte redescobre o movimento dialético e socrático em que o pensamento não se faz à margem da sua comunicação e pedagogia. E assim, o autor *"não quis dizer tudo, mas deixar algo a pensar também para o leitor"*[14]. Daí, talvez, o aspecto lacunar de algumas versões, aspecto que não se faz, contudo, particularmente notar neste texto. Mas é especialmente de assinalar que daquela redescoberta, e desta intenção de deixar ao leitor algo a pensar, deriva também o convite insistente à abstração, explícito mas sobretudo implícito, cuja aceitação constitui, segundo Fichte, condição necessária ao acesso e acompanhamento do texto.

À exceção de um opúsculo em "traços gerais", datado de 1810 e largamente ignorado, a Doutrina da Ciência de 1794/1795 foi a única versão integralmente preparada para publicação e publicada em vida do autor e, em consequência, foi aquela que universalmente marcou a compreensão da sua filosofia, até a atenção, relativamente recente, concedida às versões apenas postumamente publicadas. A terminologia centrada em redor do "eu" e do "não-eu" e a frase *"o eu põe-se a si próprio" (das Ich setzt sich selbst)* tomaram-se na marca filosófica do autor mas foram também, simultaneamente, fonte de incompreensão. Permaneceram vivos o estigma de filósofo da mera subjetividade vazia, os efeitos dos ataques que o filósofo começou a sofrer após a acusação de ateísmo, entre 1799 e 1801, onde se destaca o de Hegel[15] entre diversos outros autores. Caíram, por outro lado, no quase total esquecimento a sua defesa e a sua autointerpretação como crítico e superador de uma subjetividade empobrecida, resultante da admissão de qualquer absoluto ilusório e objetivado[16].

Na autointerpretação que faz da sua obra, Fichte considera não ter abandonado jamais a matriz kantiana da filosofia. Mantém-se, assim, fiel à ideia de que a filosofia consiste primeiramente

---

14. *Fundamentos da Doutrina da Ciência* (p. 89/253 infra). Todas as referências à presente tradução obedecem à paginação entre parênteses retos incluída no corpo do texto e mais abaixo explicada.

15. HEGEL, *Differenz des fichteischen und schellingischen Systems der Philosophie* (op. cit., pp. 34ss.).

16. Por exemplo, em obras como a *Doutrina da Ciência de 1804* (GA, II, 8, e.g. pp. 12-13ss., 34-35ss.,144-145) ou "Bericht über den Begriff der Wissenschaftslehre und die bisherigen Schicksale derselben", de 1806 (Werke [=SW], VIII, pp. 362ss.).

na descrição de estruturas apriorísticas e necessárias segundo as quais a experiência tem, para uma razão finita, de ocorrer. Estas estruturas constituem a própria razão pura, que tanto caracteriza, na sua forma geral, o mundo da experiência, quanto a subjetividade. E, por sua vez, o método de detecção e descrição dessas estruturas será um método reflexivo, empregue tanto por Kant quanto por Fichte, mas que Kant, segundo Fichte, não chega a explicitar. *"A primeira questão seria: como é o eu para si próprio? O primeiro postulado: pensa em ti, constrói o conceito de ti próprio; e observa como o fazes. Todo aquele que apenas fizer isto, afirma o filósofo, encontrará que ao pensar aquele conceito a sua atividade, como inteligência, retorna a si própria, faz-se a si própria o seu objeto."*[17] Tal seria o princípio do método reflexivo, que Kant não teria explicitado. *"Na sua Dedução das Categorias, Kant aludiu à nossa proposição como princípio absoluto de todo o saber; mas nunca a estabeleceu de modo determinado, como princípio."*[18]

Conforme Fichte faz ressaltar logo no início do texto agora traduzido, a abstração e a reflexão são atividades da razão, que só podem ocorrer livremente[19], e que constituem uma condição necessária para que, do fato de uma proposição aceite como verdadeira, passe para um princípio transcendental, condição de possibilidade de construção de um *"sistema do modo de agir necessário"* do espírito humano[20]. Um tal princípio sistemático geral deverá ser o mesmo que, a nível prático, constitui a condição de possibilidade de todo o ato de vontade ou esforço racional, o mesmo que, a nível da sensação, permite compreender a ligação da impressão sensível e do pensar a um mundo objetivo da experiência, e ainda, que permite compreender a sua própria autofundação e esclarecimento reflexivos pela Doutrina da Ciência[21].

---

17. *Versuch einer neuen Darstellung der Wissenschaftslehre.* Zweite Einleitung (GA 1, 4, p. 213).

18. *Fundamentos da Doutrina da Ciência* (p. 99/262 infra).

19. Cf. ib., p. 92/256 infra; tb. *Versuch einer neuen Darstellung der Wissenschaftslehre.* Erste Einleitung (GA I, 4, p. 188).

20. Ib., p. 201.

21. Para estas diversas funções de fundamentação que cabem ao princípio da Doutrina da Ciência, cf. (1) p. 260-261/396-397 infra; (2) "sem sentimento não é possível absolutamen-

14

A ideia de Fichte, que caracteriza, aliás, o espírito da ciência em geral, é a de reconduzir os fatos a leis e princípios. E aquilo que distingue o projeto da Doutrina da Ciência é a exigência da recondução dos princípios, axiomas ou conceitos primeiros das ciências, bem como os fatos da experiência, a leis – não psicológicas, sociológicas ou históricas, por exemplo, como em projetos mais recentes, mas pertencentes à disciplina denominada já por Kant de lógica transcendental[22].

Esta disciplina consistiria num tipo de lógica, colocada como base sistemática e reflexiva de todas as ciências em geral, em que a forma do pensar não é isolada da sua matéria objetiva, de modo a nada poder dizer sobre o mundo. Consiste numa lógica em que justamente essa cisão é eliminada. Na medida em que a Doutrina da Ciência, como ciência mais geral, não pode supor nem a forma do seu procedimento, nem o seu conteúdo como dado por nenhuma outra ciência, a certeza do seu princípio deriva de que *"essa forma só pode convir àquele conteúdo, e este conteúdo àquela forma"*[23]. E é esta coincidência necessária entre forma e matéria ou, em termos lógicos, entre o pensar, como simples forma, e o seu objeto material, que apela a um princípio último de cariz reflexivo: na estrutura da subjetividade pensar e pensado coincidem, ou, nos termos propostos, forma e matéria se identificam.

Apesar do risco de alguma redundância em relação ao texto cuja tradução apresentamos, julgamos que uma reconstituição do argumento que realiza a recondução de um fato dado ao princípio da Doutrina da Ciência, com um estatuto e significado dele distinto, poderá fazer evidenciar alguns supostos do argumento, o qual nem sempre é totalmente claro. Tal reconstituição poderia ser apresentada a partir de duas linhas de raciocínio: a primeira,

---

te nenhuma representação de uma coisa fora de nós" (p. 314/440); e tb. (3) *Versuch einer neuen Darstellung der Wissenschaftslehre*. Zweite Einleitung (GA 1, 4, p. 216).

22. O projeto está exposto no texto já anteriormente referido "Sobre o conceito da Doutrina da Ciência" (Über den Begriff der Wissenschaftslehre, GA I, 2, p. 91ss.), considerado por V. Hösle, *Hegels System. Der Idealismus der Subjektivität und das Problem der Intersubjektivität* (Hamburgo, 1988), como o escrito programático de todo o idealismo alemão (p. 22ss.). "Este 'manifesto do idealismo' pode ser considerado plenamente como fundamento *comum* das perspectivas filosóficas de *todos* os três grandes idealistas alemães" (p. 28).

23. *Über den Begriff der Wissenschaftslehre* (GA I, 2, p. 122); ib. p. 137.

que parte da questão pela condição em que se afirma de algum **A** que é o caso ou, na terminologia da Doutrina da Ciência, que "é posto", e conduz ao eu como suposto de todo o pensar; a segunda, que parte do valor atribuído ao princípio lógico da identidade, e conduz ao caráter incondicionado da ação pela qual o eu se põe a si próprio.

Nos termos do criticismo kantiano, é reconhecido que o modo finito do nosso acesso ao mundo nos impõe uma situação em que "se *e* como *A é em geral posto, não o sabemos*"[24] a priori, *aludindo* ao caráter "posicional", i.e., não derivável lógica ou conceitualmente, da existência. Só a verificação empírica pode responder à questão no que se refere a algum **A** determinado, sobre se é ou não "posto". Todavia, como resposta a algum caso em particular, a experiência não importa à Doutrina da Ciência, que não busca saber se um **A** particular é o caso ou não, e a partir de que leis causais ou princípios particulares ocorre – questões que seriam do domínio restrito de outras ciências –, mas busca princípios gerais, de cariz *ontológico*, i.e., condições da afirmação de ser ou não ser o caso, ou da existência de algum **A** em geral.

A questão é a de saber, em geral, o que precisa de ser posto, para que **A** possa ser posto, ou, em outros termos, o que tem de ser assumido quando se afirma ser **A** o caso[25]. E igualmente, de modo talvez menos óbvio, haveria que atender a que a simples verificação empírica, como princípio geral para a admissão de fatos, não satisfaz o referido ideal científico de recondução de dados e fatos a leis e princípios ou, como dirá Fichte mais tarde, *"do fato à gênese"*[26]. A verificação empírica tem condições gerais que podem e

---

24. P. 94/*257* infra.

25. O termo "pôr," que marca os primeiros parágrafos da presente versão da Doutrina da Ciência, pode significar tanto "ser o caso" quanto "assumir" ou "admitir como válido". A expressão "A é posto no eu" (ib.) pode significar que um eu, ou o eu, representa, pensa ou admite A como válido. Uma vez entendido este eu como o eu absoluto – princípio de racionalidade comum ao sujeito e ao mundo –, a expressão significará "A é o caso" ou "A existe". Assim, a expressão caracterizadora do eu absoluto, "o eu põe-se a si próprio", (ib., p. 95/*259*) não enuncia necessariamente um paradoxo ou absurdo como "o eu cria-se a si próprio", o que suporia a sua existência antes da sua criação, mas "o eu confere validade a si próprio", "o eu assume-se, sem mais condições, como sendo o caso".

26. Cf. WL 1804 (GA II, 8, p. 404).

16

devem ser analisadas, a fim de satisfazer o ideal de cientificidade, e que não podem além disso, sem incorrer em circularidade, ser novamente interpretadas como dados empíricos[27].

À indagação sobre as condições de afirmação material de **A**, Fichte buscará, pois, uma resposta indireta, a partir da análise de uma tautologia universalmente aceite acerca desse mesmo **A**, ou seja: **A** = **A** (ou, mais propriamente, "se **A** então **A**"). E a questão transforma-se, por conseguinte, na questão acerca de uma proposição, o princípio de identidade, pondo-se de lado, desde logo, qualquer questão diretamente dirigida a **A**. Porque não se trata de um qualquer **A** como objeto determinado, mas das condições para a sua afirmação. E, conforme se verificará, a autorização de passagem de uma simples expressão "**A**", de que não se pode saber se é ou não posto, para a expressão judicativa, que "**A** = **A**" (ou "se **A** então **A**"), expressão admitida em geral como válida sem mais condições, só pode ser fornecida por uma capacidade judicativa espontânea da razão. Sendo a proposição universalmente aceite como válida, Fichte entende poder passar à afirmação de que, se nada se afirma acerca de **A** ser ou não materialmente existente, afirma-se, no entanto, uma conexão necessária, designada por **X**, entre uma ocorrência de **A** e outra do mesmo **A**.

X é então uma conexão, afirmada material e incondicionalmente como sendo o caso, entre duas ocorrências de uma mesma expressão. Assim, na distinção entre sujeito e predicado que o juízo livremente introduziu, e a sua identidade que é afirmada, Fichte supõe existir um aspecto em que "**A** = **A**" ou "se **A** então **A**" não é uma simples tautologia irrelevante, que nada pode trazer de novo, o juízo absolutamente analítico do qual nada se pode extrair de informativo. Suposto que a estrutura do juízo permite reconhecer uma diferença entre *"o lugar do sujeito e o lugar do predicado"*[28], que se trata de duas ocorrências distintas do mesmo, a identificação do mesmo, nas diferentes ocorrências, ou nos diferentes lugares do juízo em que pode ocorrer, supõe

---

27. Cf. e.g. *Versuch einer neuen Darstellung der Wissenschaftslehre*. Erste Einleitung (GA 1,4, p. 187).

28. P. 94/*257* infra.

um qualquer princípio exterior e independente de **A**. Esta posição de **A**, como identificado num juízo, deve ser distinguida de uma posição de **A**, como termo simples, ou suposto, por absurdo, como anterior ou insusceptível de uma caracterização ou sequer identificação num juízo[29]. E é este reconhecimento da identidade que Fichte julga não dever atribuir a **A**, simplesmente, como termo simples, ou objeto tão somente dado, mas à conexão, dele diversa, e a ele acrescentada pela espontaneidade da razão **X**.

Mas pouco se teria avançado na direção da unificação de forma e matéria no princípio da filosofia transcendental se não se procedesse à identificação da conexão afirmada como necessária **X**. Ela consiste num juízo de identidade, e, cartesianamente, Fichte emprega o termo *eu* como sinônimo *"daquele que na proposição acima julga"*[30]. O que importa reter é que o eu, a subjetividade, não deve ser compreendida senão nos termos em que foi rigorosamente introduzida, como função judicativa, dotada da capacidade de apresentar dados sob a forma de juízos. E, uma vez que o juízo de identidade **A** = **A** não carece nem admite demonstração, pode-se concluir, como se verá mais abaixo, que a faculdade que o torna possível possui a capacidade de pôr ou afirmar a identidade, simplesmente, sem quaisquer outras condições.

Retomando a proposição inicial **A** = **A**, a Doutrina da Ciência pretende apresentar como princípio geral da lógica transcendental que toda a admissão de realidade subsumível ao princípio de identidade funda-se sobre um ato de relação de sujeito e predicado, uma proposição no sentido de juízo[31].

Ora, no caso da proposição aceite como verdadeira, a conexão *"X refere-se àquele A que na proposição acima assume o lugar lógico do sujeito, assim como àquele que está no predicado; pois ambos são unificados por X"*[32]. E assim **X**, sem nunca se substan-

---

29. De que modo o pensar, ou o saber, acrescenta sempre "algo mais" ao objeto pensado, é uma tese que Fichte buscará elucidar na sua versão de 1805 da Doutrina da Ciência (cf. GA II, 9, p. 181).

30. P. 93/*257* infra.

31. Cf. ib., p. 96/*259*.

32. Ib., p. 94/*257*.

cializar, é idêntico a si próprio, quando se refere ao sujeito e quando se refere ao predicado, a fim de que possa reconhecer a identidade de ambos. Ou seja, a identidade de ambos apenas é posta porque se refere a *um mesmo* e idêntico a si próprio nas duas ocorrências da mesma expressão, e Fichte conclui que *"X é idêntico à frase: eu sou eu"*[33]. E deverá acrescentar-se que esta unidade não pode ser derivada de alguma outra condição, sujeita novamente à mesma necessidade de unidade. Só poderia, por conseguinte, ser posta pelo próprio X, o que se irá considerar em seguida. E Fichte transita, assim, da afirmação de um princípio lógico, puramente formal, para uma matéria transcendental e reflexiva que não se distingue da forma do pensar.

Deverá então introduzir-se a segunda linha de raciocínio mencionada, a saber, aquela que pretende assegurar, não a transição de **A** simplesmente, pela identidade de **A**, até à reflexão do eu como condição dessa identidade, mas focar a atenção mais especificamente sobre a validade incondicionada dos juízos envolvidos.

Como fato, se **A** = **A** é incondicionalmente válido, a sua condição de possibilidade, eu = eu, deverá igualmente ser considerada incondicionalmente válida. Mas, como Fichte elucida[34], apenas se apresentou assim um fato, que é a certeza ou o reconhecimento universal de uma proposição "**A** = **A**", fato que nos força a admitir, igualmente apenas como um fato, a proposição **X** ou "eu sou eu". Encontrou-se apenas o fato da consciência, ou a necessidade de o admitir como condição da identificação de um qualquer **A** num juízo, mesmo para o caso em que não pudéssemos, ou não quiséssemos, aceitá-lo diretamente pela evidência da consciência de si. Mas o que a dedução deverá acrescentar a uma pretensa evidência da consciência como fato será a recondução da identidade lógica à identidade do eu, não como fato psicológico, mas como função lógica suposta em toda a posição de identidade de um qualquer objeto **A**.

O caráter incondicionado de **X** e, logo, a validade e posição, sem outras condições, do princípio formal e material do eu, deve-

---

33. Ib.
34. Cf. ib.

rá ser derivado da noção de que a proposição de identidade não carece nem admite demonstração, i.e., da admissão do seu valor axiomático.

Assim como a proposição é axiomática (e é por tal razão que Fichte escolhe partir de uma tal proposição para o estabelecimento do princípio da Doutrina da Ciência, e não de uma derivada, o que, segundo o autor seria igualmente possível, mas muito mais complicado[35]), assim também será entendida como incondicionada a ação do eu que a funda. E, consequentemente, **X** é um princípio incondicionado, e a identidade do eu igualmente incondicionada. Por tal modo, a proposição "eu sou eu" exprime uma ação do eu judicador que não é condicionada por nenhuma outra, e o juízo assim formulado é válido incondicionalmente, exprimindo, por conseguinte, não um simples fato, encontrado entre outros fatos, com a validade de um fato de consciência como qualquer outro, mas exprime a ação incondicionada pela qual o eu se mostra como sendo necessariamente o caso. A existência do eu, para si próprio, é necessária, e esta existência não se resume ao registro de um fato, mas ao estabelecimento de um princípio necessário para toda a experiência possível. Na terminologia de Fichte: *"o eu põe-se a si próprio, e é, por força deste mero pôr-se por si próprio"*[36]. E por isso *"o eu sou é expressão de um ato originário* [Thathandlung]; *e também do único ato originário possível, conforme resultará da totalidade da Doutrina da Ciência"*[37]. Assim, se nada se pode afirmar acerca de **A**, Fichte julga poder afirmar incondicionalmente, como condição de qualquer afirmação, o eu como função judicativa e identitativa.

Por meio de um tal argumento e pressupostos chega Fichte à reconstituição da identidade reflexiva entre forma e matéria, encontrando na pura forma do pensar, separada da "matéria" constituinte dos fatos empíricos do mundo, uma via possível de acesso a uma materialidade, aquela que é própria do eu – uma materialidade não empírica, mas que impõe, não obstante, determinadas características ao mundo conforme pode ser pensado e

---

35. Cf. ib., p. 92/255.

36. Ib., p. 96/259.

37. Ib.

conhecido, os juízos sintéticos *a priori* da *Crítica da razão pura* de Kant. Pela coincidência entre forma e matéria naquele que será o seu primeiro princípio, Fichte pretende, a partir da lógica, poder dizer algo acerca do mundo, nas suas estruturas fundamentais ou categorias gerais[38].

Estabelecido assim o princípio, que não constitui um simples fato encontrado, ou um axioma formal arbitrariamente eleito como princípio estrutural da filosofia, mas um ato ou lei reflexiva, incontornável para todo o pensar com sentido e experiência, Fichte irá estabelecer mais dois princípios, o do não-eu, encontrado, de modo semelhante, a partir da proposição "-**A** não é = **A**", e o da limitação e composição, necessário à posição simultânea ou coexistência entre os dois primeiros. Assim, se o não-eu é a negação eu, a posição daquele cancelaria a posição deste e vice-versa, a menos que se introduza um princípio de limitação da posição. O resultado será, então, uma proposição complexa, a qual, segundo Fichte, bastará para suprir algumas das principais lacunas do empreendimento sistemático de Kant, a saber, a ausência de um princípio comum para as duas partes do sistema, razão teórica e razão prática e, no interior da razão teórica, a inexistência de um princípio ou método de obtenção das categorias ou conceitos puros do entendimento.

Esta proposição complexa, verdadeiro princípio da Doutrina da Ciência, é enunciada por Fichte do seguinte modo: *"o eu opõe, no eu, ao eu divisível, um não-eu divisível"*. A proposição é analisável em duas outras, mais simples, que permitem gerar, resolvendo a primeira das lacunas enunciadas na obra da Kant, uma, a parte teorética, outra, a parte prática do sistema: "o eu põe-se a si como *determinado pelo não-eu"* e *"o eu põe o não-eu como limitado pelo eu"*[39].

Um só e mesmo princípio, constituído a partir da composição de três categorias correspondentes a três ações incondicionadas do eu, a posição, a oposição e a composição ou limitação entre as duas, permitem a Fichte deduzir sucessivamente as categorias do

---

38. Veja-se, sobre a função e princípio da síntese *a priori*, ib., p. 114/*275*.

39. Ib., p. 110, 125, 127/*271, 284, 287*.

pensar, a ação prática segundo fins racionais e os princípios gerais da experiência empírica, resolvendo então a segunda das dificuldades apontadas ao sistema de Kant, a ausência de um princípio e um método para a enunciação das categorias estruturais básicas para a experiência possível.

Esta ideia, de derivação das categorias – que era manifestamente ausente da *Crítica da razão pura*, onde, na sua "Chave para a descoberta de todos os conceitos do entendimento", Kant se limitava a remeter para a teoria do juízo já constituída na lógica geral[40] –, é saudada por Hegel, o qual se pronuncia sobre o mérito de Fichte numa questão que lhe é muito especialmente cara: *"Fichte foi mais longe [do que Kant], e este é o seu grande mérito, que exigiu e buscou levar a cabo a derivação, a construção das determinações do pensar a partir do eu e, em parte, conseguiu-o. [...] Esta é a grandeza da filosofia de Fichte. Aquilo em que, desde Aristóteles, ninguém tinha pensado – indicar as determinações do pensamento na sua necessidade, a sua derivação e a sua construção – isto empreendeu Fichte [...]. Esta é, em todo o mundo, a primeira tentativa racional de derivar as categorias"*[41].

A proposição complexa encontrada por Fichte exprime uma *"síntese suprema"*[42], ou síntese incondicionada, através da qual está sanada a oposição entre eu e não-eu, contradição interior aos princípios, na sua síntese complexa. Mas esta síntese estabelece igualmente uma oposição entre o eu absoluto do primeiro princípio e o eu limitado que, no terceiro princípio, se opõe ao não-eu limitado. E por esta oposição entre o eu absoluto e o eu limitado[43], o eu absoluto, aquele que se põe a si próprio, ou que é incondicionalmente o caso, não se confunde com o sujeito, mas é antes aquele em relação ao qual apenas se podem sujeito e objeto pensar. Este eu absoluto constituirá o ideal incondicionado

---

40. Kritik der reinen Vernunft, A70/B 95ss. V. a crítica de Fichte em *Versuch einer neuen Darstellung der Wissenschaftslehre. Erste Einleitung* (GA I, 4, p. 201); e *Zweite Einleitung* (ib., p. 230).

41. Hegel, *Vorlesungen über der Geschichte der Philosophie* (in Vorlesungen, 9, Hamburgo, 1986, pp. 157 e 160).

42. Pp. 114/*275* infra.

43. Cf. ib., p. 110/*271*.

da liberdade como alfa e ômega do sistema fichteano, ideal cuja realização progressiva é o objeto de todo o esforço prático da razão humana e terá largas implicações nas concepções morais e políticas de Fichte[44].

Pela sua própria natureza, que deriva dos princípios opostos e da sua composição, esta síntese contém em si, manifestamente, oposições, as quais se irão evidenciar, por análise, sob diversos aspectos, e ser conciliadas por conceitos que constituirão as categorias do pensar, do agir e da experiência. E, assim, é já o próprio princípio que contém e fornece o método: *"temos, por conseguinte, em cada proposição, de partir da indicação de opostos, os quais devem ser unificados. [...] Temos, então, no eu e no não-eu ligados por ela, na medida em que são ligados pela mesma, de buscar notas características opostas remanescentes, e de as ligar por um novo fundamento de relação, o qual tem, novamente, de estar contido no fundamento de relação supremo entre todos: temos, outra vez, de buscar novos opostos nos opostos ligados por esta primeira síntese, e de os ligar por um novo fundamento de relação, contido no que foi inicialmente derivado; e assim prosseguir até onde pudermos; até chegarmos a opostos que não mais se deixem ligar perfeitamente, e passar, em consequência, ao domínio da parte prática. E assim está, então, o nosso passo certo e seguro, prescrito pela coisa mesma, e podemos saber de antemão que não podemos, de todo, errar, se tomarmos atenção e obedecermos ao nosso caminho"*[45]. Este momento, onde a impossibilidade de ligação evidencia o limite crítico da razão teórica é, para Fichte, a ocasião para a dedução da imaginação transcendental, num dos pontos mais conhecidos da obra[46]. Este, no entanto, seria um tema que excederia o exercício de simples apresentação de aspectos prévios e introdutórios, ou de introdu-

---

44. Sobre estas concepções e a sua fundamentação, v.e.g. R. Lauth, *Hegel critique de la doctrine de la science de Fichte* (Paris, 1987, esp. pp. 53ss.).

45. Pp. 114-115/*275-276* infra.

46. *"Esta faculdade, quase sempre malconhecida, é a que compõe uma unidade entre opostos permanentes – que intervém entre momentos que teriam de se suprimir mutuamente, e assim os conserva a ambos – é aquela que unicamente torna possível a vida e a consciência e, em particular, a consciência como uma série temporal contínua"* (pp. 204-205/*351*; cf. tb. pp. 215/*359*).

23

ção ao ambiente transcendental do projeto dos *Fundamentos da Doutrina da Ciência* de 1794/1795.

As limitações do sistema fichteano foram evidenciadas, desde logo, por Hegel e Schelling, nomeadamente no alegado subjetivismo do seu princípio, que conduz à secundarização da natureza[47], no fato de que o ideal de sistema circular igualmente não se realizará, senão mantendo-se sempre o hiato entre o eu e o seu ideal, ou seja, como dirá Hegel, o eu será sempre diferente de si próprio e apenas *deverá* ser igual a si, sem poder realizar a sua identidade[48], o fato de que a liberdade absoluta como ideal do eu não ser facilmente dissociada de uma liberdade individual e abstrata, desprezando todas as mediações concretas e historicamente constituídas da sociedade humana[49] ou, mais recentemente, as aporias conceituais em que se parece envolver qualquer princípio reflexivo para a subjetividade[50].

Por outro lado, algumas das fraquezas, como a referida não completação do sistema, têm, em comentadores recentes, de alguma forma sido exploradas como virtudes, na medida em que parecem fazer mais plenamente justiça à finitude humana e constituir uma "douta ignorância transcendental" em que a liberdade e o valor incondicionado da ética e do amor são justamente assegurados[51]. Ou

---

47. A partir de Hegel, *Differenz des fichteischen und schellingischen Systems der Philosophie* (Gesammelte Werke, IV, Hamburgo, 1964, pp. 63, 50-51).

48. A crítica de não retorno do sistema ao seu princípio é de Hegel (op. cit., p. 45). Uma tal questão permite, entretanto, que a obra de Fichte contenha *"um dos mais espantosos documentos da pré-história do existencialismo"*, segundo J. Widmann ("Existenz zwischen Sein und Nichts. Fichtes Daseins-Analyse von 1805" in *L'héritage de Kant*, Paris, 1982, p. 137), a já referida Doutrina da Ciência de 1805.

49. Mais uma vez a crítica já se encontra no escrito de Hegel sobre a "Diferença dos Sistemas Filosóficos de Fichte e de Schelling" (Hegel, op. cit., 59).

50. Cf. a ideia originalmente em D. Henrich, *Fichtes ursprünglicher Einsicht* (Frankfurt, 1966); cf. tb. e.g. M. Frank, *Die Unhintergehbarkeit von Individualität* (Frankfurt, 1986, esp. pp. 33ss.).

51. A expressão *"douta ignorância transcendental"* é de W. Janke (*Sein und Reflexion*, Berlim, 1970, p. XIV) e exprime o cerne das suas interpretações (v. ib. *Vom Bilde des Absoluten*, Berlim, 1993). Sobre o caráter aberto do sistema fichteano e as suas implicações políticas e históricas, v. tb. L. Ferry, *Philosophie politique* (Paris, 1984, e.g. 2, p. 201s.) ou os artigos de R. Lauth ("La Doctrine de la Science et l'engagement historique") e I. Radrizzani ("Philosophie et prophétie") in *Révue de Mét. et de Morale* (101, n. l, 1996, pp. 23-48 e 85-116).

também, a vertente pragmática pela qual a reflexão busca estabelecer, não proposições teóricas, mas atos de linguagem supostos em determinados enunciados autorreferentes[52] seria outro elemento de atualidade do fichteanismo.

Em qualquer caso, um caminho de pensamento que, partindo da reflexão e da finitude, busca colocar a *liberdade* e a *imaginação* como conceitos centrais de uma compreensão coerente do mundo deveria sempre merecer a atenção do leitor interessado pela filosofia.

A tradução busca, sempre que possível, acompanhar proximamente o texto alemão da edição *Fichtes Werke*, Walter de Gruyter, Berlim, 1971 (reimpressão fotomecânica da edição *Johann Gotlieb Fichtes sämmtliche Werke*, editada por I.H. Fichte, Berlim, 1845/1846, para os volumes I a VIII, e *Johann Gottlieb Fichtes nachgelassenes Werke*, hrgb. I.H. Fichte, Bonn, 1834/1835, para os volumes IX a XI), cotejado, no entanto, com o volume I, 2 da edição crítica intitulada *Gesamtausgabe der Bayerischen Akademie der Wissenschaften*, editado por R. Lauth, H. Jacob e M. Zahn, Friedrich Frommann, Stuttgart – Bad Cannstatt, 1965, de onde foram retiradas todas as variantes significativas. No entanto, mesmo que nos afastássemos da literalidade, a possibilidade de reconstituição do texto em português corrente tem limites, porque já na sua origem se trata de um texto que procura introduzir o leitor num modo de pensar novo e que causará, por conseguinte, e em qualquer caso, estranheza.

Alterou-se a pontuação em muitos casos, mantendo-se embora a matriz original, que diverge muitas vezes do uso considerado hoje mais natural. A menor relevância da coloração de tipo retórico ou literário permitiu fixar um léxico caracteristicamente científico e limitado que, ainda assim, permite, e exige, alguma oscilação, e que reunimos num glossário. Nos casos em que estarão em questão associações linguísticas que não foi possível verter para o

---

52. A ideia é explicitada em V. Hösle, Die Transzendentalpragmatik als Fichteanismus der Intersubjektivität (in *Zeitsch für philosophische Forschung*, 40, 1986, pp. 235-252, esp. 243-245); v. tb. a recensão de J.-P- Mittmann, Vom sprachlichen Zugan gzum Absoluten (in *Philosophische Rundschau*, 44, 1997, pp. 64-73).

português, ou na tradução de alguns termos de especial relevância ou dificuldade, incluíram-se, em rodapé, os termos originais. Todas as notas que se revelaram indispensáveis à tradução vêm numeradas em arábicos, enquanto que as do autor estão assinaladas com asteriscos. O texto da tradução inclui ainda, na margem, em redondo, a paginação da edição SW, volume I, em itálicos a da GA, volume I/2. A indicação "A": refere a primeira edição da obra, "C": designa uma variante introduzida na sua segunda edição, em 1802, e "SW": uma variante incluída apenas na edição SW, preparada por I.H. Fichte, filho do autor.

Auxiliamo-nos por vezes, em passagens de interpretação difícil, do esclarecimento prestado por quatro traduções precedentes, a saber "Principii fondamentali di tutta la Dottrina della Scienza" (in *Dottrina della Scienza*, tradotta da Adriano Tilgher, Bari, 1910), "Foundations of the Entire Science of Knowledge" (in *The Science of Knowledge*, edited and translated by Peter Heath & John Lachs, 1970, Cambridge University Press, 1982), "Les principes de la Doctrine de la Science (1794-1795)" (in *Oeuvres choisies de philosophie première. Doctrine de la Science (1794-1797),* traduction par A. Philonenko, 1964, troisième edition augmentée. Paris, 1990) e "A Doutrina-da-Ciência de 1794" (in *A Doutrina-da- -Ciência de 1794 e Outros Escritos,* seleção de textos, tradução e notas: Rubens Rodrigues Torres Filho, São Paulo, 1988).

Agradeço ao Adelino Cardoso a sua leitura da tradução e sugestões, e ao José Manuel Martins, pelos reparos feitos a uma versão mais antiga desta Apresentação. Os erros, contudo, que espero não retirem o valor científico e filosófico a esta tradução, são imputáveis exclusivamente a mim.

O tradutor

FUNDAMENTOS DE TODA A DOUTRINA DA CIÊNCIA COMO MANUAL PARA OS SEUS OUVINTES

POR IOHANN GOTTLIEB FICHTE

— / // PRÓLOGO À SEGUNDA EDIÇÃO —

Durante a preparação de uma nova exposição da Doutrina da Ciência tornou-se mais uma vez claro para o autor desta ciência que a presente exposição não podia ainda, provisoriamente, ser tomada completamente supérflua e dispensável por nenhuma outra. Tampouco parecia a maior parte do público filosófico tão bem preparado para a nova panorâmica da Doutrina da Ciência que não lhe devesse ser útil encontrar o mesmo conteúdo sob duas formas muito diversas, e reconhecê-lo novamente como o mesmo; além disso, na presente exposição seguiu-se um curso ao qual, até ao aparecimento de uma exposição científica rigorosa, será sempre bom remeter o método a observar na nova exposição, mais interessado na inteligibilidade; por fim, na presente exposição estão apresentados muitos pontos capitais, com uma minúcia e uma clareza que o autor não tem qualquer esperança de alguma vez exceder. Na nova exposição, será necessário referir-se a muitas passagens desta espécie.

Por estas razões, cuidamos de uma nova edição inalterada desta primeira exposição, que se tinha esgotado.

A nova exposição aparecerá no próximo ano.

Berlim, agosto de 1801.
Fichte

/// FUNDAMENTOS DE TODA A DOUTRINA DA CIÊNCIA COMO MANUAL PARA OS SEUS OUVINTES

———————— // / PREFÁCIO ————————

Eu nada teria a dizer previamente a este livro, que não era destinado propriamente ao público, se ele não tivesse, da maneira mais indiscreta, e mesmo inacabado, sido posto perante uma parte deste. E basta, por ora, sobre tais assuntos.

Eu acreditava, e ainda acredito, ter descoberto o caminho pelo qual a filosofia se tem de elevar ao nível de uma ciência evidente. Anunciei-o* modestamente, expus como iria trabalhar segundo essa ideia, como teria agora, após uma alteração da minha situação, de trabalhar segundo ela, e comecei a pôr o plano em ação. Isso era natural. Mas, também, era precisamente tão natural que outros conhecedores e cultores da ciência investigassem, pusessem à prova, julgassem a minha ideia e, pois que podiam ter razões internas ou externas para não aceitar o caminho para que eu queria conduzir a ciência, que tentassem refutar-me. Mas não se entende para que poderia servir condenar imediatamente, sem qualquer prova, aquilo que eu afirmava, dar-se no máximo ao trabalho de o deturpar, e aproveitar todas as ocasiões para, da maneira mais exaltada, o amesquinhar e difamar. Que terá, então, levado esses críticos a perderem tão completamente a compostura? Deveria eu falar com respeito do papaguear e da superficialidade, embora de todo não os respeite? O que me obrigaria a isso – especialmente quando eu tinha mais o que fazer, e cada um dos incompetentes teria podido seguir tranquilamente o seu caminho à minha frente, se não me forçasse a abrir espaço para mim mesmo pela exibição da sua incompetência?

---

* No escrito: *Ueber den Begriff der Wissenschaftslehre, oder der sogenannten Philosophie [Sobre o conceito da Doutrina da Ciência, ou da denominada filosofia]:* Weimar im Verlage des Industrie Comptoirs, 1794.

87	Ou tem o seu comportamento hostil ainda uma outra / razão? – Seja o que se segue dito apenas para gente honrada, para a qual
252	apenas ele tem um sentido. – O que quer que a minha // doutrina

Ou tem o seu comportamento hostil ainda uma outra / razão? – Seja o que se segue dito apenas para gente honrada, para a qual apenas ele tem um sentido. – O que quer que a minha // doutrina seja, seja ela filosofia genuína ou arrebatamento e insensatez, isso em nada atinge a minha pessoa, se eu investiguei com lealdade. Eu julgaria tão pouco ter elevado o meu valor pessoal pela fortuna de ter descoberto a primeira, quanto tê-lo rebaixado pelo infortúnio de ter construído novos erros sobre os erros de todos os tempos. Não penso, absolutamente, na minha pessoa: estou inflamado pela verdade, e aquilo que eu tenha por verdadeiro, di-lo-ei sempre tão forte e tão decididamente quanto disso for capaz.

No presente livro, se ele for tomado conjuntamente com o escrito *Esboço do Característico da Doutrina da Ciência com Respeito à Faculdade Teorética*[1], penso ter prosseguido o meu sistema até ao ponto em que qualquer conhecedor possa abranger, por completo, tanto o seu fundamento e alcance quanto a maneira como sobre ele se terá ainda de construir. Sobre *quando* e *como* continuarei a sua elaboração, a minha situação não me permite fazer uma promessa definida.

Eu próprio declaro a exposição muitíssimo imperfeita e lacunar, em parte porque ela teve de aparecer, para os meus ouvintes, aos quais eu podia prestar auxílio através da exposição oral, em folhas isoladas, conforme necessitava para as minhas lições; e, em parte, porque procurei evitar tanto quanto possível uma terminologia fixa – o meio mais cômodo para os macaqueadores de qualquer sistema o despojarem do seu espírito e o transformarem numa carcassa ressequida. Manter-me-ei fiel a esta máxima, também em elaborações futuras do sistema, até à sua perfeita exposição final. Não quero ainda, de todo, encerrar agora a construção, mas gostaria apenas de dar ao público a ocasião de apreciar, comigo, o futuro edifício. É-se esclarecido a partir das conexões, e, antes de se determinar com precisão uma única frase, é necessário que se tenha adquirido uma vista geral do todo; um método que pressu-

---

1. *Grundriß des Eigenthümlichen der Wissenschaftslehre in Rücksicht auf das theoretische Vermögen.*

põe, certamente, a boa vontade de fazer justiça ao sistema, e não a intenção de nele encontrar unicamente / falhas.

Tenho ouvido muitas queixas sobre a obscuridade e incompreensibilidade da parte deste livro até aqui publicamente conhecida, assim como do escrito *Sobre o conceito da Doutrina da Ciência*[2]. Se as queixas que dizem respeito a este último escrito visam em especial o seu §.8, // então posso efetivamente ter estado em erro ao ter dado os princípios do sistema, para mim determinados através do sistema inteiro, sem o sistema; e ter equivocadamente atribuído aos leitores e críticos a benevolência de deixar tudo tão indeterminado quanto eu o deixei. Se visam o escrito inteiro, então reconheço, antecipadamente, que jamais poderei escrever, no domínio da especulação, algo de compreensível para aqueles para os quais ele era incompreensível. Se aquele escrito é o limite da sua compreensão, ele é também o limite da minha compreensibilidade; os nossos espíritos estão separados por esse limite, e eu convido-os a que não percam o seu tempo com a leitura do meu escrito. – Seja qual for a razão deste não compreender, reside na própria Doutrina da Ciência uma razão pela qual ela tem, para certos leitores, de permanecer para sempre incompreensível: é que a Doutrina da Ciência pressupõe a faculdade da liberdade da intuição interior. – Pois todo o escritor filosófico requer, justamente, que o leitor mantenha seguro o fio do raciocínio, e que nada tenha esquecido do precedente quando está no consequente. Posta esta condição, eu, pelo menos, desconheço algo nestes escritos que não pudesse ser compreendido, e não tivesse, forçosamente, de ser corretamente compreendido; e creio, afinal, que o próprio autor de um livro tem uma palavra a dizer sobre essa questão. O que foi pensado de modo perfeitamente claro é compreensível; e eu estou ciente, para comigo, de ter pensado tudo de modo tão perfeitamente claro que, fossem-me concedidos o tempo e o espaço suficientes para tanto, eu quereria elevar cada uma das afirmações a qualquer grau de clareza desejado.

/ Em especial, tenho por necessário fazer lembrar que eu não quis dizer tudo, mas deixar, também para o meu leitor, algo a

---

2. *Ueber den Begriff der Wissenschaftslehre.*

pensar. Há muitos mal-entendidos, que certamente prevejo, e que poderia ter afastado com duas palavras. E não disse, no entanto, essas duas palavras, porque quero promover o pensar por si próprio. A Doutrina da Ciência não se deve, de todo, *impor*, mas ela deve *ser uma necessidade*, assim como ela o foi para o seu autor.

Peço aos futuros críticos deste escrito que considerem o todo, e que examinem cada pensamento particular a partir do ponto de vista do todo. O autor da recensão de Halle externa a sua suspeita de que eu apenas tenha // querido fazer troça; e parecem ter igualmente acreditado nisso os outros críticos do escrito *Sobre o conceito da Doutrina da Ciência*, tão ligeiramente abordaram o assunto, e tão divertidos são os seus reparos, como se à troça devessem retorquir com a troça.

Como consequência da experiência de no estudo cuidadoso deste sistema, três vezes repetido, ter de cada uma das vezes encontrado diferentemente modificados os meus pensamentos sobre frases particulares dele, posso esperar que, numa reflexão continuada, eles continuem a se alterar e a formar-se. Eu próprio trabalharei nisto com o máximo cuidado, e quaisquer reparos aproveitáveis, vindos de outros, ser-me-ão bem-vindos. – Além disso, por tão intimamente que eu esteja convencido de que são inabaláveis os princípios sobre os quais este sistema inteiro assenta, e por tão vigorosamente que tenha por vezes, com todo direito que me assiste[3], declarado essa convicção, haveria todavia uma possibilidade, para mim até aqui com certeza impensável, de eles serem, ainda assim, derrubados. Mesmo isso seria para mim bem-vindo, porque a verdade sairia assim beneficiada. Introduzi-vos tão só neles, e tentai derrubá-los.

O que seja propriamente o meu sistema, e em que classe se possa incluí-lo, se na do criticismo genuinamente cumprido, como *eu* acredito, ou como se queira de outro modo denominá-lo, não acrescenta / nada à questão. Não duvido de que se encontrarão para ele variados nomes e que será inculpado de múltiplas heresias que diretamente se contrariam entre si. Assim o podeis fazer; só não me aponteis velhas refutações, mas refutai-me por vós próprios. Iena, Páscoa de 1795.

---

3. "que me assiste", adenda do trad.

——————/ // PRIMEIRA PARTE ——————

PRINCÍPIOS DE TODA A DOUTRINA DA CIÊNCIA

§.1. Primeiro princípio, simplesmente[1] incondicionado

Temos de *procurar* o princípio absolutamente primeiro, simplesmente incondicionado, de todo o saber humano. Se ele deve ser absolutamente primeiro, esse princípio não se deixa *demonstrar* ou *determinar*.

Ele deve exprimir aquele *ato originário*[2], que não ocorre, nem pode ocorrer entre as determinações empíricas da nossa consciência, mas, muito pelo contrário, que está no fundamento de toda a consciência, e unicamente a torna possível*. Na exposição deste ato originário, é menos de recear que de algum modo *não* se pense aquilo que se tem a pensar – disso já cuidou a natureza do nosso espírito – do que se pense aquilo que não se deve pensar. Isto torna necessária uma *reflexão* sobre o que porventura se pudesse inicialmente por ele tomar, e uma *abstração* de tudo aquilo que efetivamente lhe não pertence.

Mesmo por meio desta reflexão abstrainte, não se pode tornar um fato da consciência aquilo que, em si, não o / é; mas, através dela é reconhecido que se tem necessariamente de *pensar* aquele ato originário como fundamento de toda a consciência.

---

1. *schlechthin.*
2. *Thathandlung.* Sobre este termo v. p. 11 supra.
* C: Isto omitiram todos aqueles que aqui observam ou que aquilo que o primeiro princípio afirma *não ocorre* entre os fatos da consciência, ou que os contradiz.

As leis* segundo as quais se tem, em qualquer caso, de pensar aquele ato originário como fundamento do saber humano, ou – o que é o mesmo – as regras segundo as quais aquela reflexão é levada a efeito, não estão ainda demonstradas como válidas, mas são implicitamente pressupostas como bem conhecidas e assentes. Só mais abaixo serão elas derivadas do princípio, cujo estabelecimento somente é correto sob a condição da correção dessas leis. Isto constitui um círculo; // mas é um círculo inevitável. (Vide *Sobre o Conceito da W.L.*, §.7.**) E dado que ele é inevitável e livremente admitido, pode-se, mesmo no estabelecimento do princípio supremo, fazer apelo a todas as leis da lógica geral.

No caminho da reflexão a empreender, temos de partir de alguma proposição que cada um de nós conceda sem protesto. Poderia bem haver várias proposições assim. A reflexão é livre; e não depende do ponto de onde parte. Escolhemos aquele a partir do qual é mais curto o caminho para o nosso alvo.

Assim como esta proposição é aceite, tem simultaneamente de ser aceite como ato originário aquilo que queremos colocar no fundamento de toda a Doutrina da Ciência: e da reflexão tem de resultar, *simultaneamente àquela proposição, que* ele seja aceite como tal. – Um qualquer fato da consciência empírica é estabelecido; e dele são separadas uma determinação empírica após a outra, até que resta puramente aquilo que simplesmente não mais se deixa afastar do pensar[3] e onde nada mais se deixa separar.

1) Qualquer um aceita a proposição **A** *é* **A** (assim como **A** = **A**, porque este é o significado da cópula lógica); e, certamente, / sem a mínima hesitação: ela é reconhecida como completamente certa e assente.

Mas se alguém exigisse uma demonstração sua, não se consentiria, de todo, numa tal demonstração, mas afirmar-se-ia, antes, que aquela proposição é certa, *simplesmente,* i.e., certa *sem*

---

* C: as da lógica geral.

** "Sobre o conceito da Doutrina da Ciência" ["Ueber den Begriff der Wissenschaftslehre"], "§.7. Como se relaciona a Doutrina da Ciência, como ciência, com o seu objeto?"

3. *wegdenken.*

nenhum outro fundamento: e ao fazer-se isto, sem dúvida com anuência universal, atribui-se a si próprio[4] a faculdade de *pôr, simplesmente, algo.*

2) Pela afirmação de que a proposição acima é, em si, certa, *não* se põe que **A** *exista*[5]. A proposição *A é A* não é, de todo, equivalente a: *A é, ou: existe um A.* (*Ser,* posto sem predicado, exprime algo totalmente diferente do que ser, posto com um predicado – sobre isto, ver mais abaixo.) Admita-se que **A** designa um espaço compreendido entre duas retas, então aquela proposição permanece ainda assim correta: não obstante ser manifestamente falsa a proposição **A** *existe.* Mas

// põe-se: se **A** *é, então* **A** *é.* A questão não é portanto, de todo, *se* **A** é ou não. Não está em questão o *conteúdo* da proposição, mas meramente a *forma;* não aquilo *de que* se sabe algo, mas *que* se sabe algo de algum objeto, seja ele qual for.

É, assim, através da afirmação de que a proposição acima é simplesmente certa, asseverado que entre aquele *se* e este *então* existe uma conexão necessária; e a *conexão necessária entre ambos* é aquilo que é posto, *simplesmente* e *sem qualquer outro fundamento.* Denomino provisoriamente esta conexão necessária = **X**.

3) Com respeito ao próprio **A**, porém, *se* ele existe, ou não, não está, com isso, ainda nada posto. Logo, surge a questão: sob que condição *existe,* então, **A**?

a) **X**, ao menos, é posto *no* eu e *através* do eu – pois que o eu é, na proposição acima, aquele que julga, e que julga, certamente, segundo **X**, como uma lei, a qual é, portanto, dada ao eu; e dado que ela é estabelecida simplesmente, e sem nenhum outro / fundamento, ela tem de ser dada ao eu pelo próprio eu.

b) *Se* e *como* **A** é em geral posto, não o sabemos: mas dado que **X** deve designar uma conexão entre um pôr desconhecido de **A** e, sob a condição deste pôr, um outro pôr absoluto do mesmo **A**, então, *ao menos na medida em que esta conexão é posta,*

---

4. "próprio", adenda do trad. Apesar de a construção impessoal do original alemão resultar problemática em português, optou-se por tentar manter a literalidade.

5. Aqui e nas ocorrências seguintes: *sein.*

A é posto *no* eu e *pelo* eu, tanto quanto **X**. – **X** só é possível em relação a um **A**; ora **X** é efetivamente posto no eu: também **A**, portanto, tem de ser posto no eu, na medida em que **X** é referido a ele.

c) **X** refere-se àquele **A** que, na proposição acima, assume o lugar lógico do sujeito, assim como àquele que está no predicado; pois que ambos são unificados por **X**. Logo, ambos, na medida em que são postos, são postos no eu; e o **A** do predicado, sob a condição de que seja posto o do sujeito, é simplesmente posto; e a proposição acima deixa-se, por conseguinte, exprimir também assim: Se **A** é posto *no eu*, então *ele é posto;* ou – então ele *é*.

4) É, por conseguinte, posto pelo eu, por meio de **X**: *A é, para o eu que julga, simplesmente, e apenas por força do seu ser-posto no eu em geral;* quer dizer: é posto que no eu – seja ele em particular, ponente[6] ou judicante, ou como quer que seja – há algo que é sempre igual a si, que é sempre um e precisamente o mesmo; e o **X** simplesmente posto deixa exprimir-se também assim: eu = eu; eu sou eu.

5) Por esta operação chegamos, inadvertidamente, à proposição: *eu sou* (não, com efeito, como expressão de um *ato originário* mas, no entanto, de um *fato)*[7].

258 // Então

X é posto, simplesmente; isto é um fato da consciência empírica. Ora, **X** é igual à proposição: eu sou eu. Também esta é, portanto, posta simplesmente.

Mas a proposição: eu sou eu, tem um significado inteiramente diferente da proposição **A** é **A**. – A saber, a última só tem algum conteúdo sob uma certa condição. *Se* **A** / é posto, então é sem dúvida posto *como* **A**, com o predicado **A**. Mas não está ainda de todo assente *se* ele é, em geral, posto, e portanto, se ele é posto com um qualquer predicado. Mas a proposição: eu sou eu, vale incondicionalmente, e simplesmente, porque ela é igual à proposição **X**; ela não vale apenas segundo a forma, vale também segundo

---

6. *Setzend.*

7. *Thatsache.*

o seu conteúdo. Nela, o eu está posto, simplesmente, e não sob condição, com o predicado da igualdade consigo próprio; assim, o eu é posto; e a proposição deixa então exprimir-se também: *eu sou*.

Esta proposição: eu sou, funda-se até aqui apenas sobre um fato, e não tem nenhuma outra validade, senão a de um fato. Se a proposição **A** = **A** (ou mais especificamente, aquilo que, nela, é posto simplesmente = **X**) deve ser certa, então também a proposição: eu sou, tem de ser certa. Ora, é um fato da consciência empírica, que somos forçados a tomar **X** como certo simplesmente; e, portanto, também a proposição: eu sou – sobre a qual se funda **X**. É, assim, fundamento do esclarecimento de todos os fatos da consciência empírica que, antes de todo o ato de[8] pôr no eu, o próprio eu seja previamente posto. – *(De todos* os fatos, digo: e isto depende da demonstração do princípio de que **X** é o fato supremo da consciência empírica, que está no fundamento de todos os outros, e está contido em todos os outros: o qual bem poderia ser aceite sem qualquer demonstração, não obstante toda a Doutrina da Ciência ocupar-se de o demonstrar.)

6) Retomamos ao ponto do qual partimos.

a) Pela proposição **A** = **A** emite-se *um juízo*. Mas todo o julgar, segundo a consciência empírica, é um agir do espírito humano; porque o julgar contém todas as condições da ação na consciência de si empírica, as quais, para efeitos da reflexão, têm de ser pressupostas como bem conhecidas e assentes.

b) Ora, este agir tem por fundamento algo que não é fundado sobre nada ainda superior, a saber, **X** = eu sou.

c) Por conseguinte, o *posto, simplesmente, e fundado sobre si próprio* – *é* fundamento *de um certo* agir (e, como resultará da / Doutrina da Ciência completa, é fudamento *de todo* o agir) do espírito humano e constitui, portanto, o seu caráter puro; é o puro caráter // da atividade em si, abstraídas as condições empíricas particulares da mesma.

O pôr do eu por si próprio é, assim, a sua atividade pura. – O eu *põe-se a si próprio*, e ele *é*, em virtude deste mero pôr por si

---

8. "ato de", adenda do trad.

próprio; e inversamente: o eu *é*, e *põe* o seu ser, em virtude do seu simples pôr. – Ele é, simultaneamente, o agente e o produto da ação: o ativo, e o que pela ação é produzido; ação e ato[9] são um e precisamente o mesmo; e por isso, o: *eu sou*, *é* expressão de um ato originário; mas, também, do único ato originário possível, como terá de resultar de toda a Doutrina da Ciência.

7) Consideremos agora, uma vez mais, a proposição: *eu sou eu*.

a) O eu é posto, simplesmente. Admita-se que o eu, que na proposição acima está no lugar do sujeito formal*, significa o eu *simplesmente posto;* e que o eu que está no lugar do predicado significa o eu *existente;* então, pelo juízo válido, simplesmente, de que ambos são perfeitamente um só, será afirmado, ou posto simplesmente: o *eu é, porque* se pôs.

b) O eu no primeiro e o eu no segundo significado devem ser simplesmente iguais. Assim, pode / também inverter-se a proposição acima, e dizer: o eu põe-se a si próprio, simplesmente *porque* ele é. Ele *põe-se* pelo seu mero ser, e *é* pelo seu mero ser-posto[10].

E isto torna então completamente claro, em que sentido empregamos aqui a palavra *eu*, e conduz-nos até um esclarecimento exato do eu como sujeito absoluto. *Aquele cujo ser (essência) consiste meramente em que ele se põe a si próprio como existente, é* o eu, como sujeito absoluto. Assim como ele se *põe*, ele *é;* e // assim como ele *é*, ele se *põe;* e o eu é então, para o eu, simplesmente, e necessariamente. Aquilo que não é para si próprio, não é um eu.

---

9. *Handlung und That.*

* E assim é também, certamente, segundo a forma lógica de toda a proposição. Na proposição **A** = **A**, o primeiro **A** é aquele que é posto no eu, ou pura e simplesmente, como o próprio eu, ou a partir de algum outro fundamento, como todo o não-eu determinado. Nesta operação, o eu comporta-se como sujeito absoluto; e denomina-se, por isso, o primeiro **A** o sujeito. Pelo segundo **A** é designado aquele que o eu que se faz a si próprio objeto da reflexão encontra em si já como *posto*, porque ele o *pôs* anteriormente em si. O eu judicante predica algo, não propriamente de **A**, mas de si próprio, a saber, que ele encontra já em si um **A**: e, por isso, o segundo **A** chama-se o predicado. – Assim, na proposição **A** = **B**, **A** indica aquilo que é agora posto; **B** aquilo que é encontrado como já posto. – O é exprime a passagem do eu, do pôr para a reflexão sobre o posto.

10. *Gesetzseyn.*

(A título de esclarecimento! Ouve-se, é certo, levantar a questão: mas *que* era eu antes de chegar à consciência de mim? A resposta natural a isto é: *eu* não era de todo; pois eu não era eu. O eu só existe na medida em que é consciente de si. – A possibilidade daquela questão funda-se sobre uma confusão entre o eu como *sujeito* e o eu como *objeto* da reflexão do sujeito absoluto, e é, em si, inteiramente fora de propósito. O eu representa-se, e apreende-se, nessa medida, a si próprio, sob a forma da representação, e só então é *algo*, um objeto; a consciência recebe, sob esta forma, um substrato, o qual *existe*, embora sem consciência efetiva, e é ainda, além disso, pensado corporalmente. Pensa-se num tal estado, e pergunta-se: *que* era, nessa altura, o eu? I.e., que é o substrato da consciência? Mas, inadvertidamente, também se pensa então, *juntamente, o sujeito absoluto*, como intuindo aquele substrato; pensa-se juntamente, assim, inadvertidamente, precisamente aquilo de que se pretendia ter abstraído; e contradiz-se a si próprio. Nada, absolutamente, se pode pensar, sem que se pense juntamente o nosso eu como consciente de si próprio; não podemos jamais abstrair da nossa consciência de si: todas as questões do tipo acima mencionado não são, portanto, para serem respondidas, porque, se nos compreendemos bem a nós próprios, elas não são para levantar.)

8) Se o eu só é na medida em que se põe, então ele também só é *para* o que põe, e só põe para o que *é*. – *O eu é para o eu* – mas se ele se põe a si próprio, simplesmente, tal / como é, então põe-se necessariamente, e é necessariamente, para o eu. *Eu sou somente para mim; mas para mim sou necessário* (ao dizer *para mim*, eu ponho já o meu ser).

9) *Pôr-se a si próprio* e *ser*, são, referidas ao eu, inteiramente equivalentes. A proposição: eu sou, porque eu pus-me para mim próprio, pode, por conseguinte, ser também assim expressa: *eu sou, simplesmente porque sou.*

Além disso, o eu que se põe e o eu que é são inteiramente idênticos, um e precisamente o mesmo. O eu é *tal como* se põe[11]; e põe-se como *aquilo* que é. Logo: *eu sou, simplesmente, o que sou.*

---

11. *Das ich ist dasjenige, als was es sich setz.*

10) A expressão imediata do ato originário agora desenvolvido seria a fórmula seguinte: *eu sou, simplesmente,* i.e., *eu sou, simplesmente, porque sou; e sou, simplesmente, o que sou; ambos para o eu.*

261 // Se se pensar a descrição deste ato originário como no alto de uma Doutrina da Ciência, então ela teria de ser expressa aproximadamente do seguinte modo: *originariamente, o eu põe, simplesmente, o seu próprio ser*.*

Partimos da proposição **A** = **A**; não, porém, como se a proposição: eu sou, se deixasse demonstrar a partir dela, mas porque tínhamos de partir de alguma proposição certa, que fosse dada na consciência empírica. Resultou também, contudo, da nossa discussão, que a proposição: **A** = **A** não funda a proposição: eu sou, mas, antes pelo contrário, é esta última que funda a primeira.

99 Se se abstrair, na proposição eu sou, do seu conteúdo determinado, o eu, e deixar-se restar a simples forma que é / dada com esse conteúdo, a forma da consequência do ser-posto para o ser; como tem de acontecer para efeitos da lógica (v. Conceito da W.L.[12], §.6); então obtém-se, como princípio da lógica, a proposição **A** = **A**, a qual só pode ser demonstrada e determinada pela Doutrina da Ciência. *Demonstrada:* **A** é **A**, porque o eu que pôs **A** é idêntico àquele no qual **A** foi posto; *determinada:* tudo o que é, é apenas na medida em que é posto no eu, e fora do eu, nada é. Nenhum **A** possível na proposição acima (*coisa* alguma), pode ser algo, senão algo posto no eu.

Se se abstrair, além disso, de todo o julgar como um agir determinado, e olhar-se meramente para o modo de ação do espírito humano em geral, modo de ação que é dado por aquela forma, tem-se, então, a categoria da realidade[13]. Tudo aquilo a

---

* C: Tudo isto significa, por outras palavras, com as quais eu desde então o tenho exprimido: o *eu* é necessariamente identidade do sujeito e do objeto: sujeito-objeto; e isto ele é, simplesmente, sem qualquer outra mediação. Isto é o que ele significa, digo eu; embora esta proposição não tenha sido tão facilmente compreendida e tão ponderada, quanto se poderia pensar, dada a sua alta importância, completamente negligenciada antes da W.L.; por isso, a sua discussão acima não poderia ser dispensada.

12. *Begriff d. W.L.*
13. *Realität.*

44

que é aplicável a proposição **A** = **A**, *na medida em que ela lhe é aplicável,* possui realidade. Aquilo que é posto pelo simples pôr de uma coisa qualquer (algo que é posto no eu) é, nela, realidade, é a sua essência.

(O ceticismo de Maimon funda-se em última instância sobre a questão acerca da nossa legitimidade para a aplicação da categoria da realidade. Esta legitimidade não se deixa // derivar de *262* nenhuma outra, mas estamos autorizados a isso, simplesmente. Muito pelo contrário, qualquer outra legitimidade possível tem de ser derivada a partir dela; e mesmo o ceticismo de Maimon pressupõe-na, inadvertidamente, ao reconhecer a correção da lógica geral. – Mas algo se pode indicar acerca de onde é derivada cada categoria: do eu, como sujeito absoluto. Para todo o restante possível a que ela deva ser aplicada, tem de ser mostrado que a realidade lhe foi transferida *a partir do eu:* – que isso tem de ser, se o eu é.)

* * *

Na sua Dedução das Categorias, *Kant* aludiu à nossa proposição como princípio absoluto de todo o saber; mas ele nunca a estabeleceu de modo definido, *como* princípio. Antes dele, *Descartes* apresentou um princípio semelhante: *cogito, ergo sum,* o qual, precisamente, não pode constituir a premissa menor e a conclusão de um silogismo / cuja maior rezaria: *quodcunque cogitat, est;* *100* mas que ele poderia muito bem ter considerado igualmente como um fato imediato da consciência. Ele diria então o mesmo que *cogitans sum, ergo sum* (ou, como diríamos nós, *sum, ergo sum*). Mas então, o acrescento *cogitans* é perfeitamente supérfluo; não se pensa necessariamente, se se existe, mas existe-se necessariamente, se se pensa. O pensar não é, de todo, a essência, mas tão somente uma determinação particular do ser; e, além desta, há ainda muitas outras determinações do nosso ser. – *Reinhold* estabelece o princípio da representação e, sob forma cartesiana, o seu princípio fundamental rezaria: *repraesento, ergo sum,* ou, mais corretamente, *repraesentans sum, ergo sum.* Ele vai consideravelmente mais longe que Descartes, mas, se apenas quer estabelecer a própria ciência, e não porventura somente a sua propedêutica, não o suficiente; porque também o representar não é a essência do ser, mas sim uma determinação particular sua; e há, além desta, ainda // outras determinações do nosso ser, *não obstante elas terem, para atingir a consciência empírica, de atravessar o meio da representação.*

Espinosa ultrapassou, no sentido indicado, a nossa proposição. Ele não nega a unidade da consciência empírica, mas nega por completo a consciência pura. Segundo ele, a série inteira das representações de um sujeito empírico está para o único sujeito puro como uma representação para a série. Para ele, o eu (aquele a que chama o *seu* eu, ou a que eu chamo o *meu* eu) não é, simplesmente, porque é; mas porque *algo de diverso* é. – É certo que, segundo ele, o eu é *para* o eu – eu[14], mas ele pergunta: o que seria ele para algo fora do eu? Um tal "fora do eu" seria igualmente um eu, do qual o eu posto (e.g., o *meu* eu) e todos os eus que se podem possivelmente pôr, seriam modificações. Ele distingue a consciência *pura* e a consciência *empírica*. A primeira, põe-na em Deus, que jamais se torna consciente de si, dado que a consciência pura jamais atinge a consciência; a segunda, põe-na nas / modificações particulares da divindade. Assim estabelecido, o seu sistema é inteiramente consequente, e irrefutável, porque ele se situa no seu campo, no qual a razão não mais o pode seguir; mas o seu sistema é infundado; pois o que o legitima então a ir além da consciência pura dada na consciência empírica? – O que o impele para o seu sistema, deixa-se bem indicar: a saber, o esforço necessário para produzir, no conhecimento humano, a unidade suprema. Esta unidade está no seu sistema; e o erro está apenas em que ele acreditava ter concluído a partir de fundamentos racionais, lá onde foi, na verdade, meramente impelido por uma carência prática: em que acreditava estabelecer algo efetivamente dado, onde, na verdade, estabelecia um ideal apenas visado, mas jamais alcançável. // Reencontraremos a sua unidade suprema na Doutrina da Ciência, não como algo que *é*, mas como algo que *deve*, mas não *pode*, ser produzido por nós. – Faço ainda notar que quando

---

14. *Ich – Ich.*

se ultrapassa o *eu sou*, chega-se necessariamente ao espinosismo! (Que o sistema de Leibniz, pensado na sua completude, não é senão o espinosismo, evidencia-se num tratado que vale a pena ler: Sobre os Progressos da Filosofia etc.[15], de Salomão Maimon.) – E que somente existem dois sistemas inteiramente consequentes: o crítico, que reconhece este limite, e o espinosista, que o ignora.

// §.2. Segundo princípio, condicionado quanto ao conteúdo 101/264

Pelas mesmas razões por que o primeiro princípio não podia ser derivado, também o segundo não o pode ser. Partimos então, também aqui, exatamente como acima, de um fato da consciência empírica, e procedemos com ele da mesma maneira, e com a mesma legitimidade.

1) A proposição: **-A** não é = **A**, será, sem dúvida, reconhecida por todos como inteiramente certa e assente, e dificilmente será de esperar que alguém exija a demonstração da mesma.

2) Mas, se uma tal demonstração fosse possível, / então, no nosso sistema (cuja correção em si é ainda, de certo, e até à completação da ciência, sempre problemática), ela não poderia ser conduzida senão a partir da proposição: **A** = **A**. 102

3) Uma tal demonstração é, todavia, impossível. Pois admita-se o melhor dos casos, a saber, que a proposição estabelecida é inteiramente idêntica à proposição -**A** = -**A**, logo, -**A** é inteiramente idêntico a algum **Y** posto no eu, e a proposição não significaria então mais do que: *se* o contrário de **A** é posto, *então* ele é posto; assim, seria aqui posta simplesmente a mesma conexão (= **X**) anterior; e não se trataria então, de todo, de uma proposição // derivada e demonstrada pela proposição **A** = **A**, mas seria essa mesma proposição. E então, a forma desta proposição está também, efetivamente, na medida em que é uma simples proposição lógica, sujeita à forma suprema, à *formalidade*[16] em geral da unidade da consciência. 265

---

15. *Ueber die Progressen der Philosophie u.s.w.*
16. *Förmlichkeit.*

47

4) Permanece inteiramente intocada a questão: se o contrário de **A** *é* posto e, se é posto, sujeito a que condição *da forma da mera ação?* Esta condição é o que se tem de deixar derivar da proposição **A** = **A**, se a proposição acima estabelecida deve, ela própria, ser uma proposição derivada. Mas uma tal condição não pode, de todo, resultar dela, dado que a forma do contrapor está tão pouco contida na forma do pôr, que, muito pelo contrário, ela lhe é mesmo oposta. Há, consequentemente, um opor, simplesmente, e sem qualquer condição. -**A** é posto *como* tal, simplesmente, *porque* é posto.

Por conseguinte, um opor ocorre entre as ações do eu, com tanta certeza quanto a proposição: -**A** não é = **A**, ocorre entre os fatos da consciência empírica; e este opor é, quanto à sua mera *forma,* uma ação simplesmente possível, que não está, absolutamente, sujeita a nenhuma condição, nem é fundada por nenhum fundamento superior.

A forma *lógica* da proposição *como* proposição está (se a proposição -**A** = -**A** é estabelecida) sujeita à condição da identidade do sujeito e do predicado (i.e., do eu *representante,* e do eu *representado como* representante; v. pp. 89-259, nota). Mas mesmo a possibilidade do contrapor pressupõe, em si, a identidade da consciência; e o / percurso do eu que age nesta função é, propriamente, o seguinte: **A** (o que é simplesmente posto) = **A** (aquele sobre o qual é refletido). A este **A**, como objeto da reflexão, é, por uma ação absoluta, oposto -**A**, e sobre este é julgado que também ele é oposto ao **A** simplesmente posto, porque o primeiro é igual ao segundo; igualdade esta que se funda (§.1) sobre a identidade do eu que põe e do eu que reflete. – É pressuposto, além disso, que são iguais o eu que age em *ambas* as ações, e o eu que julga sobre ambas. Se ele pudesse ser oposto a si próprio nas duas ações, então -**A** seria = **A**. E, portanto, também a passagem do pôr ao opor só é possível através da identidade do eu.

5) O oposto, na medida em que é um *oposto* (como simples contrário em // geral), é posto então por esta ação absoluta, e simplesmente por ela. Todo o contrário, na medida em que é um contrário, é, simplesmente por força de uma ação do eu, e por nenhuma outra razão. O ser-oposto em geral, é posto, simplesmente, pelo eu.

6) Se algum **-A** deve ser posto, então um **A** tem de ser posto. E então, também a ação do opor é, num outro aspecto, condicionada. Se o ser possível de uma ação em geral depende de uma outra ação, então a ação é condicionada quanto à *matéria*, como um agir em geral; é um agir em relação a um outro agir. Que se aja precisamente *assim*, e não de outro modo, é incondicionado; a ação, quanto à sua *forma* (para efeitos do *como*), é incondicionada.

(O opor só é possível sob a condição da unidade da consciência do que põe e do que opõe. Se a consciência da primeira ação não estivesse ligada à consciência da segunda, então o segundo pôr não seria um *contrapor*, mas simplesmente um pôr. Ele só se torna um contrapor em relação a um pôr.)

7) Só se falou até aqui da ação, como mera ação, do *modo* da ação. Passamos ao seu produto = **-A**.

/ Podemos distinguir novamente, em **-A**, dois aspectos, a sua *forma*, e a *matéria*. Pela forma é determinado que **-A** é, em geral, um contrário (de algum **X**). Se ele é oposto a um determinado **A**, então ele possui *matéria*, mas ele não é algo de determinado. [104]

8) A *forma* de **-A** é determinada simplesmente pela ação; ele é um contrário, porque é produto de um contrapor: a *matéria* é determinada por **A**; ele não é o que **A** é; e toda a sua essência consiste em que ele não é o que **A** é. – De **-A**, eu sei *que* ele é o contrário de algum **A**. Mas o *que* seja ou não seja esse *do* qual eu sei aquilo, só o posso saber sob a condição de que eu conheça **A**.

9) Nada é originariamente posto, senão o eu; e só este é simplesmente posto (§.1). Por conseguinte, só ao eu pode haver um opor simplesmente. Mas o que é oposto ao eu = *não-eu*.

10) Tão certo quanto entre os fatos da consciência empírica ocorre o aceitar incondicionado da certeza absoluta da proposição: **-A** não = **A**, *assim também é certo que ao eu é oposto, simplesmente, um não-eu.* Tudo aquilo que acabamos de dizer acerca do opor em geral, é derivado deste opor originário; e, por isso, é válido originariamente dele: logo, ele é simplesmente incondicionado quanto à forma, // mas condicionado quanto à matéria. E [267] assim estaria então encontrado também o segundo princípio de todo o saber humano.

11) O contrário de tudo o que cabe ao eu tem, por força da simples contraposição, de caber ao não-eu.

(É opinião corrente que o conceito do não-eu é um conceito discursivo, surgido por abstração a partir de todo o representado. A superficialidade desta explicação deixa-se, no entanto, facilmente expor. Assim como devo representar algo, tenho de o opor ao representante. Ora, no objeto[17] da representação pode e tem, com efeito, de residir algum **X**, pelo qual ele se descobre como um representado, e não como o representante: mas *que* tudo aquilo em que / reside este **X**, não é o representante, mas um representado, eu não o posso aprender através de nenhum objeto[18] [C: e para poder tão somente pôr algum *objeto*[19], eu tenho já de o saber; anteriormente a toda a experiência possível, isso tem, então, originariamente, de residir em mim mesmo, no representante. – E esta observação salta tanto à vista que quem não a compreende, e não é a partir dela elevado até ao idealismo transcendental, tem inapelavelmente de ser espiritualmente cego]; muito pelo contrário, só sob a pressuposição daquela lei é que há, em geral, um objeto.)

* * *

Da proposição material; *eu sou*, surgiu, por abstração do seu conteúdo, a proposição meramente formal e lógica: **A** = **A**. Da proposição estabelecida no presente § surgiu, através de uma abstração semelhante, a partir da proposição lógica: -**A** não = **A**, aquele que eu denominaria o *princípio da contraposição*. Ele não pode ser aqui, ainda, adequadamente determinado, nem exposto numa fórmula verbal; a razão disto resultará clara no próximo §. Se se abstrair finalmente, por inteiro, da ação determinada do julgar, e atender-se meramente à forma da sequência do ser-oposto ao não--ser, tem-se então a *categoria da negação*. Também acerca disto, só no § seguinte será possível uma inteligência clara.

---

17. *Objekt.*
18. *Gegenstand.*
19. Id.

/ // §.3. Terceiro princípio, condicionado quanto à forma   105/*267*

A cada passo em frente que damos na nossa ciência, aproxima-mo-nos do domínio no qual tudo se deixa demonstrar. No primeiro princípio, absolutamente nada podia, nem devia, ser demonstrado; ele era incondicionado quanto à forma, assim como quanto ao conteúdo, e era certo sem qualquer outro fundamento mais elevado. No segundo, // a *ação do opor* não se deixava, é certo,   *268* derivar; mas ela foi posta incondicionalmente apenas quanto à sua mera forma, e era então rigorosamente demonstrável que *o oposto* teria de ser = não-eu. O terceiro é quase inteiramente capaz de uma demonstração, porque ele não é determinado, como o segundo, quanto ao conteúdo, mas antes quanto à forma, e não, como aquele, por uma só, mas por duas proposições.

Ele é determinado quanto à forma, e incondicionado apenas quanto ao conteúdo – o que quer dizer: a tarefa para a ação, que é estabelecida por ele, é dada de modo determinado pelas duas proposições precedentes, mas não a sua solução. / Esta última acontece   106 incondicionalmente, e simplesmente por um decreto da razão.

Começamos, consequentemente, com uma dedução [C: uma dedução que deriva a tarefa], e seguimo-la tão longe quanto podemos. A impossibilidade de a prosseguir mostrar-nos-á, sem lugar para dúvida, onde a teremos de interromper e apelar para esse decreto incondicionado da razão, que resultará da tarefa.

A)

1) Na medida em que o não-eu é posto, o eu não é posto; pois o eu é inteiramente suprimido pelo não-eu.

Ora, o não-eu é posto *no eu:* pois ele é oposto; mas todo o oposto pressupõe a identidade do eu, no qual ele é posto, e no qual ele é oposto ao que é posto.

Portanto, o eu não é posto no eu na medida em que o não-eu é posto nele.

2) Mas o não-eu só pode ser posto na medida em que um eu é posto no eu (na consciência idêntica), ao qual ele pode ser oposto.

Ora, o não-eu deve ser posto na consciência idêntica.

Portanto, na medida em que o não-eu deve ser posto, também o eu tem de ser posto na mesma.

3) As duas conclusões são opostas entre si: ambas são desenvolvidas por uma análise a partir do segundo princípio e, portanto, residem ambas nele. Logo, o segundo princípio é oposto a si próprio, e suprime-se a si próprio.

4) Mas ele só se suprime na medida em que o posto é suprimido pelo oposto e, portanto, na medida em que ele próprio tem validade. Então, ele deve ser suprimido por si próprio, e não ter qualquer validade.

269   // Portanto, ele não se suprime.

O segundo princípio suprime-se a si; e, igualmente, não se
107 suprime. /

5) E se assim se passa com o segundo princípio, então também com o primeiro não se passa de outro modo. Ele suprime-se a si próprio e, igualmente, não se suprime. Porque

Se eu = eu, então é posto tudo o que no eu é posto.

Ora, o segundo princípio deve ser posto no eu e, igualmente, não ser posto no eu.

Logo, eu não é = eu, mas eu = não-eu, e não-eu = eu.

B) Todas estas consequências são derivadas, a partir dos princípios estabelecidos, segundo as leis da reflexão pressupostas como válidas; elas devem, consequentemente, ser corretas. Mas se elas são corretas, então é suprimida a identidade da consciência, o único fundamento absoluto do nosso saber. Está então, por este meio, determinada a nossa tarefa. A saber, deve ser encontrado algum **X**, por meio do qual todas aquelas consequências possam ser corretas, sem que seja suprimida a identidade da consciência.

1) Os opostos que devem ser unificados estão no eu, como consciência. Por conseguinte, também X tem de estar na consciência.

2) O eu, assim como o não-eu, são ambos produtos de ações originárias[20] do eu, do pôr do eu por si próprio, e a consciên-

---

20. *ursprünglicher Handlungen.*

cia é também um produto da primeira ação originária do eu, do pôr do eu por si próprio.

3) Mas, segundo as consequências acima referidas, a ação, cujo produto é o não-eu, o opor, não é de todo possível sem **X**. O próprio **X** tem, portanto, de ser um produto e, com efeito, um produto de uma ação originária do eu. Há, por conseguinte, uma ação do espírito humano = **Y**, cujo produto é = **X**.

4) A forma desta ação é determinada perfeitamente pela tarefa referida acima. O eu e o não-eu opostos devem ser unificados, postos igualmente por ela, sem que mutuamente se suprimam. / Os opostos referidos devem ser tomados na identidade da consciência unida.

108

5) Mas *como* isto possa acontecer, e de que maneira isso virá a ser possível, não está ainda, por esse meio, de todo, determinado; isto não reside na tarefa, e não se deixa, de maneira nenhuma, desenvolver a partir dela. Temos, por conseguinte, como fizemos acima, de levar a cabo um experimento, e nos perguntarmos: como se deixam **A** e **-A**, ser e não-ser, realidade e negação, pensar conjuntamente, sem que se anulem e suprimam?

// 6) Não é de esperar que alguém responda a esta questão de outro modo, senão como se segue: eles *limitar-se-ão* mutuamente. Portanto, se esta resposta estiver correta, a ação **Y** seria um *limitar* de ambos os opostos, um pelo outro; e **X** designaria os *limites*.

270

(Não me compreendam como se afirmasse que o conceito dos limites é um conceito analítico, que residisse na unificação da realidade com a negação, e dela se deixasse desenvolver. É certo que os dois conceitos opostos são dados pelos dois primeiros princípios; e que a exigência de que eles devem ser unificados está contida no primeiro. A maneira, contudo, como eles podem ser unificados, não reside, de todo, neles, mas é determinada por uma lei *especial* do nosso espírito, que deverá ser trazida à consciência por esse experimento.)

7) Mas, no conceito dos limites reside mais do que o **X** buscado, reside igualmente, a saber, o conceito da realidade e o

da negação, os quais nele são unificados. Temos, então, para obter puramente **X**, de levar a cabo ainda uma abstração.

8) *Limitar* algo quer dizer: suprimir, pela negação, a sua realidade, não *inteiramente*, mas apenas em *parte*. Reside, portanto, no conceito dos limites, além do conceito de realidade, e de negação, ainda o da *divisibilidade* (a *capacidade da quantidade* em geral, e não, precisamente, de uma / quantidade *determinada*). Este conceito é o **X** buscado e, consequentemente, pela ação Y, *o eu, assim como o não-eu, é posto, simplesmente, como divisível.*

9) *O eu, assim como o não-eu, é posto como divisível;* pois a ação **Y** não pode *seguir-se* à ação do contrapor, i.e., ela não pode ser considerada como se só fosse tornada possível através desta; visto que, conforme a demonstração acima, sem ela, o contrapor suprime-se a si próprio, e é, portanto, impossível. Além disso, ela não a pode *preceder;* pois só é levada a cabo para tornar possível a oposição, e a divisibilidade não é nada sem um divisível. Logo, a ação **Y** ocorre imediatamente nesta ação, e com ela: ambas são uma e precisamente a mesma, e só são diferenciadas na reflexão. Por conseguinte, assim como ao eu é oposto um não-eu, o eu, *ao qual // é* oposto, e o não-eu, *que é* oposto, são postos como divisíveis.

C) Agora, temos ainda só de investigar se a tarefa foi efetivamente resolvida pela ação estabelecida, e todos os opostos unificados.

1) A primeira conclusão está determinada doravante como se segue. O eu não é posto no eu, na medida, i.e., segundo aquelas partes da realidade, com as quais o não-eu é posto. Uma parte da realidade, i.e., aquela que é atribuída ao não-eu, é suprimida no eu. Esta proposição não contradiz a primeira. Na medida em que o não-eu é posto, também o eu tem de ser posto, a saber, eles são ambos postos, em geral, como divisíveis quanto à sua realidade.

Só então, por intermédio do conceito estabelecido, pode dizer-se de ambos: eles são *algo*. O eu absoluto do primeiro princípio não é *algo* (ele não tem nenhum predicado, e não pode ter nenhum); ele é, simplesmente, *o que é*, e isto não se deixa esclarecer mais. Agora, por intermédio deste conceito, está na consciência *toda* a realidade; e desta, cabe ao não-eu aquela que não cabe ao eu, e inversamente. Ambos são algo; / o não-eu, aquilo que o eu não é, e inversamente. Oposto ao eu absoluto (ao qual, entretanto, como se mostrará a seu tempo, o não-eu só pode ser oposto na medida em que é representado, e não na medida em que é em si), o não-eu é *nada, simplesmente;* oposto ao eu limitável, ele é uma *grandeza negativa.*

110

2) O eu deve ser igual a si próprio e, contudo, oposto a si próprio. Mas ele é igual a si no que diz respeito à consciência, pois a consciência é una: e nesta consciência é posto o eu absoluto, como indivisível; em contrapartida, o eu, ao qual o não-eu é oposto, é posto como divisível. O eu, portanto, na medida em que lhe é oposto um não-eu, é ele próprio oposto ao eu absoluto.

E assim estão unificados todos os opostos, sem prejuízo da unidade da consciência; e isto constitui, de certo modo, a prova de que o conceito estabelecido era o conceito correto.

D) Dado que, segundo a nossa pressuposição, demonstrável apenas pela completação de uma Doutrina da Ciência, não é possível mais do que um princípio simplesmente incondicionado, outro, condicionado quanto ao conteúdo, e outro ainda, condicionado quanto à forma, então, além dos princípios estabelecidos, não pode haver mais nenhum. A soma daquilo que é simples e incondicionalmente // certo está, doravante, esgotada; e eu o exprimiria, aproximadamente, na seguinte fórmula; *o eu opõe, no eu, ao eu divisível, um não-eu divisível.*

272

Nenhuma filosofia se eleva acima deste conhecimento; mas toda a filosofia bem fundada deve remontar até ele; e, ao fazê-lo, torna-se Doutrina da Ciência. Tudo aquilo que deva, a partir de agora, ocorrer no sistema do espírito humano, tem de se deixar derivar do que ficou estabelecido.

1) Unificamos o eu e o não-eu opostos pelo conceito da divisibilidade. Se se abstrair do conteúdo determinado, o eu e o não-eu, e / restar a *mera forma da unificação de opostos*

111

55

pelo conceito da divisibilidade, então temos o princípio lógico que até aqui se denominou princípio da *razão suficiente*[21]: **A** é em parte = **-A**, e inversamente. Cada oposto é igual ao seu oposto numa nota característica = **X**; e cada um dos iguais é oposto ao seu igual numa nota característica = **X**. Uma tal nota = **X** significa a razão suficiente, no primeiro caso, a razão suficiente da *relação*, no segundo, a razão suficiente da *diferença*: pois pôr opostos como iguais, ou comparar[22], quer dizer *relacionar*; opor postos como iguais quer dizer *diferenciá-los*. Este princípio lógico é *demonstrado* e *determinado* pelo nosso princípio material estabelecido.

Demonstrado: pois

a) Todo o oposto = **-A** é oposto a um **A**, e este **A** é posto.

Pelo pôr de um **-A**, **A** é suprimido, e contudo, também não é suprimido.

Ele é só suprimido, portanto, em parte; e, em lugar do **X** posto em **A**, o qual não é suprimido, **-X** não é posto em **-A**, mas o próprio **X**; e logo, **A** = **-A** em **X**. O que era o primeiro ponto a demonstrar.

b) Todo o posto como igual[23] (= **A** = **B**) é igual a si próprio, por força do seu ser-posto no eu. **A** = **A**. **B** = **B**.

Ora, **B** = **A** é posto, e portanto, **B** não é posto por **A**; pois se aquele fosse posto por este, então ele seria = **A** e não = **B**. (Não estariam presentes dois postos, mas apenas um só.)

Mas se **B** não é posto pelo pôr de **A**, então ele é, nessa medida = **-A**; // e pelo pôr como igual de ambos é posto, não **A**, nem **B**, mas algum **X**, o qual é = **X**, e = **A**, e = **B**. O que era o segundo ponto a demonstrar.

Daqui resulta claro como pode ser válida a proposição **A** = **B** que, em si, contradiz a proposição **A** = **A**. **X** = **X**. **A** = **X**. **B** = **X**.

---

21. *Saz des Grundes.*
22. *Entgegengesetzte gleich setzen oder vergleichen.*
23. *Gleichgesetz.*

Portanto, **A** = **B**, na medida em que ambos são = **X**: mas **A** = -**B** na medida em que ambos são = -**X**.

/ Os iguais só são opostos, e os opostos só são iguais *numa* 112 parte. Pois, se fossem opostos em várias partes, i.e., se nos próprios opostos estivessem notas características opostas, então um dos dois pertenceria àquele onde os comparados são iguais, e não seriam, portanto, opostos; e inversamente. Cada juízo fundado tem, por conseguinte, apenas um fundamento de relação, e apenas um fundamento de distinção. Se tiver vários, então não é um juízo, mas vários juízos.

2) O princípio lógico da razão suficiente é *determinado* pelo princípio material acima referido, i.e., a sua validade é também limitada; ele só vale para uma parte do nosso conhecimento.

Só sob a condição de que coisas diferentes sejam, em geral, postas como iguais ou opostas, é que elas são, em alguma nota característica, opostas ou postas como iguais. Mas não é assim, de todo, afirmado que simplesmente, e sem condições, tudo o que possa ocorrer na nossa consciência tenha de ser posto como igual a algo de diverso, e oposto a um terceiro. Um juízo acerca daquilo ao qual nada pode ser posto como igual, e nada pode ser oposto, não está de todo sujeito ao princípio da razão suficiente, pois não está sujeito à condição da sua validade; ele não é fundado, mas é ele próprio que funda todos os juízos possíveis; ele não tem fundamento, mas é ele próprio que dá o fundamento para todo o fundado. O objeto[24] de um tal juízo é o eu absoluto, e todos os juízos cujo sujeito é esse mesmo eu, valem, simplesmente, e sem qualquer fundamento; sobre isto veja-se ainda mais abaixo.

3) A ação em que se busca, nos comparados, a nota característica em que eles são *opostos*, chama-se o procedimento *antitético;* chama-se-lhe habitualmente *analítico*, mas esta expressão é menos adequada, em parte, porque ela deixa ficar a opinião de que se pode, a partir de um conceito, desenvolver algo que não se tenha lá antes colocado por meio de uma

---

24. *Gegenstand.*

síntese e, em parte, porque pela primeira // expressão é mais claramente / indicado que este procedimento é o contrário do sintético. O procedimento *sintético* consiste, a saber, em que se busca nos opostos aquela nota pela qual eles são iguais. Quanto à sua mera forma lógica, a qual abstrai inteiramente de todo o conteúdo do conhecimento, bem como da maneira como a ele se chega, os juízos produzidos da primeira maneira chamam-se antitéticos ou negativos, os da segunda maneira, sintéticos, ou afirmativos.

4) Se as regras lógicas, às quais estão sujeitas toda a antítese e toda a síntese, são derivadas do terceiro princípio da Doutrina da Ciência, então a legitimidade de toda a síntese e de toda a análise é, em geral, derivada dele. Mas vimos, na exposição desse princípio, que a ação originária que ele exprime, a de ligar opostos num terceiro, não era possível sem a ação do opor; e que esta, igualmente, não era de todo possível, sem a ação de ligar: e logo, que as duas estão inseparavelmente ligadas, e só são diferenciáveis na reflexão. Daqui se segue que as ações lógicas que se fundam sobre aquelas ações originárias, e que, propriamente, são tão somente determinações particulares mais aproximadas das mesmas, não serão igualmente possíveis uma sem a outra. Não é possível uma antítese sem uma síntese; pois a antítese consiste, na verdade, em que a nota oposta seja procurada nos iguais; mas os iguais não seriam iguais, se eles não fossem antes postos como iguais por uma ação sintética. Na mera antítese faz-se abstração de que só por uma tal ação é que eles foram postos como iguais: eles foram previamente tomados, sem se procurar saber de onde, simplesmente como iguais; a reflexão só se dirige ao que neles é oposto, e isto é, assim, elevado à consciência distinta e clara. – Assim também, inversamente, nenhuma síntese é possível, sem uma antítese. Os opostos devem ser unificados: mas eles não seriam opostos, se não o fossem por uma ação do / eu, a qual é abstraída na síntese para, pela reflexão, trazer à consciência apenas o fundamento de relação. – Não há, por conseguinte, em geral, juízos meramente analíticos quanto ao conteúdo; e com eles apenas, não só, conforme diz Kant, não se chega longe, como também não se sai, de todo, do mesmo lugar.

// 5) A célebre questão que Kant inscreveu no topo da *Crítica da* 275
razão pura: como são possíveis juízos sintéticos *a priori?* – está
agora respondida da maneira mais universal e mais satisfatória. Realizamos, no terceiro princípio, uma síntese entre o
eu e o não-eu opostos, por meio da divisibilidade posta de
ambos, síntese cuja possibilidade não mais se pode questionar, ou introduzir algum fundamento para ela; ela é possível,
simplesmente, está-se, sem nenhuma outra razão, legitimado
a realizá-la. Todas as restantes sínteses que devam ser válidas
têm de residir nesta; elas têm de se ter realizado, simultaneamente, nela e com ela: e assim como isto é demonstrado, é
fornecida a mais convincente demonstração de que estas são
tão válidas como aquela.

6) *Todas as restantes sínteses têm de estar todas contidas
nesta:* e isto indicia-nos então, simultaneamente, do modo
mais determinado, o caminho que temos de continuar a tomar
na nossa ciência. – Ele deve consistir em sínteses e, portanto, todo o nosso procedimento deve ser, de agora em diante
(ao menos na parte teorética da Doutrina da Ciência, pois
na parte prática é o inverso, como se mostrará a seu tempo),
sintético; cada proposição conterá uma síntese. – Mas nenhuma síntese é possível sem uma antítese precedente, da qual
nós, no entanto, na medida em que ela é uma ação, abstraímos, e apenas buscamos o seu produto, o oposto. Temos, por
conseguinte, em cada proposição, de partir da indicação de
opostos, os quais devem ser unificados. – Todas as sínteses
estabelecidas devem residir na síntese suprema, que há pouco
realizamos, e deixar-se desenvolver a partir dela. Temos, então,
no eu e no não-eu ligados por ela, na medida em que / são   115
ligados por ela, de buscar notas características opostas remanescentes, e de as ligar por um novo fundamento de relação,
o qual tem, novamente, de estar contido no fundamento de relação supremo entre todos: temos, outra vez, de buscar novos
opostos nos opostos ligados por esta primeira síntese, e de
os ligar por um novo fundamento de relação, contido no que
foi inicialmente derivado; e assim prosseguir até onde pudermos; até chegarmos a opostos que não mais se deixem ligar
perfeitamente, e passar, assim, ao domínio da parte prática. E

276 assim está, então, o nosso passo certo e seguro, // prescrito pela coisa mesma, e podemos saber de antemão que não podemos, de todo, errar, se tomarmos atenção e obedecermos ao nosso caminho.

7) É tampouco possível uma antítese sem síntese, quanto uma síntese sem antítese; e, exatamente, tampouco possíveis são estas duas, sem tese: sem um pôr, simplesmente, pelo qual um **A** (o eu) é posto como igual a nenhum outro, e oposto a nenhum outro, mas posto, simplesmente. No que diz respeito ao nosso sistema, a tese confere ao todo consistência e completude; ele tem de ser um sistema, e um só sistema; os opostos têm de ser ligados[25], enquanto ainda houver algo de oposto, até que seja produzida a unidade absoluta; a qual, é certo, como a seu tempo se mostrará, apenas poderia ser produzida numa aproximação ao infinito terminada, a qual, em si, é impossível. – A necessidade de opor e de ligar da maneira determinada, assenta imediatamente sobre o terceiro princípio: a necessidade, em geral, de ligar, assenta sobre o primeiro, o princípio supremo, incondicionado simplesmente. A *forma* do sistema funda-se na síntese suprema; mas *que*, em geral, deva haver um sistema, funda-se sobre a tese absoluta. – Isto, no que diz respeito à aplicação da observação feita ao nosso sistema em geral; mas há ainda uma outra aplicação da mesma, ainda mais importante, sobre a forma dos juízos que, por variadas razões, não pode ser aqui omitida. A saber, assim

116 como havia juízos antitéticos e sintéticos, / por analogia, bem poderia haver igualmente juízos téticos, os quais seriam, nalguma determinação, diretamente opostos aos primeiros. A saber, a correção das duas primeiras espécies pressupõe um fundamento e, com efeito, um duplo fundamento, um de relação, e um de diferença, os quais podem ser ambos indicados e, se o juízo deve ser demonstrado, têm de ser indicados. (E.g., o pássaro é um animal: aqui o fundamento de relação, sobre o qual se reflete, é o conceito determinado de animal, que ele consiste em matéria, em matéria organizada, em matéria viva

---

25. No original, *"o oposto tem de ser ligado"*.

60

animada; o fundamento de diferença, por sua vez, do qual se faz abstração, é a diferença específica das diversas espécies animais, se têm duas ou quatro patas, penas, escamas ou a pele coberta de pelos. Ou: uma planta não é um animal; aqui, o fundamento de diferença, sobre o qual se reflete, é a diferença específica entre as plantas e os animais; o fundamento de relação, por outro lado, do qual se faz abstração, é a organização em geral.) Um juízo tético // seria, entretanto, um juízo tal que nele algo seria posto como igual a nenhum outro, e oposto a nenhum outro, mas seria posto como igual apenas a si próprio; um tal juízo não poderia, portanto, pressupor absolutamente nenhum fundamento de relação ou de distinção: mas o terceiro elemento[26] que ele, segundo a forma lógica, tem, no entanto, de pressupor, seria meramente uma *tarefa* para um fundamento. O juízo originariamente supremo desta espécie *é o eu sou*, no qual absolutamente nada é dito do eu, mas o lugar do predicado é deixado vazio para a determinação do eu, possível até ao infinito. Todos os juízos que estão contidos sob este, isto é, sob o pôr absoluto do eu, são desta espécie (mesmo que não tivessem jamais efetivamente o eu como sujeito lógico). E.g., o homem é livre. Ou se considera este juízo como um juízo positivo (caso em que quereria dizer: o homem pertence à classe dos seres livres), e então deveria ser indicado um fundamento de relação entre ele e os seres livres, fundamento que, como fundamento / da liberdade, estivesse contido no conceito dos seres livres em geral e, em especial, no de homem; mas, muito longe de que um tal fundamento se pudesse indicar, não se deixa sequer apontar uma classe de seres livres. Ou então, considera-se-lo um juízo negativo, e então o homem é, por esse meio, oposto a todos os seres que estão sujeitos à lei da necessidade da natureza; mas então teria de indicar-se o fundamento de diferença entre necessário e não necessário, e teria de se poder mostrar que este não residiria no conceito de homem, mas sim no dos seres opostos; e, igualmente, teria de se deixar indicar uma nota característica na qual ambos coincidissem. O homem, no entanto, na

---

26. "elemento", adenda do trad.

medida em que o predicado da liberdade, para ele, pode ser válido, i.e., na medida em que ele é sujeito absoluto, e não sujeito representado ou representável, não tem absolutamente nada em comum com os seres da natureza e, igualmente, não lhes é oposto. E todavia, devido à forma lógica do juízo, que é positiva, os dois conceitos devem ser unificados; mas eles não são para unificar em absolutamente nenhum conceito, mas apenas na ideia de um eu cuja consciência não seria determinada por absolutamente nada fora dela mas, muito pelo contrário, determinaria ele próprio tudo fora dele, através da sua mera consciência: ideia que não é, no entanto, sequer pensável, porque contém, para nós, uma contradição. E todavia, ela é-nos estabelecida como o mais elevado fim prático. O homem deve aproximar-se, sempre mais, até ao infinito, da liberdade, em si inalcançável. – Assim, o juízo de gosto: // **A** é belo (ou seja, em **A** está uma nota característica que também está no ideal do belo), é um juízo tético; pois eu não posso comparar essa nota com o ideal, dado que eu não conheço o ideal. Muito pelo contrário, encontrá-lo é uma tarefa do meu espírito que provém do seu pôr absoluto, tarefa que, contudo, só poderia ser resolvida após completada uma aproximação ao infinito. – Por isso, Kant e os seus seguidores chamaram, muito justamente, a estes juízos, *infinitos,* embora nenhum deles, até onde / eu sei, os tenha esclarecido de maneira clara e determinada.

8) Para qualquer juízo tético determinado não se deixa, por conseguinte, alegar nenhum fundamento; mas o procedimento do espírito humano no juízo tético está, em geral, fundado sobre o pôr do eu simplesmente por si próprio. Será proveitosa, e oferecerá a mais clara e a mais determinada inteligência sobre o caráter específico do sistema crítico, a comparação da fundamentação dos juízos téticos em geral com a dos juízos antitéticos e sintéticos.

Todos os opostos segundo algum conceito, o qual exprime o seu fundamento de distinção, coincidem num conceito *superior* (mais geral, mais abrangente), que se denomina o conceito do gênero; i.e., é pressuposta uma síntese na qual ambos estão contidos e, na verdade, contidos na medida em que são iguais entre si. (E.g., o ouro e a prata estão, como iguais, contidos no conceito de metal, o qual não contém o conceito pelo qual eles são opostos, como aqui, porventura, determinada cor.) Daí a regra lógica da definição, pela qual ela tem de indicar o conceito do gênero, que contém o fundamento de relação, e a diferença específica, que contém o fundamento de distinção. – E, por sua vez, todos os postos como iguais são opostos nalgum conceito *inferior*, que exprime alguma determinação particular, da qual se faz abstração no juízo de relação, i.e., toda a síntese pressupõe uma antítese precedente. E.g., do conceito de corpo é abstraída a variedade das cores, os pesos determinados, os sabores, os cheiros etc., e então, tudo aquilo que ocupa espaço, é impenetrável e tem algum peso, pode ser um corpo, por mais opostos que entre si possam também ser, no que diz respeito àquelas notas características. // – (*Quais* as determinações que são mais gerais ou mais especiais e, portanto, *quais* os conceitos que são superiores ou inferiores, será determinado pela Doutrina da Ciência. Por quantos menos conceitos intermédios, em geral, um conceito for derivado do conceito supremo, o de realidade, tanto superior ele é; por / quantos mais, tanto inferior ele é. **Y** é, com toda a certeza, um conceito inferior a **X**, se **X** ocorre na série da sua derivação do conceito supremo: e, do mesmo modo, inversamente). 279 119

Com aquilo que é simplesmente posto, com o eu, passa-se de modo inteiramente diferente. Um não-eu é posto como seu igual, ao mesmo tempo em que lhe é oposto, mas não num conceito *superior* (que, de certo modo, os contivesse aos dois em si e pressupusesse uma síntese ou, no mínimo, uma tese superior), como se passa em todas as outras comparações, mas neste caso, num conceito *inferior*. O eu é mesmo reduzido a um conceito inferior, o da divisibilidade, para que possa ser posto como igual ao não-eu; e, nesse mesmo conceito, é também oposto a ele. Aqui não há, então, de todo, um *ascender*, como, de resto, em todas as sínteses, mas um *descer*. Eu e não-eu, na medida em que são postos como iguais e opostos pelo conceito da limitabilidade mútua, são ambos também algo (acidentes) no eu, como substância divisível; postos pelo eu, como sujeito absoluto e ilimitável, ao qual nada é posto como igual e nada é oposto. – Por isso, todos os juízos cujo sujeito lógico é o eu limitável ou determinável, ou algo que determina o eu, têm de ser limitados ou determinados por algo superior: mas todos os juízos cujo sujeito lógico é o eu absoluto, ou indeterminável, não podem ser determinados por nada de superior, porque o eu absoluto não é determinado por nada de superior, mas são fundados e determinados simplesmente por si próprios.

Nisto consiste então a essência da filosofia *crítica*, em que um eu absoluto é estabelecido como simplesmente incondicionado, e como não sendo determinável por nada de superior, e, se esta filosofia prossegue consequentemente a partir deste princípio, então ela torna-se Doutrina da Ciência. Pelo contrário, é *dogmática* aquela filosofia que põe como igual e opõe algo ao eu em si, e isto acontece no conceito pretensamente superior de *coisa* (*ens*), que é simultaneamente estabelecido, de modo completamente arbitrário, como o conceito simplesmente supremo. No sistema crítico, é a coisa que é posta no eu; no / sistema dogmático, é naquela que o próprio eu é posto: o criticismo é, por isso, *imanente*, porque ele põe tudo no eu; o dogmatismo é *transcendente*, porque ele // ultrapassa o eu. Na medida em que o dogmatismo pode ser consequente, o espinosismo é o seu mais consequente produto. Ora, se se proceder com o dogmatismo segundo os seus próprios princípios, conforme certamente se deve, então pergunta-se-lhe por que assume ele, afinal, a sua coisa em si sem nenhum fundamento superior, quando, a propósito do eu, perguntava por um fundamento superior; por que, então, esta vale como absoluto, quando o eu não deve ser absoluto? Ele não pode invocar nenhuma legitimidade para isso, e nós pedimos então, com justiça, que ele, segundo os seus próprios princípios, nada admita sem fundamento, que introduza novamente um conceito superior de gênero para o conceito de coisa em si e, novamente, um conceito superior para este, e assim por diante até ao infinito. Um dogmatismo consumado, ou nega, por conseguinte, que o nosso saber tenha em geral um fundamento, que haja em geral um sistema no espírito humano, ou contradiz-se a si próprio. O dogmatismo consumado é um ceticismo que põe em dúvida que duvida; porque ele tem de suprimir a unidade da consciência e, com ela, a lógica inteira: ele não é, portanto, um dogmatismo, e contradiz-se ao pretender sê-lo*.

/ (Assim, Espinosa põe o fundamento da unidade da cons-   121
ciência numa substância, na qual ela é necessariamente determinada, tanto segundo a matéria (a série determinada da representação) quanto segundo a forma da unidade. Mas eu // pergunto-lhe, o que é que contém, então, novamente, o   281
fundamento da necessidade dessa substância, quanto à sua matéria (as diversas séries de representação nela contidas), assim como quanto à sua forma (segundo a qual *todas* as séries de representação *possíveis* nela se esgotam e devem constituir um *todo* completo). Ora, para esta necessidade não me é apontado nenhum outro fundamento, senão dizer: é assim, simplesmente; e ele o diz porque é forçado a assumir algo de absolutamente primeiro, uma unidade suprema: mas se ele quer assim, então bem deveria ter-se deixado ficar pela unidade que lhe é dada na consciência, e não teria precisado de inventar uma ainda superior, para a qual nada o move.)

Não se deixaria de modo nenhum esclarecer como algum pensador alguma vez, ou pôde ultrapassar o eu, ou, depois de alguma vez o ter ultrapassado, como tenha podido encontrar repouso algures, se não encontrássemos um dado prático como fundamento para um esclarecimento completo deste fenômeno. Um dado prático, e não teorético, como pareceu acreditar-se, foi aquilo que moveu o dogmático para além do

---

* Só existem dois sistemas, o crítico e o dogmático. O cepticismo, conforme foi acima determinado, não seria um sistema, porque ele nega mesmo, em geral, a possibilidade de um sistema. Mas só a pode negar sistematicamente e, portanto, contradiz-se a si próprio, e é inteiramente contrário à razão. Já está devidamente acautelado, pela natureza do espírito humano, que o cepticismo, além disso, é impossível. Ninguém ainda chegou a ser seriamente um tal céptico. Algo de diverso é o cepticismo crítico, o de *Hume*, de *Maimon*, de *Enesidemo*, que põem a nu a insuficiência dos fundamentos até aqui admitidos e, precisamente por isso, indiciam onde se podem encontrar fundamentos sólidos. Com ele, a ciência sai sempre a ganhar, se não sempre no conteúdo, com certeza na forma – e conhece-se mal o benefício da ciência quando se nega a devida atenção ao céptico perspicaz.

eu; a saber, o sentimento da dependência do nosso eu, na medida em que é prático, de um não-eu que de modo nenhum está sujeito à nossa legislação, e que, nessa medida, é livre: um dado prático, entretanto, forçou-o em algum lugar, novamente, a permanecer em repouso; a saber, o sentimento de uma necessária subordinação e unidade de todo o não-eu sob as leis práticas do eu; subordinação e unidade que não constituem, porém, de todo, algo que existe, por assim dizer, como o objeto de um conceito, mas sim como objeto de uma ideia, de algo que *deve* existir, e que deve ser produzido por nós, conforme se mostrará a seu tempo.

122   E assim se torna, por fim, evidente que / o dogmatismo não é absolutamente, em geral, aquilo que pretende ser, que nós não lhe fizemos justiça com as consequências acima retiradas, e que ele faz injustiça a si próprio, se as tira para si. A sua unidade suprema não é, efetivamente, nenhuma outra senão a da consciência, e não pode ser nenhuma outra, e a sua coisa é o substrato da // divisibilidade em geral, ou a substância suprema, na qual são ambos postos, o eu e o não-eu (a inteligência e a extensão de Espinosa). Muito longe de ultrapassar o eu puro absoluto, ele não se eleva, sequer, até ele: lá, onde chega mais longe, como no sistema de Espinosa, o dogmatismo alcança os nossos segundo e terceiro princípios, mas não o primeiro princípio, simplesmente incondicionado; habitualmente, nem de longe se eleva tão alto. Estava reservado à filosofia crítica dar este último passo e completar assim a ciência. A parte teórica da nossa Doutrina da Ciência, que também se desenvolve apenas a partir dos dois últimos princípios, pois que aqui o primeiro só possui uma validade reguladora, é, efetivamente, como se mostrará a seu tempo, o espinosismo sistemático; só que cada eu é, aqui, ele próprio, a única substância suprema: todavia, o nosso sistema acrescenta uma parte prática, que funda e determina a primeira, completa assim a ciência inteira, esgota tudo o que é encontrado no espírito humano, e assim, o senso comum, que é ofendido por toda a filosofia pré-kantiana e, com a filosofia do nosso sistema teórico, parece romper definitivamente com a filosofia, sem esperança de reconciliação, é perfeitamente conciliado com a filosofia.

282

9) Se se faz completa abstração da forma *determinada* do juízo, que ele é um juízo *oponente* ou *que põe como igual*[27], se é construído sobre um fundamento de *distinção* ou de *relação*, e deixa-se restar meramente o que é geral no modo da ação – o delimitar de um pelo outro –, temos então a categoria da *determinação* (delimitação, em Kant, limitação). A saber, um pôr da quantidade em / geral, seja ela quantidade de realidade ou de negação, chama-se determinação. 123

---

27. *"entgegensetzendes oder vergleichendes"*, literalmente, "oponente ou comparante."

SEGUNDA PARTE

FUNDAMENTOS DO SABER TEÓRICO

§.4. Primeiro teorema

Antes de partirmos para o nosso caminho, uma breve reflexão a seu respeito! – Estabelecemos três princípios lógicos: o da *identidade*, que funda todos os restantes; e depois, os dois que se fundam reciprocamente sobre aquele, o do *contrapor* e o de *razão suficiente*. São só estes dois últimos que tornam possível o procedimento sintético em geral, que estabelecem e fundam a sua forma. E, por conseguinte, não precisamos de mais nada, para estarmos certos da validade formal do nosso procedimento na reflexão. – Do mesmo modo, é estabelecido na primeira ação sintética, na síntese fundamental (a do eu e do não-eu), um conteúdo para todas as sínteses futuras e, também por este lado, de nada mais necessitamos. Tudo aquilo que deve pertencer ao domínio da Doutrina da Ciência tem de se deixar desenvolver a partir desta síntese fundamental.

Mas, se algo se deve deixar desenvolver a partir dela, então têm ainda de estar contidos, nos conceitos por ela unificados, outros conceitos, os quais não foram ainda estabelecidos; e a nossa tarefa é a de os encontrar. Por isso, procede-se agora da seguinte maneira. – Segundo o §.3, todos os conceitos sintéticos geram-se por unificação de opostos. Tem-se, então, em primeiro lugar, de procurar tais notas características opostas nos conceitos estabelecidos (aqui, no eu e no não-eu, na medida em que // são postos como mutuamente se determinando); e isto acontece pela reflexão, a qual é uma ação arbitrária do nosso espírito: – *procurar*, digo eu; é, por conseguinte, pressuposto, que eles já estão disponíveis, e que não são porventura / criados e inventados pela nossa reflexão (coisa que a reflexão não é de todo capaz de fazer), i.e., é pressuposta uma ação antitética do eu originariamente necessária.

A reflexão tem de estabelecer esta ação antitética: e ela é, nesta medida, em primeiro lugar, analítica. A saber, chama-se analisar o conceito **A**, trazer claramente à consciência, por reflexão, notas opostas, que estão contidas num conceito determinado = **A**, *como* opostas. Aqui, porém, é de notar em especial, que a nossa reflexão analisa um conceito que ainda não lhe está, de todo, dado, mas que deve ser encontrado apenas através da análise; o conceito analisado, até estar completada a análise, é = **X**. Levanta-se a questão: como pode ser analisado um conceito desconhecido?

Nenhuma ação antitética, semelhante à que é pressuposta para a possibilidade da análise em geral, é possível, sem uma ação sintética; e, com efeito, nenhuma ação antitética determinada, sem a sua ação sintética determinada. (§.3.) As duas estão intimamente unidas; são uma e precisamente a mesma ação, e são distinguidas apenas na reflexão. Portanto, pode concluir-se da antítese para a síntese; o terceiro, onde as duas opostas são unificadas, deixa-se, igualmente, estabelecer: não como produto da reflexão, mas como descoberta sua; e, no entanto, como produto daquela ação sintética originária do eu, a qual não pode, por isso, precisamente *como* ação, tampouco como as ações até aqui estabelecidas, aceder à consciência empírica. Assim, deparamos a partir de agora com ações genuinamente sintéticas, que não são, entretanto, como as primeiras, novamente ações simplesmente incondicionadas. Mas é demonstrado, pela nossa dedução, que elas são ações, e que são ações do eu. E são-no, a saber, com tanta certeza quanto a primeira síntese, da qual ela foi desenvolvida, e com a qual ela é uma só e a mesma; e esta é uma ação, tão certo quanto o é a ação originária[1] suprema do eu, pelo qual ele se põe a si próprio. – As ações que são estabelecidas são *sintéticas;* a reflexão que as estabelece, porém, é *analítica*.

125 / Todavia, aquelas antíteses que foram pressupostas para a possibilidade de uma análise pela reflexão, tinham de ser pensadas como antecedentes, i.e., pensadas como tais que delas está dependente a possibilidade dos conceitos sintéticos a apresentar. Mas nenhuma antítese é possível sem síntese. Portanto, uma sínte-

---

1. *Thathandlung.*

se superior // é pressuposta como já acontecida; e a nossa primeira tarefa tem de ser a de procurar esta última e de a estabelecer de modo determinado. Ora, na verdade, ela tem já, afinal, de estar estabelecida no § anterior. Mas pode bem vir a revelar-se que, devido à passagem a uma parte totalmente nova da ciência, haja ainda algo de especial a recordar a propósito disso.

A. Determinação da proposição sintética a analisar

O eu, assim como o não-eu, são ambos postos, pelo eu, e no eu, como *um através do outro, mutuamente* limitáveis, i.e., tais que a realidade de um suprime a realidade do outro, e inversamente. (§.3.)

Nesta proposição estão contidas as duas seguintes.

1) *O eu põe o não-eu como limitado pelo eu.* Ao menos aparentemente, não se deixa fazer ainda, por agora, absolutamente nenhum uso desta proposição que, no futuro, e nomeadamente na parte prática da nossa ciência, desempenhará um papel importante. Porque, até aqui, o não-eu não[2] é nada; ele não tem nenhuma realidade e, consequentemente, não se deixa de todo pensar como poderia uma realidade, que ele não tem, ser nele, pelo eu, suprimida; ou como poderia ele ser limitado, pois que ele nada é. Logo, esta proposição, ao menos até aqui, até que possa, de alguma maneira, ser atribuída realidade ao não-eu, parece ser completamente inutilizável. A proposição na qual ela está contida: o eu e o não-eu limitam-se reciprocamente, está, com efeito, posta; mas é perfeitamente problemático se também a proposição agora estabelecida é posta por ela e está contida nela. E o eu pode, também, ser limitado em relação ao não-eu, apenas e unicamente assim como ele próprio limitou, em primeiro lugar, esse mesmo não-eu, / pois que o limitar partiu, em primeiro lugar, do eu. Talvez o não-eu não limite, de todo, o eu em si, mas apenas o limitar do eu; e assim, a proposição acima referida permaneceria verdadeira e correta, sem que uma realidade absoluta tivesse de ser atribuída ao não-eu,

---

2. "não", adenda do trad.

e sem que a proposição acima problematicamente estabelecida estivesse contida nele.

2) Naquela proposição reside a seguinte: *o eu põe-se a si próprio como limitado pelo não-eu.* Desta, pode fazer-se uso; e tem de ser // admitida como certa, porque ela pode ser derivada da proposição acima estabelecida.

O eu é posto, primeiramente, como absoluto, e depois, como realidade limitável, capaz de uma quantidade e, na verdade, como limitável pelo não-eu. Tudo isto, porém, é posto pelo eu; e estes são, pois, os momentos da nossa proposição.

(Mostrar-se-á

1) que esta última proposição funda a parte teorética da Doutrina da Ciência – contudo, somente depois da completação da mesma, como aliás não pode ser de outro modo no procedimento sintético.

2) Que a primeira proposição, até agora problemática, funda a parte prática da Doutrina da Ciência. Mas, dado que ela própria é problemática, permanece igualmente problemática a possibilidade de uma tal parte prática. Daqui resulta, então,

3) o motivo por que a reflexão tem de partir da parte teorética; embora se venha a mostrar, na sequência, que não é, por assim dizer, a faculdade teorética que torna possível a faculdade prática, mas, ao contrário, só a faculdade prática torna possível a faculdade teorética (que a razão é, em si, meramente prática, e que ela só se torna teorética na aplicação das suas leis sobre um não-eu que a limita). – Isto é assim porque a *pensabilidade* do princípio prático funda-se sobre a pensabilidade do princípio teorético. E, na reflexão já é, na verdade, questão da pensabilidade.

/ 4) Daqui resulta que a divisão da Doutrina da Ciência, que aqui fizemos, em teorética e prática, é meramente problemática (razão por que tivemos então de a fazer apenas provisoriamente, e não pudemos traçar rigorosamente a linha divisória, que ainda não é conhecida como tal). Ainda não sabemos, de todo, se iremos completar a parte teorética, ou se não iremos porventura deparar com uma contradição que seja simplesmente irresolúvel; e tampouco podemos saber se seremos impelidos, a partir da parte teorética, para uma parte especificamente prática).

// B. Síntese dos opostos completa e universalmente contidos na proposição estabelecida

A proposição *o eu põe-se a si como determinado pelo não-eu* foi então derivada do terceiro princípio; se este é válido, também aquela o tem de ser; mas este tem de ser válido com tanta certeza quanto a unidade da consciência não deva ser suprimida, e o eu não deva deixar de ser eu. (§.3.) Ela própria tem, por conseguinte, de ser válida, com tanta certeza quanto a unidade da consciência não deva ser suprimida.

Temos, em primeiro lugar, de a analisar, i.e., de examinar se estão, e que opostos nela estão contidos.

O eu põe-se a si como *determinado pelo não-eu*. Logo, o eu não deve determinar, mas tem de *ser* determinado; mas o não-eu deve determinar; deve pôr limites à realidade do eu. Reside então, na nossa proposição estabelecida, em primeiro lugar, o seguinte.

O não-eu determina (ativamente) *o eu* (o qual, nessa medida, é passivo). *O eu põe-se a si* como determinado por uma atividade absoluta. Toda a atividade, ao menos até onde nós podemos até aqui ver, tem de partir do eu. O eu pôs-se a si próprio; ele pôs o não-eu; ele pôs ambos na quantidade. Mas o eu pôr-se a si como determinado, significa manifestamente o mesmo que *o eu se determinar a si*. Por conseguinte, reside igualmente na proposição estabelecida o seguinte.

O eu determina-se a si próprio (por uma atividade absoluta).

/ Abstraímos por ora, ainda, inteiramente, se de algum modo cada uma das duas proposições se contradiz a si própria, se contém uma contradição interna e, por conseguinte, suprime-se a si própria. Mas é desde já claro que ambas se contradizem reciprocamente; o eu não poderia ser ativo, se ele deve ser passivo, e inversamente.

(É certo que os conceitos de *atividade* e de *passividade* ainda não estão derivados e desenvolvidos como opostos; mas também nada mais deverá seguir-se destes conceitos, enquanto opostos; estas palavras foram aqui empregues apenas para efeitos de clareza. É manifesto que numa das proposições aqui desenvolvidas é afirmado aquilo que a outra nega, e inversamente; e isso constitui, certamente, uma contradição.)

Se duas proposições que estão contidas numa e precisamente na mesma proposição se contradizem mutuamente, então elas suprimem-se, e a proposição, na qual elas estão contidas, suprime-se a si própria. Assim acontece com a proposição acima estabelecida. E ela suprime-se, consequentemente, a si própria.

288 Mas ela não pode suprimir-se, se a unidade da consciência não // deve ser suprimida: temos, então, de procurar unificar os opostos indicados. (Ou seja, segundo o que ficou acima referido, não devemos inventar, por um artifício do nosso uso da reflexão, um ponto de união para elas; mas, dado que a unidade da consciência é posta e é igualmente posta aquela proposição que ameaça suprimi-la, então o ponto de união tem de já estar presente na nossa consciência, e temos somente de o procurar pela reflexão. Analisamos há pouco um conceito sintético = **X**, que existe efetivamente; e, a partir dos opostos encontrados pela análise, devemos concluir que tipo de conceito seja o **X** desconhecido.)

Passamos à resolução do nosso problema.

Numa proposição é afirmado aquilo que é negado na outra. Realidade e negação são, consequentemente, os que aqui se suprimem; e também os que não se suprimem, mas que devem ser unificados, e isto acontece (§.3) por limitação, ou determinação.

129 / Na medida em que é dito: o eu determina-se a si próprio, é atribuída ao eu a totalidade absoluta da realidade. O eu só pode determinar-se como realidade, porque ele é posto como realidade, simplesmente (§.1), e nele não é posta absolutamente nenhuma negação. Por conseguinte, ele deve ser determinado por si próprio; mas isto não pode querer dizer que ele suprime uma realidade em si, porque então ele seria imediatamente posto em contradição consigo próprio; mas tem de querer dizer que o eu determina a reali-

dade e, através da mesma, determina-se a si próprio. Ele põe toda a realidade como um quantum absoluto. Fora dessa realidade não há absolutamente nenhuma outra. Esta realidade é posta no eu. Assim, o eu é determinado na medida em que a realidade é determinada.

É ainda de notar que este é um ato absoluto do eu; precisamente o mesmo que ocorre no §.3, onde o eu se põe a si próprio como quantidade; e que aqui, em razão das suas consequências, teve de ser clara e distintamente estabelecido.

O não-eu é oposto ao eu; e nele está a negação, assim como no eu, a realidade. Se uma totalidade absoluta de realidade é posta no eu, então no não-eu tem necessariamente de ser posta uma totalidade absoluta de negação; e a própria negação tem de ser posta como totalidade absoluta.

Ambas, a totalidade absoluta da realidade no eu e a totalidade absoluta da negação no não-eu, devem ser unificadas pela determinação. Portanto, o eu *determina-se* a si *em parte*, e, *em parte*, *é determinado* [C: – por outras palavras: a proposição deve ser tomada num *duplo* sentido, mas estes dois sentidos devem poder subsistir lado a lado].

Mas ambos devem ser pensados como *um* e precisamente *o mesmo*, i.e., precisamente no aspecto em que o eu é determinado, ele deve determinar-se a si, e precisamente no aspecto em que se determina a si, ele deve ser determinado.

// O eu é determinado, quer dizer: alguma realidade é, nele, suprimida. Se, por conseguinte, o eu só põe em si *uma parte* da totalidade absoluta da realidade, então ele suprime, com isso, em si, o resto dessa totalidade, e, por virtude do opor (§.2) e da igualdade da quantidade consigo própria, põe uma parte igual da realidade suprimida no não-eu. (§.3.) Um grau é sempre um grau; seja ele um grau de realidade ou de negação. (Divida-se, e.g., / a totalidade da realidade em 10 partes iguais; destas, ponha-se 5 no eu; então, 5 partes de negação são postas necessariamente no não-eu.)

Quantas partes de negação o eu põe em si, tantas partes de realidade põe ele no não-eu; realidade que, no oposto, suprime a realidade precisamente nele próprio. (Sejam, e.g., postas 5 partes de negação no eu, então 5 partes de realidade são postas no não-eu.)

O eu põe, por conseguinte, negação em si, na medida em que põe realidade no não-eu, e realidade em si, na medida em que põe negação no não-eu; assim, ele põe-se a si como *determinando-se a si*, na medida em que é determinado; e *sendo* determinado, na medida em que se *determina* a si: e o problema, na medida em que tinha sido acima levantado, está resolvido.

(Na medida em que tinha sido levantado; pois permanece ainda sem resposta a questão acerca de como pode o eu pôr negação em si ou realidade no não-eu; e, se estas questões não se deixarem responder, é como se nada tivesse acontecido. Isto é recordado, para que ninguém se choque com a aparente nulidade e insuficiência da nossa solução.)

Empreendemos, assim, uma nova síntese. O conceito que nela é estabelecido está contido no conceito genérico superior de *determinação;* porque uma quantidade é posta por ele. Mas se ele deve ser efetivamente um conceito diverso, e a síntese por ele designada constituir uma síntese efetivamente nova, então deve poder apontar-se a sua diferença específica do conceito de determinação em geral; tem de se deixar apontar o fundamento de distinção entre os dois conceitos. – Pela *determinação* em geral é // *instituída* meramente uma *quantidade;* sem se examinar como, e de que maneira: pelo nosso conceito sintético agora estabelecido, a quantidade *de um é* posta *pela quantidade do seu oposto,* e inversamente. Pela determinação da realidade ou da negação do eu é simultaneamente determinada a negação ou a realidade do não-eu, e inversamente. Eu posso partir de qualquer um dos opostos, à minha vontade; / e, de cada vez, por uma ação de determinação, determino simultaneamente o outro. Esta determinação mais determinada poderia denominar-se, justamente, *determinação recíproca* (por analogia com a ação recíproca). É o mesmo que se chama, em Kant, *relação.*

C. Síntese, por determinação recíproca, dos opostos contidos na primeira das proposições opostas

Mostrar-se-á em breve que, pela síntese por meio da determinação recíproca, nada de considerável se ganhou para a resolução da dificuldade capital. Mas, quanto ao método, ganhamos solidamente terreno.

Se todos os opostos que devem ser aqui unificados estão contidos na proposição capital estabelecida no começo do §; e, segundo a observação acima feita sobre o método, eles devem estar contidos nela; se eles eram, além disso, em geral para unificar pelo conceito de determinação recíproca; então, os opostos, que residiam nas proposições gerais já unificadas, têm necessariamente de já estar unificados, mediatamente, pela determinação recíproca. Assim como os opostos particulares estão contidos nos opostos gerais estabelecidos, assim também o conceito sintético que os unifica tem de estar contido no conceito universal da determinação recíproca. Temos, portanto, de proceder com este conceito, exatamente como procedemos com o conceito de *determinação* em geral. Determinamo-lo ele próprio, i.e., restringimos a esfera da sua extensão a uma quantidade inferior, pela condição acrescentada, de que a quantidade de um deve ser determinada pelo seu oposto, // e inversamente, e assim obtivemos o conceito de determinação recíproca. Conforme a demonstração há pouco introduzida, temos doravante de determinar esse mesmo conceito mais proximamente, i.e., de restringir a sua esfera por uma condição particular acrescentada; e assim obtemos conceitos sintéticos que estão contidos sob o conceito superior de determinação recíproca.

/ Estamos, assim, em posição de determinar estes conceitos pelas suas linhas de fronteira rigorosas, de modo a que seja simplesmente cortada cerce a possibilidade de os confundir, e de errar do território de um para o do outro. Qualquer erro é imediatamente descoberto pela carência de uma determinação mais rigorosa.

O não-eu deve determinar o eu, i.e., a realidade deve ser suprimida no eu. Mas isto só é possível sob a condição de que ele tenha em si próprio aquela parte de realidade que ele deve suprimir no eu. Logo – *o não-eu tem, em si próprio, realidade.*

Mas *toda a realidade é posta no eu,* e o não-eu é oposto ao eu; portanto, nenhuma realidade é, de todo, posta no não-eu, mas pura negação. Todo o não-eu é negação; e ele *não tem, portanto, de todo, nenhuma realidade em si.*

As duas proposições suprimem-se mutuamente. Ambas estão contidas na proposição: o não-eu determina o eu. Esta proposição suprime-se, consequentemente, a si própria.

Mas essa proposição está contida na proposição capital há pouco estabelecida; e esta, no princípio da unidade da consciência; se ela é suprimida, então é suprimida a proposição capital na qual ela está contida, e a unidade da consciência, na qual esta última está contida. Ela não pode, então, suprimir-se a si, mas pelo contrário, os opostos que residem nela têm de se deixar unificar[3].

1) A contradição não está resolvida porventura já pelo conceito de determinação recíproca. Ponhamos como *divisível* a totalidade absoluta da realidade; i.e., como uma tal que pode ser aumentada ou diminuída (e mesmo a legitimidade para o fazer ainda não foi deduzida), então podemos, certamente, subtrair arbitrariamente partes da mesma, e temos, sob esta condição, de as pôr necessariamente no não-eu; isto foi ganho pelo conceito de determinação recíproca. Mas como chegamos, então, a subtrair partes da realidade do eu? Esta é a questão ainda intocada – a reflexão, // segundo a lei da determinação recíproca, põe, com certeza, / no oposto, a realidade suprimida num, e inversamente; mas só *se* ela suprimiu realidade em algum lugar. E o que é, então, que a justifica, ou obriga, a assumir, em geral, uma determinação recíproca?

292

133

Explicamo-nos mais claramente! – A realidade é posta, simplesmente, no eu. No terceiro princípio e, há pouco, de modo bem determinado, o não-eu foi posto como um *quantum:* mas todo o quantum é *algo,* e portanto, também, *realidade.* Consequentemente, o não-eu deve ser negação; – logo, do mesmo modo, uma negação real (uma grandeza negativa).

---

3. Este parágrafo foi suprimido em C.

Ora, segundo o conceito da mera relação é inteiramente indiferente em qual dos dois opostos se queira atribuir realidade, e a qual negação. Depende de qual dos dois objetos a reflexão parte. Assim é, efetivamente, na matemática, que abstrai inteiramente de todas as qualidades, e considera apenas a quantidade. É, em si, inteiramente indiferente, se eu quero denominar como grandeza positiva passos para trás ou passos para a frente; depende apenas de eu querer estabelecer como resultado final a soma dos primeiros ou a dos últimos. Também assim na Doutrina da Ciência. Aquilo que é negação no eu é, no não-eu, realidade, e inversamente; isto é prescrito pelo conceito de determinação recíproca, e nada mais. Ora, se eu prefiro denominar o que está no eu como realidade ou como negação, é deixado totalmente ao meu arbítrio: a questão é meramente acerca de realidade relativa*.

Mostra-se, por conseguinte, uma ambiguidade no conceito da própria realidade, ambiguidade introduzida precisamente pelo conceito de determinação recíproca. Se esta ambiguidade não se deixar suprimir, então a unidade da consciência é suprimida: o eu é realidade, e o não-eu é, igualmente, / realidade; e ambos não mais são opostos, e o eu não é = eu, mas = não-eu.

2) Se a contradição indicada deve ser satisfatoriamente resolvida, então, antes de tudo o mais, tem de ser removida aquela ambiguidade, por detrás da qual ela poderia estar porventura oculta, e não se tratar de uma contradição verdadeira, mas apenas aparente.

// A fonte de toda a realidade é o eu [C: pois este é o que é posto imediata e simplesmente]. Unicamente pelo eu, e com o eu, é dado o conceito de realidade. Mas o eu é, porque *se põe*, e *põe-se*, porque é. Por conseguinte, *pôr-se* e *ser* são precisamente um e o mesmo. Mas o conceito de *pôr-se*, e o de *atividade* em geral são, também, precisamente um e o mesmo. Logo – toda a realidade é *ativa;* e todo o *ativo* é realidade. Atividade é realidade *positiva* [C: absoluta] (ao contrário da realidade meramente *relativa*).

---

* É digno de nota que no uso corrente da linguagem a palavra *relativo* é sempre aplicada, e sempre corretamente, àquilo que pode ser distinguido meramente pela quantidade, e por nada mais; e, contudo, que não se ligue absolutamente nenhum conceito determinado com a palavra *relação*, da qual aquela deriva.

(É muito necessário pensar aqui o conceito de atividade de modo totalmente puro. Nada pode ser por ele designado, que não esteja contido no pôr absoluto do eu por si próprio; nada que não resida imediatamente na proposição: *eu sou*. É, por conseguinte, claro, que tem de se abstrair inteiramente não só de todas as *condições temporais*, como também de todo o *objeto* da atividade. O ato originário do eu, pois que este põe o seu próprio ser, não se dirige, de todo, a um objeto, mas retorna a si próprio. Só quando o eu se representa é que ele se torna objeto. – Dificilmente pode a imaginação conter-se de imiscuir esta última nota característica, a do objeto [C: ao qual a atividade se dirige], no conceito puro da atividade: mas é suficiente que se esteja advertido desta ilusão para que, ao menos nas consequências de tudo aquilo que possa derivar de uma tal mistura, dela se abstraia.)

3) O eu deve ser determinado, i.e., alguma realidade ou, como este conceito foi há pouco determinado, *atividade*, deve ser nele suprimida. Nele, portanto, é posto o contrário da *atividade*. Mas o contrário da atividade chama-se *passividade*. Passividade é negação *positiva* [C: absoluta] e, nessa medida, é oposta à negação meramente *relativa*.

135 / (Seria de desejar que a palavra passividade[4] tivesse menos conotações. Não é necessário fazer lembrar que aqui não é para pensar num sentimento doloroso. Mas talvez já o seja, que deve abstrair-se de todas as *condições temporais* e, além disso, até aqui, ainda, *de toda a atividade causadora da passividade* no oposto. *Passividade* é a mera negação do conceito puro de atividade há pouco estabelecido; e, com efeito, da negação quantitativa, dado que ele próprio é quantitativo; porque a mera negação da atividade, abstraída da sua quantidade = 0, seria *repouso*. Tudo o que, no eu, não reside imediatamente no: *eu sou*, que não é posto imediatamente pelo pôr do eu por si próprio é, para o mesmo, *passividade* (afecção em geral).)

4) Se, quando o eu está no estado de passividade, a totalidade absoluta da realidade deve ser conservada, então, por virtude da

---

4. *Leiden*, igualmente com o sentido de "padecer", "paixão" ou "sofrimento".

lei da // determinação recíproca, um grau igual de atividade tem   *294*
necessariamente de ser transferido para o não-eu.

E assim está, então, resolvida a contradição acima referida. O
não-eu não tem em si, como tal, *nenhuma realidade; mas*, por
virtude da lei da determinação recíproca, *ele tem realidade, na
medida em que o eu é passivo*. Esta proposição: *o não-eu*, ao menos até onde podemos até aqui ver, *só tem, para o eu, realidade,
na medida em que o eu é afetado, e fora da condição de uma
afecção do eu, ele não tem, de todo, nenhuma realidade*, é muito
importante, por causa das suas consequências.

5) O conceito sintético agora derivado está contido sob o conceito superior de determinação recíproca; pois nele a quantidade
de um, do não-eu, é determinada pela quantidade do seu oposto,
do eu. Mas ele é, também, especificamente distinto deste. A saber,
no conceito da determinação recíproca era inteiramente indiferente qual dos dois opostos era determinado pelo outro: a qual
dos dois era atribuída realidade, e a qual era atribuída negação.
A quantidade era determinada como mera quantidade – e nada
mais além disso. Na síntese presente, porém, a troca não é indiferente; mas é determinado a qual dos / dois membros da oposição   136
se deve atribuir realidade, e não negação, e a qual deles negação, e
não realidade. Pela síntese presente é então posta *atividade* e, na
verdade, o mesmo grau de atividade é posto em um membro, como
de *passividade* no seu oposto, e inversamente.

Esta síntese é denominada a síntese da *eficácia*[5] (causalidade). Aquele ao qual é atribuída *atividade* e *não*, nessa medida, *passividade*, chama-se a *causa*[6] (realidade originária[7], realidade positiva,
posta simplesmente, a qual é adequadamente expressa por essa
palavra); aquele ao qual é atribuída *passividade* e, nessa medida,
não atividade, chama-se o *efetuado*[8] (o efeito[9], portanto, o que
depende de um outro, e não é uma realidade originária). Ambos,

---

5. *Wirksamkeit.*
6. *Ursache.*
7. *UrRealität.*
8. *Bewirktes.*
9. *Effekt.*

pensados em ligação, chamam-se *uma causação*[10]. O efeito não deveria jamais denominar-se como causação.

(No conceito de eficácia (ou causalidade)[11], conforme foi agora deduzido, deve inteiramente abstrair-se das *condições temporais* empíricas; e ele deixa-se, também, pensar corretamente sem elas. Por um lado, porque o tempo ainda não foi deduzido, e não temos aqui ainda, absolutamente, o direito de nos servirmos do seu conceito; por outro, porque não é, de todo, e em geral, verdadeiro, que se tenha de pensar a causa, *como* tal, i.e., na medida em que *295* é ativa na // causação determinada, como precedendo o efeito no tempo, como se mostrará por ocasião do esquematismo. Causa e efeito devem sim, por virtude da unidade sintética, ser pensados como um só e precisamente o mesmo. Por razões que se mostrarão ainda, não é a causa, como tal, que precede o efeito segundo o tempo, mas a substância à qual é atribuída a causalidade[12]. Mas, quanto a isto, também a substância, sobre a qual a causalidade atua[13], precede, segundo o tempo, o que nela é efetuado.)

D. Síntese, por determinação recíproca, dos opostos contidos na segunda das proposições opostas

A segunda proposição estabelecida como contida na nossa proposição capital: o eu põe-se como determinado, i.e., determina- *137* -se, / contém, também ela, opostos; e, por conseguinte, suprime-se a si. Dado que ela não pode suprimir-se a si, sem que, mediatamente, seja também suprimida a unidade da consciência, temos, por uma nova síntese, de unificar os opostos nela contidos.

a) O eu determina-se a si; ele é o *determinante*, [C: i.e., a palavra está no modo ativo] e, por conseguinte, ativo.

b) Ele determina-se a si; ele é o *que se torna determinado* [C: *um determinado]* e, por conseguinte, passivo. [C: (A determi-

---

10. *Wirkung.*
11. *Wirksamkeit,* "ou causalidade", adenda do trad.
12. *Wirksamkeit.*
13. *gewirkt wird.*

nidade[14] anuncia sempre, segundo o seu significado interior, uma passividade, uma interrupção da realidade.)] Logo, numa e precisamente na mesma ação, o eu é simultaneamente ativo e passivo; realidade e negação são-lhe igualmente atribuídas, o que constitui, sem dúvida, uma contradição.

Esta contradição é para resolver pelo conceito da determinação recíproca; e ela ficaria, aliás, perfeitamente resolvida se, em lugar da proposição acima, pudesse pensar-se a seguinte: *o eu determina, pela atividade, a sua passividade; ou, pela passividade, determina a sua atividade.* Então, ele seria, num e precisamente no mesmo estado, simultaneamente ativo e passivo. Levanta-se apenas a questão: *se e como* se deixa pensar a proposição acima?

Para a possibilidade de toda a determinação em geral (de todo o medir), tem de ser estipulada uma medida. Todavia, esta medida não poderia ser outra, senão o próprio eu, porque, originariamente, só o eu está simplesmente posto.

// Mas a realidade é posta no eu. Portanto, o eu tem de ser *296* posto como *totalidade absoluta* (logo, como um quantum, no qual estão contidos todos os quanta, e que pode constituir uma medida para todos eles) de realidade, e, na verdade, originária e simplesmente; isto, se a síntese há pouco problematicamente estabelecida deve ser possível, e a contradição satisfatoriamente resolvida. Logo,

1) O eu põe, simplesmente, sem qualquer fundamento, e sujeito a nenhuma condição possível, uma *totalidade absoluta de realidade,* como um quantum, acima do qual, simplesmente por força desse pôr, não é possível nenhum outro maior; e este máximo absoluto de realidade, ele põe *em si próprio.* – Tudo o que é posto no eu, é realidade: e toda a realidade que é, é posta no eu. (§.1.) Mas esta realidade no eu é / um quantum e, com efeito, um *138* quantum simplesmente posto. (§.3.)

2) Por esta medida posta simplesmente, e perante ela, deve ser determinada a quantidade de uma carência de realidade (de uma passividade). Mas a carência é um nada; e o de que carece é nada. [C: (O não-ser não se deixa perceber.)] Portanto, a carência

---

14. *Bestimmtheit.*

só pode ser determinada, ao ser determinado *o restante da realidade*. Logo, o eu só pode determinar a quantidade limitada da sua *realidade;* e, através dessa determinação, é então também determinada a quantidade da *negação*. (Por meio do conceito de determinação recíproca.)

(Abstraímos aqui, ainda, inteiramente, da determinação da negação no eu, como oposto da *realidade em si:* e dirigimos a nossa atenção apenas para a determinação de um quantum de realidade menor do que a totalidade.)

3) Um quantum de realidade que não é igual à totalidade é, ele próprio, *negação*, a saber, *negação da totalidade*. Como quantidade limitada, ele é oposto à totalidade; mas todo o oposto é negação daquilo de que é oposto. Toda a quantidade determinada é não-totalidade.

4) Mas, se um tal quantum deve poder ser oposto à totalidade, e portanto, *comparado* com ela (segundo a regra de toda a síntese e antítese), então tem de estar disponível um fundamento de relação entre ambos; e este é, então, o conceito da *divisibilidade*. (§.3.) Na totalidade absoluta não há partes; mas ela pode ser comparada com partes, e delas ser diferenciada: e, por esta via, pode resolver-se satisfatoriamente a contradição acima referida.

5) Para ver isto claramente, reflitamos sobre o conceito de realidade. O conceito de realidade é igual ao conceito de atividade. Toda a realidade é posta no eu, quer dizer: toda a atividade é posta nele; e inversamente; // tudo, no eu, é realidade, quer dizer: o eu é *exclusivamente* ativo, ele só é eu na medida em que é ativo; e na medida em que não é ativo, ele é não-eu.

/ Toda a passividade é não-atividade. A passividade não se deixa, por conseguinte, determinar, a não ser em relação à atividade.

Isto corresponde, aliás, à nossa tarefa, segundo a qual uma passividade deve ser determinada por meio da atividade, por uma determinação recíproca.

6) A passividade não pode ser relacionada à atividade, senão sob a condição de que tenha um fundamento de relação com ela. Mas este não pode ser outro senão o fundamento universal de

relação da realidade e da negação, a quantidade. A passividade é relacionável à atividade pela quantidade, quer dizer: *a passividade é um quantum de atividade.*

7) Para que se possa pensar um quantum de atividade tem de se possuir uma medida da atividade: i.e., *atividade, em geral* (o que acima se chamou totalidade absoluta da realidade). O quantum, em geral, é a medida.

8) Se *toda* a atividade em geral é posta no eu, então, o pôr de um quantum da atividade é uma redução da mesma; e um tal quantum, na medida em que não é *toda* a atividade, é uma passividade; ainda que, *em si,* ele seja igual à atividade.

9) Assim, uma passividade é posta pelo pôr de um quantum de atividade, pela oposição do mesmo à atividade, não, porém, na medida em que esta é *atividade em geral,* mas na medida em que ela é *toda* a atividade; i.e., esse quantum de atividade, *como* tal, é posto também como passividade; e, como tal, *determinado.*

(*Determinado,* digo eu. Toda a passividade é negação da atividade, a totalidade da atividade é negada por um quantum de atividade. E, na medida em que isto acontece, o quantum pertence à esfera da passividade. – Se ele for considerado, em geral, como atividade, então ele não pertence à esfera da passividade, mas é excluído dela.)

10) Foi agora indicado, então, um X, o qual é simultaneamente realidade e negação, atividade e passividade.

a) X é *atividade,* na medida em que é referido ao não-eu, / porque ele é posto no eu, e no eu que põe e age.   140

b) X é *passividade,* na medida em que é referido à totalidade do agir. Ele // não é o agir em geral, mas um agir *determi-*   296 *nado:* uma maneira de agir particular contida sob a esfera do agir em geral.

(Seja traçada uma circunferência = **A**, então toda a superfície por ela contida = **X** é oposta à superfície infinita no espaço infinito, a qual é excluída. Trace-se, dentro do perímetro de **A**, uma outra circunferência = **B**, então a superfície por ela contida = **Y** está, em primeiro lugar, contida no perímetro de **A** e, em simultâneo com ela, é oposta à superfície infinita excluída por **A** e, nessa medida, é perfeitamente igual à superfície **X**. Na medida, porém, em que a considerais como contida em **B**, ela é oposta à superfície infinita excluída e, portanto, também àquela parte da superfície **X** que não está dentro dela. Logo, o espaço **Y** é oposto a si próprio; a saber, ele é, quer uma parte da superfície **X**, quer a superfície **Y** subsistente por si própria).

[C: Um exemplo:] *Eu penso* é, em primeiro lugar, uma expressão da atividade; o eu é posto como *pensante* e, nessa medida, como *agente*. Ele é, além disso, uma expressão da negação, da limitação, da passividade; porque *pensar* é uma determinação particular do ser; e do seu conceito estão excluídas todas as restantes espécies de ser.

O conceito do pensar é, por conseguinte, oposto a si próprio; se ele é referido ao objeto pensado, ele indica uma atividade: se é referido ao ser em geral, ele indica uma passividade: porque, se o pensar deve ser possível, o ser tem de ser limitado.

141 Todo o predicado possível do eu indica uma limitação do mesmo. O sujeito, eu, é o simplesmente / ativo, ou existente. Pelo predicado (e.g., eu represento, eu esforço-me etc.), esta atividade é incluída numa esfera delimitada. (Como e por que meio isto acontece não está aqui ainda em questão.)

11) Pode agora perfeitamente ver-se como o eu, através e por meio da sua atividade, determina a sua passividade, e como ele pode ser simultaneamente ativo e passivo. Ele é *determinante*, na medida em que, por espontaneidade absoluta, põe-se numa esfera determinada, de entre todas as esferas que contêm a totalidade absoluta das suas realidades; e na medida em que se reflete apenas sobre esse pôr absoluto, e faz-se abstração dos limites da esfera. Ele é *determinado*, na medida em que é considerado como posto nessa esfera determinada, e faz-se abstração da espontaneidade do pôr.

299 // 12) Encontramos a ação originariamente sintética do eu, pela qual é resolvida a contradição estabelecida e, assim, um novo conceito sintético, que temos ainda de investigar um tanto mais exatamente.

Ele constitui, precisamente como o precedente, o da causalidade, uma determinação recíproca determinada com mais pormenor; e alcançaremos, em ambos, a mais perfeita inteligência, se os compararmos com ela, bem como entre si.

Segundo as regras da determinação em geral, eles têm de ser 1) iguais à determinação recíproca, 2) opostos à mesma, 3) iguais um ao outro, na medida em que são opostos àquela, e 4) um oposto ao outro.

a) Eles são iguais à determinação recíproca, porque em ambos, assim como na determinação recíproca, a atividade é determinada pela passividade, ou a realidade pela negação (o que é precisamente isso mesmo), e inversamente.

b) Ambos são opostos a ela. Porque na determinação recíproca é posta apenas uma reciprocidade em geral, mas não determinada. É deixado inteiramente livre, se se prefere passar da realidade para a negação ou desta para aquela. Nas duas últimas sínteses estabelecidas, porém, a ordem da reciprocidade era fixada e determinada.

/ c) Precisamente nisso, em que a ordem é fixada em ambas, elas são iguais entre si. 142

d) Com respeito à ordem da reciprocidade, as duas são opostas entre si. No conceito de causalidade, a atividade é determinada pela passividade; no conceito há pouco estabelecido, a passividade é determinada pela atividade.

13) Na medida em que o eu é considerado como o âmbito inteiro, simplesmente determinado, que abrange todas as realidades, ele é *substância*. Até onde ele é posto numa esfera simplesmente não determinada (como e por que meio ela se torna determinada, permanece, por ora, por investigar) deste âmbito, nessa medida ele é *acidental;* ou *há nele um acidente*. O limite, que recorta esta esfera particular do perímetro inteiro, é o que faz do acidente um acidente. O limite é o fundamento de diferença [A: fundamento de relação] entre substância e acidente. Ele está dentro do perímetro; por isso, o acidente está dentro e junto à substância: ele exclui algo do perímetro total; por isso, o acidente não é substância.

14) Nenhuma substância é pensável sem relação a um acidente: pois o eu só se torna substância pelo pôr de esferas possíveis no âmbito absoluto. E só por acidentes possíveis surgem *realidades*, dado que, sem isso, toda a realidade seria simplesmente uma.

300 As realidades do eu são os seus // modos de ação: ele é substância, na medida em que todas as maneiras possíveis de agir (modos de ser) são postas nele.

Nenhum acidente é pensável sem substância; pois para reconhecer que algo é uma realidade *determinada*, eu tenho de o referir à *realidade em geral*.

A substância é *toda a reciprocidade*[15] *pensada em geral*: o acidente é um *determinado, que está em reciprocidade*[16] *com um outro recíproco*[17].

Só há, originariamente, uma substância: o eu; nesta substância única são postos todos os acidentes possíveis e, logo, todas as realidades possíveis. – Veremos a seu tempo como podem ser concebidos conjuntamente vários acidentes da única substância,

143 *iguais em alguma nota*, e mesmo pensados como substâncias, / cujos acidentes são determinados *pela diferença*, que tem lugar a par da igualdade, *dessas notas* entre si.

Nota. Ficou por investigar e inteiramente obscura, por um lado, aquela atividade do eu, pela qual ele se diferencia e compara a si próprio como substância e acidente; por outro, aquela que proporciona ao eu a realização dessa ação; a qual, tanto quanto podemos pressentir a partir da primeira síntese, bem poderia ser um efeito do não-eu.

Assim como costuma acontecer em toda a síntese, tudo está, consequentemente, unificado e ligado no meio; mas não os dois extremos mais exteriores.

Esta observação mostra-nos, sob um novo aspecto, o empreendimento da Doutrina da Ciência. Ela avançará acrescentando sempre elos intermediários entre os opostos; todavia, a contradição

---

15. *Wechsel.*
16. *wechselt.*
17. *wechselndem.*

não é, assim, perfeitamente resolvida, mas apenas deslocada para mais longe. Se se introduzir um novo elo intermédio entre os elos unificados, dos quais se descobriu, numa investigação mais atenta, que não estão afinal perfeitamente unificados, então cessa a última contradição indicada; mas, para resolvê-la, teve de admitir-se novos extremos, os quais são novamente opostos, e têm, de novo, de ser unificados.

O verdadeiro problema, o problema supremo, que contém em si todos os outros, é o seguinte: como pode o eu atuar imediatamente sobre o não-eu; ou o não-eu atuar imediatamente sobre o eu, dado que eles devem ser inteiramente opostos um ao outro? Introduz-se entre ambos um qualquer **X**, sobre o qual ambos atuam, e através do qual podem então, embora mediatamente, atuar simultaneamente um sobre o outro. Mas logo se descobre, entretanto, que neste mesmo **X** tem também de haver algum ponto no qual o eu e o não-eu se encontram imediatamente. Para evitá-lo, introduz-se entre, e no lugar do limite rigoroso, $//$ um novo elo intermédio = **Y**. Mas logo se evidencia $/$ que neste, precisamente como em **X**, tem de haver um ponto no qual os dois opostos se tocam imediatamente. E assim se prosseguiria até ao infinito, se o nó não fosse, na verdade, não resolvido, mas cortado por um decreto absoluto da razão – decreto que o filósofo não executa, por assim dizer, mas para o qual apenas aponta – deste modo: dado que o não-eu não se deixa de maneira nenhuma unificar com o eu, não *deve* haver, em geral, nenhum não-eu.

Também pode ver-se a coisa ainda por um outro lado. – Na medida em que o eu é limitado pelo não-eu, ele é finito, mas em si, tanto quanto ele é posto pela sua própria atividade absoluta, ele é infinito. Estas duas, a infinidade e a finitude no eu, devem ser unificadas. Uma tal unificação, porém, é impossível. Durante muito tempo, com efeito, o conflito é aplanado por mediação: o infinito delimita o finito. Mas, por fim, dado que se evidencia a total impossibilidade da unificação buscada, a finitude tem de ser, em geral, suprimida; todos os limites têm de desaparecer, e tem de restar apenas o eu infinito, como um, e como tudo[18].

---

18. *als Eins, und als Alles.*

Ponha-se, no espaço contínuo A, *luz* no ponto **m**, e *treva* no ponto **n**, então, dado que o espaço é contínuo, e entre **m** e **n** não há hiato, tem de haver algures entre os dois pontos um ponto **o**, o qual é simultaneamente luz e treva, o que é contraditório. – Ponde entre ambos um elo intermédio, o *crepúsculo*. Ele vai de **p** até **q** e, então, o crepúsculo confina em **p** com a luz, e em **q** com a treva. Mas com isto apenas conseguistes um adiamento; e não solucionastes satisfatoriamente a contradição. O crepúsculo é um misto da luz com a treva. Ora, a luz clara só pode confinar em **p** com o crepúsculo, se o ponto **p** é simultaneamente luz e crepúsculo; e, dado que o crepúsculo só se diferencia da luz em que ele também é treva; / – se **p** é simultaneamente luz e treva. E precisamente assim, também no ponto **q**. – Portanto, a contradição não se pode resolver senão assim: a luz e a treva não são, em geral, opostos; mas diferentes apenas em grau. A treva é meramente uma quantidade de luz muito reduzida. – E assim se passa, exatamente, entre o eu e o não-eu.

145

145/302

/ // E. Unificação sintética da oposição que tem lugar entre as duas espécies estabelecidas de determinação recíproca

O eu põe-se a si como determinado pelo não-eu, foi a proposição capital da qual partimos; proposição que não podia ser suprimida, sem que fosse simultaneamente suprimida a unidade da consciência. Mas residiam nela contradições que tínhamos de resolver. Em primeiro lugar, surgiu a questão: como pode o eu *determinar* e ser simultaneamente *determinado?* – a qual foi assim respondida: *determinar* e ser *determinado* são, por meio do conceito da determinação recíproca, um e precisamente o mesmo; portanto, assim como o eu põe em si um quantum determinado de negação, ele põe, simultaneamente, um quantum determinado de realidade no não-eu, e inversamente. Aqui, restou a pergunta: onde deve, então, ser a realidade posta, no eu, ou no não-eu? – Pergunta que, por meio do conceito da causalidade, foi assim respondida: no eu deve ser posta negação ou passividade e, segundo a regra da determinação recíproca em geral, um quantum igual de rea-

90

lidade ou atividade deve ser posto no não-eu. – Mas como pode então ser posta uma passividade no eu? – continuou-se então a perguntar, e respondeu-se, em seguida, por meio do conceito de substancialidade: passividade e atividade no eu são um e precisamente o mesmo, porque a passividade é meramente um quantum reduzido de atividade.

Todavia, por meio destas respostas, incorremos num / círculo. *Se* o eu põe em si um grau inferior de atividade, então ele põe, com certeza, uma passividade em si próprio, e uma atividade no não-eu. Mas o eu não pode ter a faculdade de pôr em si, simplesmente, um grau inferior de atividade; porque ele põe em si toda a atividade, conforme o conceito de substancialidade; e ele nada põe em si que não seja atividade. Portanto, o pôr do grau inferior de atividade no eu tinha de ser precedido por uma atividade do não-eu; esta tinha, antes, de ter anulado efetivamente uma parte da atividade do eu. Mas isto é igualmente impossível, dado que, em virtude do conceito de causalidade, só pode ser atribuída uma atividade ao não-eu até onde é posta uma passividade no eu.

Esclarecemo-nos, por ora de modo não muito escolar, mais claramente sobre o ponto capital que está em questão. Seja-me permitido, entretanto, // pressupor como conhecido o conceito de tempo. Ponde, como primeiro caso, segundo o mero conceito da causalidade, que a limitação do eu provém unicamente e apenas da atividade do não-eu. Pensai que, no momento **A**, o não-eu não atua sobre o eu, então, toda a realidade está no eu, e absolutamente nenhuma negação e, portanto, conforme se referiu acima, nenhuma realidade é posta no não-eu. Pensai, além disso, que no momento B o não-eu atua sobre o eu com 3 graus de atividade, então, por virtude do conceito de determinação recíproca, 3 graus de realidade são, com efeito, suprimidos no eu e, em lugar deles, são postos 3 graus de negação. E assim, o eu se comporta como meramente passivo; é certo que os graus de negação são postos nele; mas eles *são*, também, somente *postos – para algum ser inteligente* fora do eu, o qual observa o eu e o não-eu nessa ação, e julga segundo a regra da determinação recíproca, mas não *são postos para o próprio eu*. Para isso, exigir-se-ia que ele comparasse o seu estado no momento **A** com o seu estado no momento **B**, e pudesse diferenciar os diversos quanta da sua atividade nos dois momentos: e / ainda não foi mostrado como isto seja possível. No caso considerado, o eu seria, com certeza, limitado, mas não seria consciente da sua limitação. O eu seria, com certeza, para empregar os termos da nossa proposição, *determinado;* ora, *ele não se põe, no entanto,* como determinado, mas algum ser fora dele o poderia pôr como determinado.

Ou ponde, como segundo caso, segundo o mero conceito da substancialidade, que o eu, simplesmente, e independentemente de toda a causalidade do não-eu, possui a faculdade de pôr em si, arbitrariamente, um quantum reduzido de realidade; o que é o pressuposto do idealismo transcendente e, nomeadamente, da harmonia preestabelecida, a qual consiste num tal idealismo. Abstraia-se aqui inteiramente de que esta pressuposição contradiz, desde logo, o princípio absolutamente primeiro. Dai-lhe também, ainda, a faculdade de comparar esta quantidade diminuída com a totalidade absoluta, e de a medir com ela. Ponde, conforme esta pressuposição, o eu no momento **A** com 2 graus de atividade reduzida; no momento **B**, com 3 graus; deixa-se então bem compreender, justamente, como o eu pode julgar-se limitado em ambos os momentos e, com efeito, no momento **B** como mais limitado do que no momento **A**; não se deixa ver, porém, como pode ele referir esta limitação a algo no não-eu, como causa da mesma. E mais, ele teria de considerar-se a si próprio como a causa // da mesma. Nos termos da nossa proposição: o eu põe-se então, na verdade, como determinado, mas não como determinado *pelo não-eu.* (Aliás, o idealista [C: dogmático] nega a legitimidade de toda a referência a um não-eu e, nessa medida, ele é consequente: no entanto, ele não pode negar o fato desse referir, e negá-lo não ocorreu ainda a nenhum. Mas ele tem então, no mínimo, de esclarecer este fato admitido, abstração feita da sua legitimidade. Isto, porém, ele não é capaz de esclarecer a partir da sua pressuposição, e a sua filosofia é, por conseguinte, incompleta. E se ele admitir ainda, a par disso, de algum modo a existência das coisas fora de nós, como / acontece na harmonia preestabelecida [C: ao menos segundo alguns leibnizianos], então ele é, ainda por cima, inconsequente.)

As duas sínteses, empregues separadamente, não esclarecem, por conseguinte, o que devem esclarecer, e a contradição acima denunciada permanece: se se puser o eu como determinado, então ele não é determinado pelo não-eu, se ele for determinado pelo não-eu, então não se põe como determinado.

I. Estabelecemos em seguida esta contradição de um modo bem determinado.

O eu não pode pôr nenhuma passividade em si, sem pôr atividade no não-eu; mas ele não pode pôr nenhuma atividade no não-eu sem pôr uma passividade em si: ele não pode pôr qualquer uma delas sem a outra; ele não pode pôr nenhuma delas simplesmente e, por conseguinte, não pode pôr nenhuma das duas. Logo,

1) O eu não põe passividade em si na medida em que põe atividade no não-eu; nem atividade no não-eu, na medida em que põe passividade em si: ele não põe, em geral. (Não é negada a *condição*, mas o *condicionado*, o que é bem de notar. Não é tomada em consideração a regra da determinação recíproca genericamente, como tal; mas, em geral, a sua aplicação ao caso presente.) Conforme foi há pouco demonstrado.

2) Mas o eu deve pôr passividade em si e, nessa medida, atividade no não-eu, e inversamente, em consequência das proposições acima postas simplesmente.

II. Na primeira proposição é negado o que é afirmado na segunda.

Ambas comportam-se, por conseguinte, como negação e realidade. Mas negação e realidade são unificadas pela quantidade. As duas proposições devem ser válidas, mas devem ser válidas apenas *em parte*. Elas devem então ser pensadas como se segue:

1) O eu põe, *em parte*, passividade em si, *na medida em que* põe atividade no não-eu; e, / *em parte, não* põe passividade em si, *na medida em que* põe atividade no não-eu, // e inversamente. [C: (Mais claramente: a determinação recíproca *é* válida *num certo respeito*, e é aplicada; mas *num certo outro respeito*, ela não é aplicada.)]

2) O eu põe, só *em parte*, passividade no não-eu, na medida em que põe atividade no eu e, *em parte*, não põe passividade no não-eu, na medida em que põe atividade no eu. (Isto significaria,

segundo o estabelecido: uma atividade é posta no eu, contra a qual não é posta, de todo, qualquer passividade no não-eu, e uma atividade no não-eu, contra a qual não é posta, de todo, nenhuma passividade no eu. Queremos, por ora, denominar esta espécie de atividade, atividade *independente*, até aprendermos a conhecê-la mais de perto.)

III. Uma tal atividade independente no eu e no não-eu contradiz, no entanto, a lei do opor, a qual está agora, através da lei da determinação recíproca, mais proximamente determinada; logo, ela contradiz, em particular, o conceito de determinação recíproca, que é condutor na nossa presente investigação.

Toda a atividade no eu determina uma passividade no não--eu [C: (deixa-se concluir de uma tal passividade), e inversamente. Segundo o conceito da determinação recíproca]. – Mas agora está justamente estabelecida a proposição:

Uma certa atividade no eu não determina nenhuma passividade no não-eu; [C: (não permite concluir uma tal passividade)] e uma certa atividade no não-eu não determina nenhuma passividade no eu, proposição que se comporta em relação à anterior, como negação para a realidade. As duas são, consequentemente, para unificar por determinação, i.e., ambas só podem valer em parte.

A proposição acima, que foi contradita, constitui o princípio da determinação recíproca. Este só deve valer em parte, i.e., ele também deve ser determinado, a sua validade deve ser, por uma regra, encerrada num certo âmbito.

Ou, para nos expressarmos de outra maneira, a atividade independente do eu e do não-eu só é independente *num certo sentido*. Isto tornar-se-á claro em seguida. Pois

150 / IV. Deve haver uma atividade no eu, que determina uma passividade no não-eu, e que é determinada pela mesma; e inversamente, deve haver uma atividade no não-eu, que determina uma passividade no eu, e que é determinada através da mesma, conforme o que ficou acima estabelecido. Sobre esta atividade e passividade é aplicável o conceito de determinação recíproca.

306 // Deve haver nos dois, simultaneamente, uma atividade, a qual não é determinada por nenhuma passividade do outro; con-

forme foi agora postulado, para que se possa resolver a contradição manifestada.

As duas proposições devem poder subsistir lado o lado; elas
devem, por conseguinte, poder ser pensadas através dum conceito
sintético, como unificadas numa só e mesma ação. Este conceito
não pode ser outro, todavia, senão o da determinação recíproca.
A proposição, na qual ambas foram pensadas como unificadas,
era a seguinte: *Por um atuar-e-passividade-recíprocos*[19] (o atuar
e a passividade que pela determinação recíproca mutuamente se
determinam) *é determinada a atividade independente; e inversamente, pela atividade independente é determinado o atuar-
-e-passividade-recíprocos.* [C: (Aquilo que pertence à esfera da
reciprocidade não pertence à esfera da atividade independente, e
inversamente; assim, cada esfera deve deixar-se determinar pela
sua oposta).]

Se esta proposição devesse poder afirmar-se, então seria claro:

1) Em que sentido se deixam mutuamente determinar a atividade independente do eu e a do não-eu; e em que sentido
não se deixam determinar. Elas não se determinam imediatamente, mas determinam-se, mediatamente, pelo seu atuar e
passividade compreendidos na reciprocidade.

2) Como poderia o princípio da determinação recíproca ser
simultaneamente válido e, também, não ser válido. Ele é aplicável à reciprocidade e à atividade independente; mas não é
aplicável à atividade independente e à atividade independente
em si. Reciprocidade e atividade independente estão sujeitos a
ele, mas não atividade independente e atividade independente
[C: em si].

Reflitamos em seguida sobre o sentido da proposição acima
estabelecida.

/ Nela residem as três seguintes. 151

1) Pelo atuar-e-passividade-recíprocos é determinada uma atividade independente.

---

19. *Wechsel-Thun, und Leiden.*

2) Por uma atividade independente é determinado um atuar-
-e-passividade-recíprocos.

3) Ambos são mutuamente determinados um pelo do outro, e é indiferente se se passa do atuar-e-passividade-recíprocos para a atividade independente, ou se, inversamente, da atividade independente para o atuar-e-passividade-recíprocos.

307

// I

Temos, em primeiro lugar, de investigar adequadamente a primeira proposição, o que ela significa em geral: uma atividade independente é determinada por um atuar-recíproco; temos, então, de a aplicar aos seguintes casos.

1) Uma atividade independente é, em geral, determinada por um atuar-e-passividade-recíprocos [C: (é *posta* uma quantidade determinada da mesma)]. – Faz-se aqui lembrar que tratamos, com isto, de determinar o próprio conceito de determinação recíproca, i.e., de limitar, por uma regra, o âmbito da sua validade. Mas a *determinação* acontece pela indicação do fundamento. Assim como é indicado o fundamento da aplicação desta proposição, assim também ela é, simultaneamente, limitada.

A saber, segundo o princípio da determinação recíproca, é posta imediatamente, pelo pôr de uma atividade em um elo, passividade no seu oposto, e inversamente. Ora, é com certeza claro, pelo princípio do opor, que *se*, em geral, deve ser posta uma passividade, a mesma tem de ser posta no oposto do elo ativo: mas a questão sobre *porque, em geral*, deve ser posta uma passividade, e não se pode ficar pela atividade em um elo, i.e., porque, em geral, deve ocorrer uma determinação recíproca, não fica ainda, por este meio, respondida. – Passividade e atividade, *como* tais, são opostas; no entanto, devem ser postas imediatamente, pela atividade, *152* passividade, e inversamente, / e, portanto, devido ao princípio da determinação, elas têm de ser, também, iguais num terceiro = **X** (terceiro que torna possível a passagem da passividade para a atividade, e inversamente, sem que a unidade da consciência seja interrompida, ou que nela surja, por assim dizer, um hiato). Este terceiro é *o fundamento da relação* entre o atuar e a passividade na reciprocidade. (§.3.)

Este fundamento de relação não é dependente da determinação recíproca; mas é antes esta que é dependente daquele; não é ele que se torna possível por meio dela, mas é ela que se torna possível unicamente por meio dele. Por conseguinte, este fundamento de relação é *posto*, com efeito, na reflexão, pela determinação recíproca, mas é posto como independente dela e daquilo que por intermédio dela está em reciprocidade.

Ele é, além disso, *determinado* na reflexão [C: o seu lugar na reflexão é-lhe indicado] pela reciprocidade, i.e., se a determinação recíproca é posta, então ele é posto naquela esfera // que compreende em si a esfera da determinação recíproca; por ele é, de certo modo, traçado, em torno do círculo da determinação recíproca, um círculo mais largo, para, através deste último, situar o primeiro com segurança. Ele preenche a esfera da determinação em geral, ao passo que a determinação recíproca apenas preenche uma parte da mesma; como é claro já a partir do que ficou acima dito; aqui, porém, tem de ser recordado apenas para efeitos da reflexão.

Este fundamento é uma realidade; ou, se a determinação recíproca é pensada como ação, uma atividade. – Assim, uma atividade independente é determinada pela determinação recíproca em geral.

(É igualmente conhecido, a partir do que já ficou dito, que o fundamento de toda a determinação recíproca é a totalidade absoluta da realidade. Esta não pode, em geral, ser suprimida e, por isso, aquele quantum da mesma que é suprimido num elo tem de ser posto no seu oposto.)

2) Aplicamos este princípio universal aos casos nele contidos e que ocorrem agora.

a) Por intermédio do conceito recíproco da *causalidade*, é / posta uma atividade do não-eu por uma passividade do eu. Este é um dos modos indicados da reciprocidade: por ela deve ser posta e determinada uma atividade independente.

A determinação recíproca parte da passividade. A passividade *é* posta; através, e por intermédio da passividade, a atividade é posta. A passividade é posta *no eu*. É perfeitamente fundado no conceito de determinação recíproca que, *se* deve ser oposta a esta passividade uma atividade, a mesma tem de ser posta no oposto do eu, no não-eu. – Também nesta passagem há, certamente, e tem de haver, um elo de conexão; ou um fundamento, que é aqui um fundamento de relação. Este é, reconhecidamente, a quantidade, que é igual a si própria no eu e no não-eu – na passividade e na atividade. Ela é o fundamento de relação, o qual podemos aliás denominar adequadamente como fundamento *ideal*. Assim, a passividade no eu é o fundamento ideal da atividade do não-eu. – O procedimento agora experimentado foi perfeitamente justificado pela regra da determinação recíproca.

Uma questão *difícil* é a seguinte: deve, e por que deve, então, ser aqui aplicada, em geral, a regra da determinação recíproca? Que a atividade seja posta no não-eu [C: depois de ter sido posta a passividade no eu], é admitido sem dificuldade, mas por que então é posta, em geral, uma // atividade? Esta questão não pode ser respondida novamente pelo princípio da determinação recíproca, mas sim pelo princípio superior da razão suficiente.

É posta uma passividade no eu, i.e., um quantum da sua atividade é suprimida.

Esta passividade, ou esta *diminuição* da atividade, tem de ter *um fundamento*; porque o que é suprimido deve ser um *quantum;* mas cada quantum é determinado por um outro quantum, por virtude do qual ele não é nem maior, nem menor, mas precisamente / esse quantum; segundo o princípio da determinação. (§.3.)

O fundamento desta diminuição não pode residir no eu [C: (ele não pode provir do eu, imediatamente da sua essência originária)]; porque o eu põe em si apenas atividade, e não passividade; ele põe-se apenas como existente, mas não como não existente. (§.1.) O fundamento não reside no eu: por força do opor, segundo o qual cabe ao não-eu aquilo que não cabe ao eu (§.2), esta proposição é equivalente à seguinte: o fundamento da diminuição reside no não-eu.

Aqui, não se fala mais da mera *quantidade*, mas da *qualidade;* a passividade torna-se oposta à essência do eu, dado que este consiste no ser, e só nessa medida é que o fundamento da passividade poderia não ser posto no eu, mas ter de ser posto no não-eu. A passividade é posta como a qualidade oposta à realidade, como negação (não meramente como um quantum mais reduzido da atividade; v. ponto B no presente §). O fundamento de uma qualidade chama-se, entretanto, *fundamento real.* Uma atividade do não-eu, independente da reciprocidade, e pressuposta já para a sua possibilidade, é o fundamento real da passividade; e ela é posta para que tenhamos um fundamento real para a mesma. – Assim, pela reciprocidade referida é posta uma atividade do não-eu, independente da reciprocidade e pressuposta por ela.

(Por um lado, porque chegamos aqui a um dos pontos luminosos, a partir dos quais pode ter-se muito comodamente uma panorâmica sobre o sistema inteiro; por outro lado, também para não deixar ao realismo dogmático, mesmo que por pouco tempo, uma confirmação, que ele poderia retirar do princípio acima, fazemos mais uma vez expressamente notar que a conclusão de um fundamento real no não-eu se fundava em que a passividade do eu é algo de *qualitativo* (o que, aliás, se tem de admitir na reflexão sobre o simples // princípio da causalidade); e, por conseguinte, que a conclusão não vale mais do que / possa valer essa pressuposição. – Quando investigarmos o segundo conceito recíproco, o da substancialidade, mostrar-se-á que, na reflexão sobre ele, a passividade não pode ser pensada, de todo, como algo *qualitativo,* mas apenas como algo de *quantitativo,* como mera diminuição da atividade; e, por conseguinte, que nessa reflexão, onde cessa o fundamento, cessa também o fundado, e o não-eu torna-se novamente mero fundamento ideal. Em poucas palavras: se o esclarecimento da representação, i.e., a filosofia especulativa inteira, partir de que o não-eu é posto como causa da representação, e esta como seu efeito, então o não-eu é o fundamento real de tudo; ele é, simplesmente, porque é, e o que é (o *fatum* espinosista); o próprio eu é meramente um acidente seu, e de modo nenhum substância; e obtemos o espinosismo material, que é um realismo dogmático; um sistema que pressupõe a carência da suprema abstração possível, a do não-eu e, dado que não estabelece o fundamento último, é totalmente infundado. – Se, pelo contrário, o esclarecimento da representação partir de que o eu é a substância da representação, e esta é o seu acidente, então o não-eu não é, de todo, fundamento real da mesma, mas mero fundamento ideal: ele não tem, por conseguinte, absolutamente nenhuma realidade fora da representação, ele não é substância, nada de subsistente por si, posto simplesmente, mas um mero acidente do eu. Neste sistema não se deixaria indicar, de modo nenhum, algum fundamento para a limitação da realidade no eu (para a afecção, pela qual surge uma representação). A investigação sobre esse fundamento é, aqui, totalmente excluída. Um tal sistema seria um idealismo dogmático, o qual, na verdade, realizou a abstração suprema, e por isso é perfeitamente fundado. Mas, por outro lado, ele é incompleto, porque não esclarece tudo o que deve ser esclarecido. Assim, a verdadeira controvérsia entre o realismo e / o idealismo é sobre qual o caminho que se deve tomar para o esclarecimento da representação. Mostrar-se-á que esta questão permanece totalmente sem resposta na parte teorética da nossa Doutrina da Ciência, i.e., nesta parte ela é respondida assim: ambos os caminhos são corretos. Sob certa condição, é-se obrigado a tomar um deles, e sob a condição oposta, o outro; e assim, a razão humana, ou seja, toda a razão finita, é colocada então em contradição consigo própria, // e encerrada num círculo. Um sistema no qual isto seja mostrado, é um idealismo crítico, que Kant estabeleceu do modo mais consequente e completo. Ora, este conflito da razão consigo própria tem de ser resolvido, ainda que isso não fosse possível precisamente na Doutrina da Ciência teorética: e dado que não se pode renunciar ao ser absoluto do eu, então o dissídio tem de ser decidido em proveito deste último tipo de raciocínio, precisamente como no idealismo dogmático (só que com a diferença que o nosso idealismo não é dogmático, mas prático, não determina o que *é*, mas o que *deve* ser). Mas isto tem de acontecer de maneira tal que seja esclarecido aquilo que deve ser esclarecido, o que o dogmatismo não é capaz de fazer. A atividade diminuída do eu tem de ser esclarecida a partir do próprio eu, o fundamento último da mesma tem de ser posto no eu. Isto acontece por meio de que o eu, que a este respeito é prático, seja posto como tal que *deve* conter em si próprio o fundamento da existência do não-eu que diminui a atividade do eu inteligente: esta é uma ideia infinita, que não pode ser sequer pensada, e pela qual, por isso, o que é para explicar não é tanto explicado quanto é mostrado *que*, e *por que*, não é explicado; o nó é menos resolvido do que posto na infinidade.)

/ Pela reciprocidade, foi *posta* entre a passividade do eu e a *157* atividade do não-eu uma atividade independente deste último; ela é também *determinada* precisamente por essa mesma reciprocidade, ela é posta para fundar uma passividade posta no eu; o seu âmbito não se estende também, por conseguinte, mais longe do que o âmbito desta passividade. Não há, de todo, realidade e atividade originária do não-eu, para o eu, senão na medida em que este último é passivo. Não há atividade no não-eu sem passividade no eu: este princípio também é válido lá onde se fala desta atividade como de uma atividade independente do conceito da causalidade, atividade independente que é fundamento real. Mesmo a coisa em si só existe na medida em que no eu é posta ao menos a possibilidade de uma passividade: um cânone que só recebe a sua perfeita determinação e aplicabilidade na parte prática.

b) Por intermédio do conceito da substancialidade, é posto e determinado, pela atividade no eu [C: (um acidente no eu)], uma passividade [C: (uma negação)] precisamente nele próprio. Os dois estão // compreendidos na reciprocidade; a sua *312* determinação mútua é a segunda espécie da determinação recíproca acima estabelecida; e também por esta reciprocidade deve ser posta e determinada uma atividade independente dela, e não compreendida nela.

101

Atividade e passividade são, em si, opostas; e, com efeito, como vimos acima, por uma e precisamente a mesma ação pela qual um determinado quantum de atividade é posto em um elo, o mesmo quantum de passividade pode ser posto no seu oposto, e inversamente. Mas é contraditório que sejam postas atividade e passividade, não no oposto, mas num e precisamente no mesmo elo, por uma e precisamente a mesma ação.

158

Ora, esta contradição já foi, na verdade, desfeita na dedução do conceito da substancialidade em geral, / porque a passividade em si, e segundo a sua qualidade, não deve ser absolutamente nada, senão atividade; mas quanto à quantidade, deve ser uma atividade menor do que a totalidade; e assim pôde, então, justamente pensar-se em geral, como pode uma quantidade inferior ser medida em relação à totalidade absoluta e, porque ela não é igual a esta em quantidade, de que modo pode ela ser posta *como* uma quantidade inferior.

O fundamento de relação entre ambas é, então, a atividade. A totalidade, bem como a não-totalidade de ambas, é de atividade. Mas também no não-eu é posta atividade e, com efeito, do mesmo modo, uma atividade que não é igual à totalidade, mas sim uma atividade limitada. Surge então a questão: por que meio deve uma atividade limitada do eu ser diferenciada de uma atividade limitada do não-eu? Isto quer dizer: nada menos do que como, sob estas condições, devem eu e não-eu ser em geral ainda diferenciados? Pois desapareceu o fundamento de diferença do eu e do não-eu, por virtude do qual o primeiro deve ser ativo, e o outro passivo [C: (= um ponto que se pede muito ao leitor que não esqueça)].

313
159

Se uma tal diferenciação não é possível, não é igualmente possível a determinação recíproca exigida: e, em geral, nenhuma de todas as determinações recíprocas dela derivadas. A atividade do não-eu é determinada pela passividade do eu; mas a passividade do eu é determinada pela quantidade da *sua* atividade, restante após a diminuição. É aqui, pois, pressuposto, para a possibilidade de uma relação à totalidade absoluta da atividade do eu, que a atividade diminuída // é atividade do eu; e precisamente do mesmo eu, no qual é posta a / totalidade absoluta. – A atividade diminuída é oposta à totalidade da mesma; mas a totalidade é posta no eu: logo, segundo a regra da contraposição acima estabelecida, o oposto da totalidade, ou a atividade diminuída, deve ser posta no não-eu. Mas se ela fosse posta aí, então ela não estaria, de todo, ligada por nenhum fundamento de relação com a totalidade absoluta; a determinação recíproca não teria lugar, e tudo o que foi até aqui derivado seria suprimido.

Portanto, a atividade diminuída que, como *atividade em geral* não seria relacionável com a totalidade, teria de ter ainda uma característica que pudesse fornecer o fundamento de relação; uma característica pela qual ela se torne atividade do eu, e não possa, simplesmente, ser atividade do não-eu. Mas esta característica do eu, que de todo não pode ser atribuída ao não-eu, é o pôr [C: *e o ser posto*] *simplesmente e sem qualquer fundamento*. (§.1.) Aquela atividade diminuída teria, por conseguinte, de ser *absoluta*.

Mas absoluto e sem fundamento significam totalmente ilimitado (§.3); e, no entanto, aquela ação do eu tem de ser limitada. A isto há que responder: somente na medida em que ela é uma ação em geral, e só até aí, é que ela não deve ser limitada por nenhum fundamento, por nenhuma condição; pode haver a ação, ou, igualmente, pode não haver; a ação, em si, acontece com absoluta espontaneidade; mas, na medida em que ela deve dirigir-se a um objeto, ela é limitada; poderia também não haver a ação (apesar da afecção pelo não-eu, se se quiser pensar por um momento, pela reflexão, uma tal afecção como possível sem uma apropriação pelo eu); mas *se* se age, então a ação *tem* de se dirigir precisamente a esse objeto, e não se pode dirigir a nenhum outro.

Por conseguinte, pela determinação recíproca indicada, é *posta* uma atividade independente. A saber, a / atividade compreendida na reciprocidade é, ela própria, independente, não na medida em que é *compreendida na reciprocidade*, mas na medida em que é *atividade*. Na medida em que ela ocorre na reciprocidade, ela é limitada e, nessa medida, uma passividade. [C: Ela é considerada em duplo respeito.]

Esta atividade independente é, além disso, determinada pela reciprocidade, a saber, na mera reflexão. Para tornar possível a reciprocidade, a atividade teve de ser admitida como absoluta; logo, foi estabelecida assim – não a *atividade absoluta em geral*, mas *a atividade absoluta // que determina uma reciprocidade*. (Esta atividade chama-se *imaginação*, como se mostrará a seu tempo.) Mas uma tal atividade só é posta na medida em que se deve determinar uma reciprocidade; e, consequentemente, o seu âmbito é determinado pelo âmbito dessa mesma reciprocidade.

II

Um atuar-e-passividade-recíprocos é determinado por uma atividade independente: esta é a segunda proposição que temos de investigar. Temos

1) de esclarecer em geral esta proposição, e distinguir rigorosamente o seu significado do da proposição anterior.

Na proposição anterior, partiu-se da reciprocidade; ela era pressuposta como acontecendo; não se falava, de todo, por conseguinte, da *sua forma*, como uma mera reciprocidade (um transitar de um para o outro), mas da sua *matéria*, dos elos compreendidos na reciprocidade. Se uma reciprocidade deve estar presente – assim se raciocinou, em geral, acima – então têm de estar presentes os elos que podem ser reciprocamente trocados[20]. Como são estes possíveis? – E indicamos então, como fundamento para os mesmos, uma atividade independente.

Aqui, porém, não partimos da reciprocidade, mas daquilo que unicamente torna possível a reciprocidade *como* reciprocidade e, segundo a sua mera forma, como um transitar de um / para outro – em direção à reciprocidade. Lá, falava-se do fundamento da *matéria* da reciprocidade, aqui, do fundamento da *sua forma*. Também este fundamento formal da reciprocidade deve ser uma atividade independente; e temos, aqui, de demonstrar esta afirmação.

---

20. *verwechselt.*

Se quisermos refletir sobre a nossa própria reflexão, podemos indicar ainda mais claramente o fundamento de diferença da forma da reciprocidade.

No primeiro caso, a reciprocidade foi pressuposta como *acontecendo;* abstraiu-se totalmente, por conseguinte, da maneira como pudesse acontecer; e refletiu-se apenas sobre a possibilidade dos elos compreendidos na reciprocidade. – O ímã atrai o ferro; o ferro é atraído pelo ímã, são duas proposições que mutuamente permutam[21], i.e., por qualquer uma delas, a outra é posta. Isto é pressuposto, e pressuposto como *fato fundado;* e, por isso, não se pergunta *quem* põe um através do outro, e *como,* // em geral, acontece o pôr de uma proposição através da outra, mas pergunta-se apenas por que, na esfera das proposições em que poderiam ser postas uma em lugar da outra, estão contidas *precisamente aquelas duas.* Algo tem de residir em ambas, que as torna aptas a serem permutadas; isto, portanto, tem de ser investigado, ou seja, o material que faz delas proposições reciprocamente permutáveis.

No segundo caso, reflete-se sobre o *acontecer* da própria reciprocidade e, portanto, abstrai-se totalmente das proposições que entre si permutam. A questão não é mais sobre com que direito *aquelas* proposições permutam, mas antes sobre *como,* em geral, se permuta. E encontra-se aí, então, que tem de estar presente um ser inteligente, fora do ferro e do ímã, que observa os dois, unifica os conceitos dos dois na sua consciência, e é obrigado a conferir a um o predicado oposto ao predicado do outro (atrair, ser atraído).

/ No primeiro caso, acontece uma reflexão simples sobre o fenômeno – a reflexão do observador; no segundo caso, acontece uma reflexão sobre aquela reflexão – a do filósofo sobre a maneira de observar.

E uma vez que está assente que a atividade independente que buscamos deve determinar a forma da reciprocidade, e não a

---

21. *mit einander wechseln.* Na indisponibilidade de uma forma verbal para "recíproco" ("wechsel-") ou "reciprocidade" ("Wechsel"), optou-se por utilizar "permutar" ("wechseln"), com o sentido da ação de estabelecer uma reciprocidade.

sua simples matéria, nada nos impede então de, pelo método heurístico, na nossa reflexão, partirmos da reciprocidade, pois a investigação será por este meio grandemente facilitada.

2) Aplicamos em seguida a proposição esclarecida em geral, aos casos particulares contidos nela.

a) Na reciprocidade da causalidade, uma atividade é posta no não-eu através de uma passividade no eu, i.e., uma certa atividade *não é* posta no eu, ou é-lhe retirada e, pelo contrário, é *posta* no não-eu. Para obter puramente a simples forma desta reciprocidade, temos de abstrair tanto *daquilo* que é posto, da atividade, como dos elos, nos quais não é posto e é posto, do eu e do não-eu: e resta-nos então, como pura forma, *um pôr através de um não-pôr* [C: (um atribuir em consequência de um privar)], *ou um transferir*[22]. Tal é, então, o caráter formal da reciprocidade na síntese da causalidade: e, portanto, o caráter material da atividade que permuta[23] (em sentido ativo, que realiza a reciprocidade).

316   // Esta atividade é independente da reciprocidade que se torna possível e é realizada por ela; e não é aquela que apenas se torna possível por esta.

Ela é independente dos elos da reciprocidade *como tais;* porque é unicamente por ela que eles são elos recíprocos; ela é o que os permuta. Em si, os dois sempre podem existir também sem ela; só que estão isolados, e não estão em nenhuma ligação recíproca.

163   / Contudo, todo o pôr é do caráter do eu; cabe, portanto, *ao eu* esta atividade de transferir, exigida[24] para a possibilidade de uma determinação pelo conceito da causalidade. O eu transfere atividade para o não-eu a partir do eu; suprime, então, nessa medida, atividade em si próprio; e isto quer dizer, segundo o que ficou estabelecido; ele põe passividade em si através de uma atividade. Na medida em que o eu é ativo no

---

22. *Uebertragen.*

23. *wechselt.*

24. *"exigida",* adenda do trad.

transferir da atividade para o não-eu, o não-eu é passivo, a atividade *é* transferida para o mesmo.

(Não nos deixemos por ora perturbar por esta proposição, assim estabelecida, contradizer o primeiro princípio, a partir do qual se concluiu agora, pela discussão da proposição anterior, uma realidade do não-eu independente de toda a reciprocidade. (Ver I. 2. a.) É suficiente que ela, tanto quanto a que ela contradiz, decorram, por consequências corretas, a partir de premissas demonstradas. O fundamento para a unificação das duas resultará, a seu tempo, sem qualquer acrescento arbitrário da nossa parte.

Não se deixe de notar que acima ficou dito que esta atividade é independente da reciprocidade pela qual ela se torna possível. Poderia, por isso, haver ainda uma outra, que não fosse possível apenas por meio dela.

Apesar de todas as restrições que a proposição estabelecida possa sofrer, ganhamos com ela, pelo menos, que o eu, na medida em que é passivo, *também* tem de ser ativo, se bem que, precisamente, não *meramente* ativo; e bem poderia ser que este fosse um ganho muito importante, que recompensasse largamente todas as penas da investigação.)

b) Na reciprocidade da *substancialidade* deve ser posta, por meio da totalidade absoluta, uma atividade, como limitada: i.e., aquilo que na totalidade absoluta // é excluído pelo limite, é posto como *não* posto pelo pôr da atividade limitada, como / faltando na mesma: portanto, o caráter meramente formal desta reciprocidade é um *não-pôr* por meio de um pôr. O que falta, é posto na totalidade absoluta: ele *não é* posto na atividade limitada; é posto, *como* não sendo posto na reciprocidade. Partiu-se do pôr, simplesmente, e, na verdade, de um pôr da totalidade absoluta, segundo o conceito da substancialidade acima estabelecido.

O caráter material daquela ação que põe esta mesma reciprocidade tem, portanto, de ser, do mesmo modo, um não-pôr através de um pôr; e, na verdade, através de um pôr absoluto. De onde provém o não-ser-posto na atividade limitada, que é então considerada como já dada, e o que possa ser que o fundamenta, disso faz-se aqui total abstração. A ação [C: atividade] limitada existe, isto é pressuposto, e não perguntamos como ela, em si, pode existir; perguntamos apenas como ela pode permutar com a não-limitação.

Todo o pôr em geral e, muito especialmente, o pôr absoluto, pertence ao eu; a ação que põe a reciprocidade precedente provém do pôr absoluto: ela é, por conseguinte, uma ação do eu. Esta ação ou atividade do eu é totalmente independente da reciprocidade, a qual só por ela é posta. Ela própria põe, simplesmente, um dos elos da reciprocidade, a totalidade absoluta, e unicamente por meio deste é que põe, então, o outro elo da mesma, *como* atividade *diminuída;* como menor do que a totalidade. De onde a atividade, como tal, possa derivar, esta não é a questão, porque, *como tal,* ela não é elo da reciprocidade; ela só o é como atividade *diminuída,* no que ela só se torna pelo pôr da totalidade absoluta, e pela relação a ela.

A atividade independente indicada parte do pôr, mas é ao não-pôr que ela propriamente chega: podemos, por conseguinte, nesta medida, / denominá-la *um alienar*[25]. Um quantum determinado da totalidade absoluta é excluído da atividade posta como diminuída, considerado como não situado na mesma, mas fora dela.

Não se deixe de notar a diferença característica entre este *alienar* e o *transferir* acima estabelecido. Também neste último, é certo, algo é suprimido no eu, mas faz-se abstração disso, // e reflete-se propriamente apenas em que esse algo é posto no oposto. – Aqui, em contrapartida, ele é meramente excluído. Se o excluído é posto nalgum outro, ou qual possa ser esse outro, isso não interessa, pelo menos aqui.

À atividade do alienar indicada tem de ser oposta uma passividade, e assim acontece aliás, a saber, uma parte da totalidade absoluta *é* alienada; *é* posta, como não posta. A atividade possui um objeto; esse objeto é uma parte da totalidade. A que subs-

---

25. *Entäußern.*

trato da realidade pertence esta diminuição da atividade, ou esta passividade, se ao eu ou ao não-eu, essa não é aqui a questão; e importa muito que não se conclua senão o que é para concluir a partir da proposição estabelecida, e que se apreenda a forma da reciprocidade na sua total pureza. (Cada coisa é o que é; tem aquelas realidades que são postas, assim como a coisa é posta. $A = A$. (§.1.) Algo ser um acidente da mesma, quer dizer: este algo não é posto [C: como tal,] pelo pôr da mesma; ele não pertence à sua essência, e deve ser excluído do seu conceito originário. Foi esta determinação do acidente que esclarecemos agora. Num certo sentido, o acidente foi atribuído novamente à coisa, e posto na mesma. Ver-se-á igualmente, a seu tempo, que tipo de situação assim se obtém.)

/ /// **III**

166/*318*

A reciprocidade e a atividade dela independente devem determinar-se mutuamente. Exatamente como até aqui, temos, em primeiro lugar, de investigar o que esta proposição possa, em geral, significar, e aplicá-la então os casos particulares nela contidos.

1) Na atividade independente, bem como na reciprocidade, diferenciamos, novamente, de dois modos diversos; diferenciamos a forma da reciprocidade da sua matéria; e, segundo a medida desta diferença, diferenciamos uma atividade independente, a qual determina a primeira, de uma outra, que é determinada, na reflexão, pela segunda. Não se pode, por conseguinte, submeter à investigação a proposição a discutir, diretamente, assim como foi estabelecida; // pois se falamos agora da reciprocidade, é ambí-   *319* guo se tomamos em consideração a sua forma ou a sua matéria; assim como na atividade independente. Por conseguinte, elas têm, em primeiro lugar, de ser reunidas em cada uma delas; mas isto não pode acontecer senão pela síntese da determinação recíproca. Portanto, as três proposições seguintes têm de estar novamente contidas na proposição estabelecida:

α) A atividade independente da forma da reciprocidade determina a atividade independente da matéria, e inversamente, i.e., ambas determinam-se mutuamente, e são sinteticamente unificadas.

β) A forma da reciprocidade determina a matéria da mesma, e inversamente, i.e., ambas determinam-se mutuamente, e são sinteticamente unificadas. E só agora se deixa compreender e discutir a seguinte proposição:

γ) A reciprocidade (como unidade sintética) determina a atividade independente (como unidade sintética), e inversamente, i.e., as duas determinam-se mutuamente, e são, também, sinteticamente unificadas.

167

α) Aquela atividade que deve determinar *a forma* da reciprocidade, ou a reciprocidade, *como* tal, mas que / deve ser simplesmente independente dela, é um *transitar* de um dos elos compreendidos na reciprocidade para o outro, *como* transitar (e não, porventura, como ação em geral), aquela outra atividade[26] que determina a *matéria* da mesma, é uma tal que põe nos elos aquilo que torna possível que se transite de um elo para o outro. – Esta última atividade fornece o **X** acima

307

buscado (pp. 151-152 //), que está contido em ambos os elos recíprocos, e que *só* pode estar contido *em ambos*, e não em um só; o **X** que torna impossível satisfazermo-nos com o pôr de um elo (da realidade ou da negação), e nos obriga a pôr simultaneamente o outro, porque mostra a incompletude de um sem o outro; – aquele, para o qual conflui, e tem de confluir a unidade da consciência, se nenhum hiato nela deve surgir; ele é, por assim dizer, o seu guia. A primeira atividade é a própria consciência, na medida em que ela, para além dos elos recíprocos, conflui para este **X** – ela é una, ainda que os seus objetos, estes elos, permutem reciprocamente e, se ela deve ser una, devem necessariamente permutar.

320

// O primeiro determinar o último, significaria: é o próprio transitar que funda aquele, para o qual ele transita, ou que

---

26. "outra atividade", adenda do trad.

110

o transitar se torna possível pelo mero transitar. [C: (Uma afirmação idealista.)] O último determinar o primeiro, significaria: é aquele, para o qual é transitado, que funda o transitar como ação, ou que por aquele ser posto, é imediatamente posto o próprio transitar. [C: (Uma afirmação dogmática.)] Ambos determinarem-se mutuamente, significa, por conseguinte: pelo mero transitar é posto, nos elos recíprocos, aquilo por meio do qual pode ser transitado, e que por serem eles postos como elos recíprocos, é imediatamente entre eles permutado. O transitar é possível porque acontece, e ele só é possível na medida em que efetivamente acontece. Ele é fundado por si próprio, acontece simplesmente porque acontece, e é uma ação absoluta, / sem qualquer fundamento de determinação, e sem qualquer condição além de si próprio. – O fundamento de se transitar de um para o outro reside na própria consciência, e não fora dela. A consciência, simplesmente porque é consciência, tem de transitar; e surgiria nela um hiato, se ela não transitasse, simplesmente porque, então, ela não seria consciência.

168

β) A forma da reciprocidade e a matéria da mesma devem determinar-se mutuamente.

A *reciprocidade*, como foi há pouco recordado, é diferenciada da *atividade por ela pressuposta*, porque se abstrai dessa atividade (e.g., de uma inteligência observadora, a qual, no seu entendimento, põe os elos recíprocos como devendo[27] permutar). Pensa-se os elos recíprocos como por si próprios permutando; transfere-se para as coisas aquilo que possivelmente reside apenas em nós próprios. Em que medida esta abstração é ou não válida, mostrar-se-á a seu tempo.

Desta perspectiva, os próprios elos permutam. O seu *interferir*[28] mútuo é *a forma;* a *atividade e a passividade,* que ocorrem imediatamente em ambos, neste interferir e deixar-se interferir, é a *matéria* da reciprocidade. Queremos denominá-la, por mor da brevidade, a *correlação*[29] mútua dos elos recíprocos. Aquele

---

27. No original *"para permutar"*.
28. *Eingreifen.*
29. *Verhältnis.*

interferir deve determinar a correlação dos elos, i.e., a correlação deve ser determinada pelo mero interferir imediatamente, pelo interferir *como tal*, sem qualquer outra determinação, e inversamente; a correlação dos // elos recíprocos deve determinar o seu interferir: i.e., pela sua mera correlação, sem qualquer outra determinação, é posto que eles interferem um no outro. Pela sua mera correlação, que é aqui pensada como determinante *previamente* à reciprocidade, é já posto o seu interferir (este não é como que um acidente nos elos, sem o qual eles / pudessem ainda subsistir), e pelo seu interferir, aqui pensado como determinante previamente à correlação, é posta, simultaneamente, a sua correlação. O seu interferir e a sua correlação são um e precisamente o mesmo.

1) Eles relacionam-se[30] um com o outro de modo tal que permutam; e, fora isso, não têm, em geral, absolutamente nenhuma correlação mútua. Se eles não são postos como permutando, então, em geral, não são postos. 2) Porque entre eles, segundo a simples forma, é posta uma reciprocidade, uma reciprocidade em geral, é simultaneamente determinada completamente, sem qualquer outro acrescento, a matéria dessa reciprocidade, i.e., a sua espécie, a quantidade do atuar e da passividade etc., por ela postos. – Eles *permutam*, necessariamente, e permutam de uma única maneira determinada possível, simplesmente *porque* permutam. – Se os elos são postos, então uma reciprocidade determinada é posta; e se é posta uma reciprocidade determinada, então eles são postos. Os elos e esta reciprocidade determinada são um e precisamente o mesmo.

γ) A atividade independente (como unidade sintética) determina a reciprocidade (como unidade sintética), e inversamente, i.e., ambas se determinam mutuamente, e são, também, sinteticamente unificadas.

A atividade, como unidade sintética, é um *transitar* absoluto; a reciprocidade é um *interferir* absoluto, determinado inteiramente por si próprio. O primeiro determinar o último, sig-

---

30. *verhalten sich.*

nificaria: é apenas por isso, porque se transita, que é posto o interferir dos elos recíprocos; o último determinar o primeiro, significaria: assim como os elos interferem, a atividade tem necessariamente de transitar de um para o outro. Ambos determinarem-se mutuamente, significa: assim como um é posto, o outro é posto, e inversamente; de cada elo da comparação pode e tem-se de transitar para o outro. Tudo é um, e precisamente o mesmo. – O todo, porém, é posto, simplesmente; funda-se em si próprio.

/ Para tornar esta proposição mais esclarecedora, e mostrar   170
a sua importância, apliquemo-la às proposições contidas nela.

// A atividade que determina a forma da reciprocidade de-   *322*
termina tudo o que ocorre na reciprocidade e, inversamente,
tudo o que ocorre na reciprocidade a determina. A mera reciprocidade, segundo a sua forma, i.e., o interferir dos elos um
no outro, não é possível sem a ação de transitar; pelo transitar
é posto precisamente o interferir dos elos recíprocos.

Inversamente, o transitar é posto pelo interferir dos elos recíprocos; assim como estes são postos como interferindo, assim
também necessariamente transita-se. Não há transitar sem interferir, não há interferir sem transitar: ambos são um e precisamente o mesmo, e diferenciáveis somente na reflexão. Além
disso, a mesma atividade determina o material da reciprocidade; é só pelo transitar necessário que são postos, *como tais*, os
elos recíprocos, e dado que *somente* como tal eles são postos,
é só assim que os elos, em geral, são postos; e inversamente,
assim como os elos recíprocos são postos como tais, é posta a
atividade, a qual transita e deve transitar. Pode partir-se, por
conseguinte, de qualquer um dos diferentes momentos que
se queira; assim como um deles é posto, são postos os outros
três. A atividade que determina o material da reciprocidade,
determina a reciprocidade inteira; ela põe aquele para onde
se pode transitar e, precisamente por isso, para onde se tem
de transitar; logo, ela põe a atividade da forma e, através dela,
tudo o restante.

Assim, a atividade retorna a si própria, por meio da reciprocidade; e a reciprocidade retorna a si própria, por meio da atividade. Tudo se reproduz a si próprio, e não existe hiato possível; a partir de cada elo é-se conduzido a todos os restantes. A atividade da forma determina a da matéria, esta, a matéria da reciprocidade, e esta, a sua forma; a forma / da reciprocidade, a atividade da forma, e etc. Todas são uma e precisamente a mesma situação sintética. A ação, através de um curso circular, retorna a si própria. Mas o curso circular inteiro é simplesmente posto. Ele é, porque é, e não se deixa apontar nenhum fundamento superior para ele.

A aplicação desta proposição só se mostrará no que se segue.

2) A proposição: a reciprocidade e a atividade até aqui considerada como dela independente, devem determinar-se mutuamente, deve agora aplicar-se aos casos particulares contidos nela; em primeiro lugar

a) ao *conceito da causalidade*. – Investigamos a síntese por este meio postulada, segundo o esquema agora estabelecido, α) Na reciprocidade da // causalidade a atividade da forma determina a da matéria, e inversamente, β) na mesma, a forma da reciprocidade determina a sua matéria, e inversamente, γ) A atividade sinteticamente unificada determina a reciprocidade sinteticamente unificada, e inversamente, i.e., elas são ambas sinteticamente unificadas.

α) A atividade a pressupor com o fito da possibilidade da reciprocidade postulada no conceito da causalidade é, segundo a mera forma, um *transferir, um pôr através de um não-pôr:* porque (num certo respeito) *não é* posto, (num certo outro respeito) *é posto*. Por esta atividade *da forma*, deve ser determinada a atividade *da matéria* da reciprocidade. Esta era uma atividade independente do *não-eu*, pela qual unicamente seria tornado possível aquele elo do qual partiu a reciprocidade, uma passividade no eu. Esta última ser determinada, fundada ou posta, pela primeira, significa, evidentemente: esta atividade do não-eu é, ela própria, aquilo pelo qual a primeira, por meio da sua função de pôr, é posta; e somente *nesta medida* é posta como algo *não posto*. (O que possa ser este não posto não temos aqui de / investigar.) – A atividade do não-eu é, por isso, atribuída a uma esfera limitada; e esta esfera é a atividade da forma. O não-eu é ativo apenas na medida em que, por virtude de um não-pôr, é posto pelo eu (ao qual cabe a atividade da forma) como ativo. – Sem um pôr através de um não-pôr, não há atividade do não-eu. Inversamente, a atividade da matéria e, logo, a atividade independente do não-eu, deve fundar e determinar a atividade da forma, logo, o transferir, e o pôr através de um não-pôr. Isto quer dizer agora, evidentemente, segundo tudo o que ficou acima dito, o mesmo que: a atividade da matéria deve determinar o transitar *como* um transitar, ela deve pôr aquele **X**, que indica a incompletude de qualquer um dos elos e, por isso, obriga a pô-lo como elo *recíproco* e, pelo mesmo, ainda um segundo, com o qual ele permuta. Este elo é a passividade, *como* passividade. Por conseguinte, o não-eu funda o não-pôr; e assim, determina e condiciona a atividade da forma. Esta põe por um *não--pôr* e simplesmente nada mais; mas o não-pôr está sob a condição de uma atividade do não-eu e, portanto, também toda a atividade postulada. O pôr através de um não-pôr // é incluído na esfera de uma atividade do não-eu. – Sem atividade do não-eu – não há pôr através de um não-pôr.

(Aqui temos, na máxima proximidade, a dissenção acima denunciada, apenas um pouco atenuada. O resultado do primeiro modo de refletir funda um idealismo dogmático: *toda a realidade do não-eu é tão somente uma realidade transferida a partir do eu*. O resultado do segundo modo de refletir funda um realismo dogmático: *não pode haver transferência, se não é pressuposta já uma realidade independente do não-eu, uma coisa em si*. A síntese agora a estabelecer tem pela frente, por conseguinte, nada menos do que / resolver o conflito e apontar o caminho intermédio entre idealismo e realismo.)

As duas proposições são para unificar sinteticamente, i.e., são para considerar como uma e precisamente a mesma.

Isto acontece como se segue: aquilo que no não-eu é ativi-dade, é passividade no eu (por força do princípio do opor); podemos, então, pôr *passividade do eu* em lugar de ativi-dade do não-eu. Logo – por força da síntese postulada – no conceito da causalidade, a passividade do eu e a sua ativi-dade, não-pôr e pôr, são inteiramente um e o mesmo. Neste conceito, as proposições: o eu não põe algo em si – e – o eu põe algo no não-eu, dizem perfeitamente o mesmo; elas não designam ações diversas, mas uma e precisamente a mesma. Nenhuma funda a outra, nenhuma é fundada pela outra, porque ambas são uma só.

Reflitamos ainda sobre essa proposição. Ela contém em si as seguintes: a) O eu não põe algo em si, i.e., ele põe o mesmo no não-eu. b) O que é assim posto no não-eu é pre-cisamente esse que *não* põe, ou nega, o que não é posto no eu. A ação retorna a si própria: na medida em que o eu *não* deve pôr algo em si, ele próprio é não-eu; mas dado que ele tem de ser, então ele tem de pôr; e dado que não deve pôr no eu, deve pôr no não-eu. Mas, por mais rigorosamen-te que esta proposição possa estar agora demonstrada, o senso comum continua, no entanto, a debater-se contra ela. Queremos procurar a razão dessa resistência, para aquietar as exigências do senso comum, ao menos até // poder, pela indicação do seu domínio, no qual elas imperam, satisfazê--las efetivamente.

Nas duas proposições assim estabelecidas reside, evidente-mente, uma duplicidade no significado da palavra *pôr*. O senso comum sente-o, / e daí a sua resistência. – O não-eu *não* pôr algo no eu, ou negá-lo, quer dizer que o não-eu não é, para o eu, em geral, ponente, mas meramente supressor, por conseguinte, ele é, nessa medida, oposto ao eu quanto à *qualidade,* e *é fundamento real* de uma determinação do mesmo. – Mas o eu não pôr algo no eu não quer dizer que o eu não seja, em geral, ponente, mas ao não pôr algo, ele é, certamente, ponente, ele põe como negação; – mas isto quer dizer que ele *em parte* não é ponente. Por conse-guinte, o eu não é oposto a si próprio quanto à qualidade, mas meramente quanto à *quantidade;* ele é, por isso, meramente o *fundamento ideal* de uma determinação em si próprio. – Ele *não* pôr algo em si, e ele pôr o mesmo no não-eu, são um e exatamente o mesmo: o eu não é, por conseguinte, fundamento da realidade do não-eu de outro modo, a não ser assim como é fundamento da determinação em si próprio, da sua passividade; ele é meramente *fundamento ideal.*

Isto que agora é posto meramente *idealiter* no não-eu, deve ser *realiter* o fundamento de uma passividade no eu, o fundamento ideal deve tornar-se num fundamento real; e a isto o senso comum não se quer deixar forçar [C: e isto o pendor dogmático no homem não pode apreender]. – Podemos colocá-lo em grande embaraço se concedermos que o não-eu, em qualquer significado que ele queira, é fundamento real, que atua sobre o eu sem qualquer cooperação do mesmo, que é como que um material que tem primeiramente de ser criado; e perguntamos então, como deve o fundamento real tornar-se num fundamento ideal; – ele tem de se tornar num fundamento ideal, se alguma vez uma passividade no eu deve ser posta e, através da representação, atingir a consciência – uma questão cuja resposta pressupõe exatamente, assim como a anterior, o encontro imediato entre o eu e o não-eu, e à qual o senso comum, e todos os seus defensores, jamais nos / darão uma resposta fundada. – As duas questões são respondidas pela nossa síntese; e só o são por uma síntese, i.e., uma só se pode responder pela outra, e inversamente.

// O sentido profundo da síntese acima é, consequentemente, o seguinte: *o fundamento ideal e real são, no conceito da causalidade* (e portanto, em toda a parte, pois só no conceito da causalidade ocorre um fundamento real), *um e precisamente o mesmo.* Esta proposição, que funda o idealismo crítico e, através dele, unifica idealismo e realismo, os homens não a querem compreender; e que não o queiram, reside na falta de abstração.

A saber, se coisas diversas fora de nós são relacionadas entre si pelo conceito de causalidade, distingue-se – até que ponto com razão ou sem ela, mostrar-se-á também, a seu tempo – entre o fundamento real da sua relacionalidade[31] e o fundamento ideal da mesma. Algo deve existir nas coisas em si, independentemente da nossa representação, por meio do qual, sem intervenção nossa, elas interferem umas nas outras; mas que *nós* as relacionemos[32] umas com as outras, disso deve o fundamento residir em nós, eventualmente na nossa sensação. Assim, pomos então também o nosso eu fora de nós, [C: fora do *que põe*, como um *eu em si*], como uma coisa existente, sem a nossa intervenção, e sabe-se lá como; e, então, sem nenhuma intervenção nossa, uma outra coisa qualquer deve agir sobre ele; porventura assim como o ímã sobre um pedaço de ferro*.

176 / Mas o eu não é nada além do eu, ele é o próprio eu. Ora, se a essência do eu consiste apenas e simplesmente em que ele se põe a si próprio, então, para ele, *ser posto* e *ser* são um e precisamente o mesmo. Nele, o fundamento real e o fundamento ideal são um só. – Inversamente, *não se pôr* e *não ser,* para o eu, são, novamente, o mesmo; o fundamento

327 real // e o fundamento ideal são, igualmente, um só. Se isto estiver, em parte, expresso, então as proposições: o eu *não põe* algo em si, e: o eu não *é* alguma coisa, são, novamente, uma e precisamente a mesma.

---

31. *Beziehbarkeit.*

32. *beziehen.*

* Menos para os meus ouvintes do que para outros leitores filosóficos – e estudiosos – aos quais este escrito deva porventura cair nas mãos, seja feito o seguinte reparo. – A maior parte dos homens seria mais facilmente levada a tomar-se por um pedaço de lava na lua do que por um eu. Por isso eles não compreenderam Kant, e não fizeram ideia do seu espírito; por isso, também não compreenderão esta exposição, embora esteja inscrita no seu topo a condição de todo o filosofar. Aquele que acerca deste ponto ainda não está de acordo consigo próprio, não compreende nenhuma filosofia sólida, e não precisa dela. A natureza, da qual ele

176 é uma máquina, já o guiará, / sem qualquer intervenção sua, em todos os assuntos de que ele tenha de se ocupar. Ao filosofar pertence a independência: e esta só pode ser dada por si próprio. – Não podemos querer ver sem olhos; mas não devemos tampouco afirmar que é o olho que vê. [C: Quando da primeira aparição desta nota no círculo do autor, a seu respeito fez-se troça, de muitos modos, pelos indivíduos que por ela se sentiram atingidos. Eu quereria agora apagá-la; mas verifico que ela, infelizmente, continua válida.]

Por conseguinte, algo não *ser posto (realiter)* no eu, significa, evidentemente: o eu não o *põe* em si *(idealiter)*. E inversamente, o eu não pôr algo em si, significa: ele não é posto no eu.

O não-eu dever agir causalmente[33] sobre o eu, ele dever suprimir algo no mesmo, significa evidentemente: ele deve suprimir um pôr no eu; ele deve fazer com que o eu não ponha algo em si. Se isso, sobre o qual é efetuada a causalidade, deve tão somente ser efetivamente um *eu*, então não é possível nenhum outro efeito sobre ele, além de um não-pôr em si.

Inversamente, dever haver um não-eu para o eu, não pode significar outra coisa senão que o eu deve pôr realidade no não-eu; pois para o eu não há nenhuma outra realidade, e não pode haver nenhuma outra, senão uma realidade posta por ele mesmo.

A atividade do eu e o não-eu serem um e precisamente o mesmo, significa: o eu só pode / *não* pôr algo em si por via de que põe o mesmo no não-eu; e só pode pôr algo em si, por via de que *não* põe o mesmo no não-eu. Mas o eu tem, em geral, de pôr, tão certo quanto é um eu; só que, precisamente, não precisa de pôr *em si*. – Passividade do eu e passividade do não-eu são, igualmente, um e precisamente o mesmo. O eu *não* pôr algo em si, significa: o mesmo é posto no não-eu. Atividade e passividade do eu são um e precisamente o mesmo. Pois na medida em que ele *não* põe algo em si, ele põe (precisamente o mesmo no não-eu). – Atividade e passividade do não-eu são um e precisamente o mesmo. Na medida em que o não-eu deva agir causalmente sobre o eu, suprimir algo no eu, o mesmo é posto, pelo eu, no não-eu. E está, então, claramente exposta a unificação sintética completa. Nenhum dos momentos designados é o fundamento do outro; mas são todos um e precisamente o mesmo.

---

33. *wirken.*

E, consequentemente, a questão pelo fundamento da passividade no eu, não é, em geral, e minimamente, para responder pela pressuposição de uma atividade do não-eu, como coisa em si; pois não há nenhuma mera passividade no eu. Todavia, resta ainda uma outra questão por responder, a saber, // a seguinte: qual é, então, o fundamento da totalidade da reciprocidade assim estabelecida? Não nos é permitido dizer que ela é posta em geral, simplesmente, e sem nenhum outro fundamento, e que o juízo que a põe como presente é um juízo tético, pois só o eu é posto simplesmente; ora, no simples eu não reside uma tal reciprocidade. Mas é imediatamente claro que, na Doutrina da Ciência teorética, um tal fundamento é inconcebível, porque ele não é concebido conjuntamente com o princípio fundamental da mesma, o eu põe-se a si como determinado pelo não-eu, mas, muito pelo contrário, é pressuposto por ele. Portanto, se um tal fundamento devesse, ainda assim, deixar-se indicar, teria de residir fora dos limites da Doutrina da Ciência teorética.

/ E assim está então, com toda a precisão, estabelecido o idealismo crítico que rege a nossa teoria. Ele é dogmático contra o realismo e o idealismo dogmáticos, porque demonstra que nem a mera atividade do eu é o fundamento da realidade do não-eu, nem a mera atividade do não-eu é o fundamento da passividade no eu; contudo, no que diz respeito à questão cuja resposta lhe foi pedida, sobre qual é, então, o fundamento da reciprocidade assumida entre ambos, ele contenta-se com a sua incerteza, e mostra que a investigação sobre isso reside fora dos limites da teoria. Ele não parte, no seu esclarecimento da representação, nem de uma atividade absoluta do eu, nem do não-eu, mas sim de um ser-determinado, que é simultaneamente um determinar, porque nada mais está contido imediatamente na consciência, nem o pode estar. O que esta determinação possa, por sua vez, determinar, permanece, na teoria, inteiramente por decidir; e através desta incompletude somos impelidos para além da teoria, para uma parte prática da Doutrina da Ciência.

E, simultaneamente, fica totalmente clara a expressão frequentemente empregue, atividade *diminuída, limitada, restringida*[34]. Por ela é designada uma atividade que se dirige a algo no não-eu, a um *objeto*, logo, um agir objetivo. O agir do eu, em geral, ou o seu pôr, não é, de todo, limitado, e não pode ser limitado; mas o seu pôr *do eu é* limitado por ele ter de pôr um não-eu.

β) A forma da mera reciprocidade no conceito da causalidade, e a matéria da mesma, determinam-se mutuamente.

// Encontramos acima a mera reciprocidade em geral como diferenciável da atividade dela independente apenas por intermédio da reflexão. Se a reciprocidade é posta nos próprios elos da reciprocidade, então abstrai-se da atividade, e a reciprocidade / é considerada apenas em si, e *como* reciprocidade. A seu tempo se mostrará qual o modo correto de consideração, ou porventura, se nenhum dos dois é correto, se empregue individualmente.

Na reciprocidade como tal, deixa-se, no entanto, diferenciar a sua forma da sua matéria. A forma da reciprocidade é o mero interferir mútuo dos elos recíprocos um no outro, como tal. A matéria é aquilo, nos dois, que faz com que eles possam, e tenham, de interferir mutuamente. – A forma característica da reciprocidade na causalidade é um *surgir por um perecer* (um vir a ser por um desaparecer). – (Convém fazer notar aqui que se deve abstrair inteiramente da substância sobre a qual é atuado, do substrato do perecer e, por conseguinte, de toda a *condição temporal.* Se este substrato for posto, então, *em relação a ele,* o que surge é posto, sem dúvida, no tempo. Mas, por mais difícil que seja para a imaginação admiti-lo, é preciso que se abstraia disso, porque a substância não entra na reciprocidade: só entram na reciprocidade aquilo *que advém* à substância, e aquilo que, por isso que advém, é *removido* e *suprimido;* e só se fala do que entra na reciprocidade, na medida em que entra

---

34. *verminderte, eingeschränkte, begrenzte Thätigkeit.*

nela. E.g., **X** anula **-X**; **-X** existia, sem dúvida, *previamente*, *antes* de ser anulado; se ele deve ser considerado como existindo, então tem de ser posto, certamente, no tempo precedente, e **X**, pelo contrário, no tempo subsequente. Mas ele deve ser pensado, precisamente, não como existindo, mas sim como *não existindo*. Todavia, a existência de **X** e a não-existência de **-X** não ocorrem, de modo nenhum, em tempos diversos, mas no *mesmo momento*. Elas não ocorrem, por conseguinte, de todo, no tempo, se nada mais houver que nos obrigue a pôr o momento numa série de momentos.) A matéria da reciprocidade a investigar é o *ser-oposto essencial /* (incompatibilidade segundo a qualidade).

A forma desta reciprocidade dever determinar a sua matéria, significa: porque, e // até onde os elos da reciprocidade se suprimem mutuamente, eles são essencialmente opostos. É o suprimir mútuo (efetivo) que determina o âmbito do ser-oposto essencial. Se não se suprimirem, então não são essencialmente opostos (*essentialiter opposita*). – Este é um paradoxo contra o qual se levanta, novamente, a incompreensão há pouco indicada. A saber, acreditar-se-á, à primeira vista, que aqui se conclui de um contingente para um necessário; a partir do suprimir presente poder-se-ia, com efeito, concluir o ser-oposto essencial; e não inversamente, concluir a partir do ser-oposto essencial o suprimir presente. Para isso, teria de acrescentar-se ainda uma outra condição, a saber, a influência imediata de ambos um no outro (e.g., nos corpos, a presença no mesmo espaço). Os dois, essencialmente opostos, poderiam, é certo, existir isoladamente, e fora de toda a ligação; mas então eles não seriam minimamente opostos e, por isso, não se suprimiriam. – Mostrar-se-á em seguida a fonte desta incompreensão, bem como o meio de a remediar.

A matéria desta reciprocidade dever determinar a sua forma, significa: o ser-oposto essencial determina o suprimir mútuo; só sob a condição de que os elos sejam essencialmente opostos, e até onde o sejam, é que eles se podem mutuamente suprimir. – Contudo, se o suprimir presente for posto na esfera do ser-oposto em geral, só que, por assim dizer, sem preencher essa esfera, mas for posta somente, dentro dela, uma outra menor, cuja linha-limite fosse determinada pela condição acrescentada da influência efetiva; então, todos concordarão sem hesitação com aquela proposição, e o paradoxal só poderia ser que não a tivéssemos apresentado expressamente mais cedo. Todavia, a matéria da reciprocidade e a forma da mesma devem / determinar-se mutuamente, ou seja, a partir do mero ser-oposto deve seguir-se o suprimir mútuo, e logo, também, o interferir, a influência imediata; e a partir do suprimir recíproco deve seguir-se o ser-oposto. Ambos são um e precisamente o mesmo: eles são, em si, opostos, ou – suprimem-se mutuamente. A sua influência, e o seu ser-oposto essencial são um e precisamente o mesmo.

// Refletiremos ainda, em seguida, sobre este resultado. Aquilo que pela síntese empreendida é propriamente posto entre os elos recíprocos, é a necessidade da sua ligação; é aquele **X**, o qual mostra a incompletude de qualquer um dos dois, e que tem de estar contido em ambos. É negada a possibilidade de separar um ser em si de um ser na reciprocidade: os dois são postos como elos recíprocos, e fora da reciprocidade não são, de todo, postos. – Concluiu-se do ser-oposto real para o opor, ou ser-oposto ideal, e inversamente; ser-oposto real e ideal são um e precisamente o mesmo. – O que aí escandaliza o senso comum desaparece, tão logo se recorda que um dos elos da reciprocidade é o eu, ao qual nada *é* oposto, senão o que ele próprio se *opõe* a si; e que ele próprio não *é* oposto a nada que ele não *oponha* a si. O resultado atual é, por conseguinte, sob uma outra figura, exatamente igual ao precedente.

γ) Na causalidade, determinam-se mutuamente a atividade, pensada como unidade sintética, e a reciprocidade, pensada como unidade sintética, e compõem, também, uma unidade sintética. Podemos denominar a atividade, como unidade sintética, um *pôr mediato* [C: (um atribuir mediado)] (o termo "pôr" empregue em sentido afirmativo – um pôr da realidade por meio de um não-pôr da mesma); a mera / reciprocidade, como unidade sintética, consiste na *identidade do ser-oposto essencial e do suprimir real.*

1) Esta última ser determinada pela primeira, significa: a *mediatividade* do pôr (que é aqui o que propriamente importa) é a condição e o fundamento de que o ser-oposto essencial e o suprimir real sejam inteiramente um e precisamente o mesmo: porque, e na medida em que o pôr é um pôr mediato, o ser-oposto e o suprimir são idênticos. – a) Se tivesse lugar um pôr *imediato* dos elos que devem permutar, então o ser-oposto e o suprimir seriam diversos. Ponha-se que os elos recíprocos sejam **A** e **B**. Ponha-se que **A** seja, em primeiro lugar, = **A** e **B** = **B**, em seguida, no entanto, i.e., segundo uma certa quantidade, seja **A** também igual a -**B**, e **B** igual a -**A**: então, certamente, bem poderiam ser ambos postos, segundo o seu primeiro significado, sem que por isso se suprimissem. Daquilo, pelo qual eles // seriam opostos, far-se-ia abstração; eles não seriam, por conseguinte, postos como essencialmente opostos (ou cuja essência consistisse no mero ser-oposto) e como mutuamente se suprimindo, porque seriam postos *imediatamente,* um independentemente do outro. Mas então, também, eles não seriam postos como meros elos recíprocos, mas sim como realidades em si. (**A** = **A**. §.1.) Pois eles recíprocos só podem ser postos *mediatamente;* **A** é igual a -**B**, e nada mais, simplesmente; e **B** é igual a -**A**, e nada mais, simplesmente; e desta mediatividade do pôr segue-se o ser-oposto essencial, e o suprimir recíproco, e a identidade de ambos. Pois, b) se **A** é posto meramente como o contrário de **B**, e não é absolutamente capaz de nenhum outro predicado (e tampouco do predicado de *uma coisa,* predicado que a imaginação ainda não habituada à abstração rigorosa, está sempre pronta a imiscuir), e portanto, **A** não é para pôr como real, a não ser por via de que **B** não seja posto – e **B** / de nenhum outro modo, senão por via de que **A** não seja posto; então, a sua essência comum consiste, evidentemente, em que cada um é posto pelo não-pôr do outro, logo, no *ser-oposto;* e – se se abstrair de uma inteligência ativa, que põe, abstrai e reflete apenas sobre os elos recíprocos – consiste em que mutuamente se

suprimem. O seu ser-oposto essencial e o seu suprimir mútuo são, por conseguinte, idênticos na medida em que cada elo é posto meramente pelo não-pôr do outro e, simplesmente, de nenhum outro modo.

Tal é agora, conforme acima estabelecido, o caso com o eu e o não-eu. O eu (aqui considerado como absolutamente ativo) só pode transferir realidade para o não-eu, enquanto *não* põe a mesma realidade em si; e inversamente, só pode transferir realidade para si, porque *não* a põe no não-eu. (Que este último ponto não contradiz a realidade absoluta do eu acima estabelecida, resultará de uma determinação mais próxima do mesmo; e aqui também já é, em parte, claro: fala-se de uma realidade *transferida* e não, de todo, de uma realidade *absoluta*.) A sua essência, na medida em que eles devem permutar, consiste, por conseguinte, apenas em que são opostos, e mutuamente se suprimem um ao outro. Consequentemente, a *mediatividade*[35] do pôr (como se mostrará mais adiante, a lei da consciência pela qual *sem sujeito não há objeto, sem objeto não há sujeito*), e unicamente ela, é que funda o ser-oposto essencial do eu e do não-eu, // e assim, toda a realidade do não-eu, bem como a do eu – na medida em que esta última deve ser ideal, posta meramente *como* posta; pois a realidade absoluta permanece aí sem perda; ela está no *ponente*[36]. Até onde avançamos na nossa síntese, ela não deve ser fundada, novamente, por aquele que é fundado por ela; nem o pode ser, segundo o procedimento legítimo conforme o princípio da razão suficiente. O fundamento dessa mediatividade não reside, por conseguinte, nas partes já estabelecidas, na realidade do não-eu e na realidade ideal do eu. / Logo, ele tem de residir no eu absoluto; e esta mediatividade teria de ser também absoluta, i.e., fundada por si própria e em si própria.

Este tipo de raciocínio, aqui inteiramente correto, conduz a um novo idealismo, ainda mais abstrato do que o anterior. No raciocínio anterior, uma atividade, em si mesma posta, era

---

35. *Mittelbarkeit.*
36. *Setzenden.*

suprimida pela natureza e pela essência do eu. A atividade, em si mesma certamente possível, era, simplesmente, e sem qualquer outro fundamento, suprimida; e assim se tornava possível um objeto, um sujeito, e etc. Nesse idealismo, as representações desenvolviam-se, *como* tal, de uma maneira para nós completamente desconhecida e inacessível, a partir do eu; como que numa harmonia preestabelecida consequente, i.e., numa harmonia preestabelecida meramente idealista.

No idealismo presente, a atividade em geral tem a sua lei imediatamente em si própria: ela é uma atividade mediata, e nenhuma outra, simplesmente porque ela é isso absolutamente. Nenhuma atividade é, então, de todo, suprimida no eu; a atividade mediata está presente, e não deve em geral haver uma atividade imediata. E a partir da mediatividade desta atividade, deixa-se perfeitamente esclarecer tudo o resto – a realidade do não-eu e, nessa medida, a negação do eu, a negação do não--eu e, nessa medida, a realidade do eu. Aqui, as representações desenvolvem-se a partir do eu segundo uma lei, determinada e reconhecível, da sua natureza. Pode referir-se um fundamento para elas, somente para esta lei é que não.

Este último idealismo suprime necessariamente o primeiro, porque esclarece efetivamente, a partir dum fundamento superior, aquilo que para o primeiro era inexplicável. O primeiro idealismo deixa-se refutar então idealisticamente. O princípio de um tal sistema rezaria: *o eu é finito, simplesmente porque é finito.*

334

185

// Por mais alto que um tal idealismo se eleve, não se eleva, no entanto, tão alto quanto devia, ou seja, até ao simplesmente posto e ao incondicionado. Com efeito, / uma finitude deve ser posta, simplesmente; mas todo o finito, por virtude do seu conceito, é limitado pelo seu oposto; e a finitude absoluta é um conceito que se contradiz a si próprio.

Para distinguir aquele primeiro idealismo, que suprime algo posto em si, denomino-o idealismo *qualitativo*; este último, que põe originariamente uma quantidade limitada, denomino-o idealismo *quantitativo*.

2) A mediatividade do pôr é determinada porque a essência dos elos recíprocos consiste no mero ser-oposto; ela só é possível sob esta condição. Se a essência dos elos recíprocos consistir ainda em algo mais, além do mero ser-oposto, então é imediatamente claro que pelo não-pôr de um, segundo a sua essência inteira, também o outro não é, de todo, posto segundo a sua essência inteira, e inversamente. Mas se a sua essência não consistir em nada mais, então, se eles devem ser postos, só podem ser postos mediatamente, como resulta claro do que ficou dito.

Aqui, porém, está estabelecido o ser-oposto essencial, o ser-oposto em si como fundamento da mediatividade do pôr. [C: Neste sistema,] o primeiro existe, simplesmente, e não se deixa esclarecer mais além; a última é fundada pelo primeiro.

Assim como o primeiro tipo de raciocínio estabelece um idealismo quantitativo, assim também este último estabelece um realismo quantitativo, que se deve distinguir cuidadosamente do realismo qualitativo acima estabelecido. Neste último, através de um não-eu independente do eu, e que possui realidade em si próprio, ocorre uma impressão sobre o eu, pela qual a sua atividade é, em parte, recalcada; o realista meramente quantitativo admite a sua incerteza quanto a isto, e reconhece que, para o eu, o pôr da realidade no não-eu acontece, para o eu, apenas segundo a lei da razão suficiente; mas afirma *o ser-presente real de uma limitação do eu*, sem qualquer colaboração própria do eu; nem pela atividade absoluta, como afirma o idealista qualitativo, nem segundo uma lei que reside na sua natureza, como afirma / o idealista quantitativo. O realista qualitativo afirma a realidade, independente do eu, de um *determinante;* o quantitativo, a realidade, independente do eu, de uma mera *determinação*. Existe uma determinação no eu, cujo fundamento não se pode colocar no eu; isto, para ele, constitui um fato: para ele, a investigação sobre o fundamento // da determinação *em si,* está interrompida, i.e., a determinação existe, simplesmente, e sem qualquer outro fundamento. Ele tem, com certeza, segundo a lei da razão suficiente, que reside nele próprio, de a relacionar a algo no não-eu, como fundamento real; mas sabe que esta lei reside meramente nele mesmo, e não é, assim, iludido. Salta imediatamente à vista de todos que este realismo não é nenhum outro senão o idealismo acima estabelecido sob o nome de idealismo crítico, assim como *Kant*, aliás, não estabeleceu nenhum outro senão este e, ao nível da reflexão em que se colocou, não pôde, nem quis estabelecer nenhum outro*.

// O idealismo quantitativo há pouco descrito deve distinguir-se do realismo agora estabelecido, porque embora ambos admitam uma finitude do eu, / o primeiro admite uma finitude posta, simplesmente, enquanto o último admite uma finitude contingente, mas que igualmente não se deixa esclarecer mais. O realismo quantitativo suprime o realismo qualitativo[37], como infundado e supérfluo, porque aquele, sem este, esclarece perfeitamente, é certo que com a mesma falha, o que devia ser esclarecido por ele: o ser-presente de um objeto na consciência. Com a mesma falha, digo eu: a saber, ele não pode, de modo nenhum, esclarecer como pode uma determinação real tornar-se numa determinação ideal, como uma determinação *em si* presente se pode tornar numa determinação *para o eu ponente*. – Está agora certamente mostrado como, pelo ser-oposto essencial, é determinada e fundada a mediatividade do pôr; mas como é então fundado o pôr em geral? *Se* ele deve ser posto, então, certamente, só pode ser posto mediatamente; mas o pôr em si é, com certeza, uma ação absoluta do eu,

---

* Kant demonstra a idealidade do objeto a partir da idealidade pressuposta do tempo e do espaço: nós demonstraremos, inversamente, a idealidade do tempo e do espaço a partir da idealidade do objeto. Kant precisa de objetos ideais para encher o tempo e o espaço; nós precisamos do tempo e do espaço para poder colocar os objetos ideais. Por isso, o nosso idealismo que, todavia, não é de todo dogmático, mas crítico, vai um passo mais longe do que o seu.

Não é aqui nem o lugar de mostrar o que de resto se pode mostrar claramente, que Kant *sabia* muito bem também aquilo que *não disse*; nem o lugar para apresentar as razões por que ele não pôde, nem quis, dizer tudo o que sabia. Os princípios aqui estabelecidos e a estabelecer subjazem, evidentemente, aos seus, conforme se pode convencer qualquer um que queira familiarizar-se com o *espírito* da sua filosofia (que bem poderia, de resto, ter um espírito). Que Kant, na sua crítica, não queria estabelecer a ciência, mas tão somente a propedêutica para a mesma, disse-o ele uma vez; e é difícil compreender porque somente nisto os seus papagueadores não lhe tenham querido dar crédito.

37. A: quantitativo.

nesta função simplesmente indeterminado e indeterminável. Portanto, este sistema está marcado pela impossibilidade, já frequentemente apontada, da passagem do limitado para o ilimitado. O idealismo quantitativo [SW: (agora mesmo exposto)] não tem de se confrontar com essa dificuldade, pois ele suprime a passagem em geral; mas, pelo contrário, ele é anulado por uma contradição evidente, a saber, porque põe, simplesmente, algo finito. – É de esperar que a nossa investigação tome diretamente o mesmo caminho que tomou acima, e que, por uma unificação sintética das duas sínteses, possa mostrar-se um idealismo quantitativo crítico como caminho intermédio entre os dois modos de esclarecimento.

3) A mediatividade do pôr e o ser-oposto essencial determinam-se mutuamente; ambos preenchem uma e precisamente a mesma esfera, e são um só. É imediatamente claro como isto teria de ser pensado para poder / ser pensado como possível; a saber, *ser* e *ser-posto*, correlação ideal e real, opor e ser-oposto têm de ser um e precisamente o mesmo. Além disso, é imediatamente claro sob que condição isto é possível, a saber, se o posto e o ponente na correlação são um e precisamente o mesmo, i.e., se o que é posto na correlação // é o eu. – O eu deve estar, com algum **X** que, nessa medida, tem necessariamente de ser um não-eu, numa correlação tal que ele só pode ser posto pelo não-ser-posto do outro, e inversamente. Ora, o eu, com tanta certeza quanto é um eu, só está numa dada correlação na medida em que se põe como estando nessa correlação. Logo, aplicado ao eu, é completamente igual, se se diz que ele *é posto* nessa correlação, ou que *se põe* nessa correlação. Ele só pode ser (*realiter*) aí posto, enquanto se põe (*idealiter*) aí; e só se pode pôr nessa correlação na medida em que é transposto para lá, porque uma tal correlação não é posta pelo eu pura e simplesmente posto mas, muito pelo contrário, ele a contradiz.

Desenvolveremos em seguida, ainda mais claramente, o importante conteúdo da nossa síntese. – É – sempre sob a pressuposição da proposição capital do procedimento teorético inteiro, estabelecida no início do nosso §, proposição capital a partir da qual desenvolvemos tudo até aqui, mas também sob nenhuma outra pressuposição – é, digo eu, uma lei para o eu, pôr tanto o eu quanto o não-eu apenas mediatamente; i.e., pôr o eu apenas pelo não-pôr do não-eu, e o não-eu apenas pelo não-pôr do eu. (O eu, em qualquer caso e, portanto, simplesmente, é o *ponente*, mas disso faz-se abstração na nossa investigação presente; o *posto* ele só o é sob a condição de que o não-eu seja posto como não posto; que ele seja negado.) – Expresso em termos mais correntes: do eu, tal como é aqui considerado, é meramente o contrário do não-eu, e nada / mais; e o não-eu, meramente o contrário o eu, e nada mais. Não há eu sem tu; não há tu sem eu. Nós queremos desde já, por mor da clareza, *a este* respeito, mas em nenhum outro, chamar ao não-eu *objeto*, e ao eu *sujeito*, embora não possamos mostrar aqui ainda a propriedade destas denominações. O não-eu, independente desta reciprocidade, não deve ser chamado objeto, nem o eu, dela independente, sujeito. – Logo, sujeito é aquilo que não é objeto, e mais não tem ele, até aqui, absolutamente nenhum predicado; e objeto é aquilo que não é sujeito, e mais não tem ele, até aqui, absolutamente nenhum predicado. Se se estabelecer esta lei, sem perguntar mais por outro fundamento, como fundamento da representação, então não se necessita, em primeiro lugar, de nenhuma causação do não-eu, a qual o realista qualitativo assume, para // fundar a passividade presente no eu – então não se necessita também desta passividade (afecção, determinação), que o realista quantitativo assume, para efeitos da sua explicação. – Admiti que o eu tenha, em geral, de pôr, por força da sua essência; uma proposição que demonstraremos na síntese capital seguinte. Ora, ele só pode pôr, ou o sujeito, ou o objeto, e ambos apenas mediatamente. Ele deve pôr o objeto; – então, ele suprime necessariamente o sujeito, e surge nele uma passividade, ele refere esta passividade necessariamente a um fundamento real no não-eu, e assim surge a representação de uma realidade do não-eu, independente do eu. – Ou ele põe o sujeito, então suprime necessariamente o objeto posto, e surge então, novamente, uma passividade, a qual, porém, é referida a uma atividade do sujeito, e produz a representação de uma realidade do eu independente do não-eu (a representação de uma liberdade do eu, a qual, no nosso presente tipo de raciocínio é, aliás, uma liberdade *meramente representada*). – Está então perfeitamente esclarecido e fundado, a partir do elo intermédio, como, afinal, por força da lei da síntese, deve acontecer a passividade (ideal) do eu e a / atividade independente (ideal) do eu, assim como a do não-eu.

190

Mas, dado que a lei estabelecida é, evidentemente, uma *determinação* (da atividade do eu, *como* tal), então ela tem de ter *um fundamento*, e a Doutrina da Ciência tem de indicar esse fundamento. Se, o que de resto não se deve fazer, não se interpolar um elo intermédio por uma nova síntese, só pode buscar-se o fundamento nos momentos *que limitam mais proximamente essa determinação*, ou no *pôr* do eu, ou na sua *passividade*. O idealista quantitativo, o qual faz daquela lei a lei do pôr em geral, admite como fundamento de determinação a primeira afirmação[38]; o realista quantitativo admite a segunda, que ele deriva da passividade do eu. Segundo o primeiro, aquela lei é subjetiva e ideal, e tem o seu fundamento apenas no eu; para o segundo, é objetiva e real, e não tem o seu fundamento no eu. – Onde o possa ter, ou se tem, em geral, algum fundamento, sobre isso a investigação está interrompida. Com certeza, a afecção do eu, estabelecida como inexplicável, é referida a uma realidade no não-eu que a causa; mas isto acontece apenas em consequência de uma lei presente no eu, esclarecível e esclarecida precisamente através da afecção.

É resultado da síntese que acabamos de estabelecer, que ambos incorrem em erro; que aquela lei não é nem uma lei meramente subjetiva e ideal, nem uma lei meramente objetiva e real, mas que o fundamento da mesma // tem de residir simultaneamente no objeto e no sujeito. Como, porém, reside ela em ambos, sobre isto está a investigação por ora interrompida, nós admitimos a nossa ignorância acerca disso, e este é então o idealismo quantitativo crítico, cujo estabelecimento prome-

339

---

38. "afirmação", adenda do trad.

tíamos acima. Dado que, entretanto, a tarefa acima proposta ainda não está completamente resolvida, e temos ainda várias sínteses à nossa frente, bem poderia, no futuro, vir a dizer-se algo de mais determinado acerca deste tipo de fundamentação.

b) Precisamente como tratamos do conceito da causalidade, tratamos agora do conceito da substancialidade; / unificamos sinteticamente a atividade da forma e da matéria; depois, a forma da mera reciprocidade com a matéria da mesma; e, finalmente, as unidades sintéticas assim surgidas uma com a outra.

α) Em primeiro lugar, a atividade da forma e da matéria (é pressuposto como conhecido, a partir do que ficou dito acima, o sentido em que esta expressão é aqui empregue).

O principal, que propriamente importa neste momento, bem como em tudo o que se segue, é apreender correta e determinadamente o que é *característico* da substancialidade [C: (segundo a oposição com a causalidade)].

A atividade da forma nesta reciprocidade particular é, conforme se viu, um não-pôr através de um pôr absoluto; – o pôr de algo como *não-posto,* pelo pôr de um outro como *posto:* negação através de afirmação. – Logo, o não-posto deve, contudo, ser posto, deve ser posto como não-posto. Ele não deve, por conseguinte, ser *anulado,* como na reciprocidade da causalidade; mas deve ser apenas *excluído* de uma determinada esfera. Ele não é, assim, negado pelo *pôr em geral,* mas apenas por um pôr *determinado.* Por meio deste pôr, que nesta sua função é determinado e, portanto, como atividade objetiva, também determinante, o *posto* (como posto) deve ser igualmente determinado; ou seja, ele deve ser posto numa determinada esfera, como esgotando a mesma. E pode ver-se, então, como, por meio de um tal pôr, pode um outro ser posto, como *não* posto; é só *nesta esfera* que ele não é posto, e precisamente por isso não é posto nela, ou é excluído dela, porque o que é posto nela deve *esgotar* a mesma. – Ora, por esta ação, o excluído não é ainda, de todo, posto numa esfera determinada; a sua esfera não recebe, por isso, simplesmente nenhum outro // predicado, a não ser um predicado negativo; ele *não é esta* esfera. Que esfera possa ele constituir, ou, em geral, se constitui uma esfera determinada, permanece, apenas por este meio, totalmente / indecidido. – Logo, *o caráter determinado da atividade formal na determinação recíproca pela substancialidade é um excluir de uma esfera determinada, esgotada e, nessa medida, possuidora de totalidade* (do que nela está contido).

A dificuldade aí é evidentemente que o excluído, = **B**, deve ser, em verdade, posto, e só *não* ser posto na esfera de **A**; mas a esfera de **A** deve ser posta como totalidade absoluta, do que se seguiria que **B** não poderia, em geral, ser posto. Portanto, a esfera de **A** tem de ser posta simultaneamente como totalidade e como não-totalidade; ela é posta como totalidade em relação a **A**; ela é posta como não-totalidade em relação ao **B** excluído. Mas agora, a esfera de **B** não é, ela própria, determinada; é determinada apenas negativamente, como a esfera não-**A**. Portanto, se se atender a tudo isto, **A** seria posto como parte determinada e, nessa medida, totalmente completa, de um todo indeterminado e, nessa medida, não completo. O pôr de uma tal *esfera superior, incluindo em si as duas, a indeterminada e a determinada,* seria aquela atividade, pela qual a atividade formal há pouco estabelecida seria tornada possível; seria, portanto, a atividade *da matéria* que buscávamos.

(Seja dado um determinado pedaço de ferro = **C**, em movimento. Pondes o ferro simplesmente como ele é posto, pelo seu mero conceito (em virtude do princípio **A** = **A** §.1), = **A**, como totalidade absoluta, e não encontrais na sua esfera o movimento, = **B**; excluis, por conseguinte, pelo pôr de **A**, **B** para fora da sua esfera. E, no entanto, não suprimis o movimento do pedaço de ferro = **C**, não quereis de todo negar a sua possibilidade; logo, vós a pondes fora da esfera de **A**, numa esfera indeterminada, porque não sabeis de todo, sob que condição, e por que razão, o pedaço de ferro = **C** possa mover-se. A esfera **A** é a totalidade do ferro e, no

/ entanto, também não o é, pois que o movimento de **C**, que é, afinal, ferro, não está compreendido nela. Tendes, por conseguinte, de traçar, em redor das duas esferas, uma esfera superior, que abranja em si os dois, o ferro em movimento e imóvel. Na medida em que o ferro preenche esta esfera superior, ele é substância (e não na medida em que ele preenche a esfera **A** como tal, como costuma erroneamente pensar-se; a este // respeito, ele é coisa em si [C: coisa para si, determinada pelo seu mero conceito, segundo o princípio **A** = **A**)]. Movimento e não-movimento são os seus acidentes. Que o não-movimento lhe cabe num outro sentido do que o movimento, e em que isso se funda, veremos seu tempo.)

A atividade da forma determinar a da matéria, significaria: apenas na medida em que algo é excluído da totalidade absoluta, e é posto como não contido nela, pode ser posta uma esfera mais abrangente, porém indeterminada; só sob a condição do efetivo excluir é possível uma esfera superior; não há esfera mais abrangente sem um excluir; ou seja, não há não-eu, sem acidente no eu. O sentido desta proposição é imediatamente claro, e acrescentaremos apenas algumas palavras sobre o seu emprego. – O eu é originariamente posto, como *pondo-se a si;* e o *pôr-se* esgota, nesta medida, a esfera da sua realidade absoluta. Se ele põe um objeto, então este pôr objetivo é para excluir daquela esfera, e para pôr na esfera oposta, do *não se pôr*. Pôr um objeto e não se pôr, têm o mesmo significado. É desta ação que parte o presente raciocínio. Ele afirma: o eu põe um objeto, ou exclui algo de si, simplesmente porque o exclui, e por nenhum outro fundamento superior; ora, é só por este excluir que é possível a esfera superior do *pôr em geral* (abstraído se é posto o eu ou um não-eu). – É claro que este tipo de raciocínio é idealista, e coincide com o idealismo quantitativo acima estabelecido, segundo / o qual o eu põe um não-eu simplesmente porque o põe. Num tal sistema, por conseguinte, o conceito da substancialidade teria de ser esclarecido precisamente como foi agora esclarecido. – É, além disso, aqui claro em geral que o *pôr-se a si* ocorre numa dupla relação de quantidade; uma vez, como totalidade absoluta; outra vez, como parte determinada de uma grandeza indeterminada. Esta proposição poderá ter consequências maximamente importantes para o futuro. – Além disso, é claro que pela substância não é designado o *que dura,* mas sim o *que abrange tudo.* A nota característica do durar pertence à substância apenas num significado muito derivado.

A atividade da matéria determinar e condicionar a da forma – significaria: a esfera mais englobante, como uma mais englobante (portanto, com as $//$ esferas a ela subordinadas, do eu e do não-eu), é posta, simplesmente; e só assim se torna possível o excluir, como ação efetiva do eu (sob uma condição ainda a intervir). – É claro que este tipo de raciocínio conduz a um realismo e, na verdade, a um realismo qualitativo. Eu e não-eu são postos como opostos: o eu é, em geral, *ponente;* que ele *se ponha a si* sob uma determinada condição, a saber, a de que *não ponha* o não-eu, é contingente, e determinado pelo fundamento do pôr em geral, o qual não reside no eu. – O eu é, neste tipo de raciocínio, um ser representante, que tem de se reger segundo a constituição das coisas em si. Todavia, nenhum dos dois tipos de raciocínio deve ser válido, mas ambos devem ser modificados mutuamente um pelo outro. Porque o eu deve excluir algo de si, uma esfera superior deve existir e ser posta, e porque uma esfera superior é, e é posta, o eu tem de excluir algo de si. Sucintamente: há um não-eu porque o eu opõe-se algo a si; e o eu opõe-se algo a si, porque / há e é posto um não-eu. Nenhuma funda a outra, mas ambas são uma e precisamente a mesma ação do eu, que somente na reflexão podem ser diferenciadas. – É imediatamente claro que este resultado é idêntico à proposição acima estabelecida: o fundamento ideal e real são um e precisamente o mesmo; e a partir dela se deixa explicar, por conseguinte, que pelo resultado alcançado, precisamente como pela proposição referida, é estabelecido o idealismo crítico.

β) A forma da reciprocidade na substancialidade e a matéria da mesma devem determinar-se mutuamente.

A *forma da reciprocidade* consiste no excluir e ser excluído mútuos dos elos recíprocos um pelo outro. Seja **A** posto como totalidade absoluta, então **B** é excluído da sua esfera, e posto na esfera **B**, indeterminada, porém determinável. – Inversamente, assim como **B** é posto (e se reflete sobre **B** como posto), **A** é excluído da totalidade absoluta; a saber, a esfera **A** já não é mais totalidade absoluta [C: a saber, não mais subsumida sob o conceito da mesma, a esfera **A** não é mais totalidade absoluta]; mas ela é, simultaneamente com **B**, parte de uma esfera indeterminada, mas determinável. – Note-se bem que este último ponto deve ser corretamente apreendido, pois dele depende tudo o resto. – Logo, a forma da reciprocidade é o excluir mútuo dos elos recíprocos da totalidade absoluta.

343 // (Ponha-se o ferro em geral e em si; tendes, então, um conceito completo, determinado, que preenche a sua esfera. Ponha-se o ferro em movimento; tendes então uma nota característica que não reside naquele conceito e, por conseguinte, que é excluída dele. Mas, visto que ainda assim atribuis esse movimento ao ferro, então o conceito de ferro anteriormente estabelecido não mais está [C: vale como] determinado, mas é [C: vale como] meramente determinável; falta-lhe uma determinação, que a seu tempo vos será determinada como a atratibilidade pelo ímã.)

No que diz respeito à *matéria da reciprocidade*, é imediatamente claro que, na forma da mesma, conforme foi ainda agora / exposto, permanece indeterminado qual seja propriamente a totalidade: se **B** deve ser excluído, então a esfera de **A** preenche a totalidade; se, pelo contrário, **B** é posto, então ambas as esferas, a de **B** e a de **A**, preenchem a totalidade, com certeza indeterminada, mas determinável. (Que também esta última esfera, de **A** e **B**, ainda esteja por determinar, disso faz-se aqui inteiramente abstração.) Esta indeterminidade não pode permanecer. A totalidade, em ambos os aspectos, é totalidade. Ora, se cada uma não

196

tem ainda, além desta, uma outra nota pela qual se diferenciam uma da outra, então, toda a reciprocidade postulada é impossível; porque aí, a totalidade é uma só, e só há um elo recíproco; e, portanto, não há nenhuma reciprocidade em geral. (De modo mais apreensível, embora menos concludente! – Pensai-vos como espectador deste excluir recíproco. Se não podeis diferenciar a totalidade dupla, dentro da qual oscila a reciprocidade, então não há, para vós, nenhuma reciprocidade. Na medida em que elas não são nada, senão totalidade, não as podeis então diferenciar, se não reside, fora de ambas, algum **X** segundo o qual vos orientais.) É, portanto, pressuposta, para efeitos da possibilidade da síntese postulada, a *determinabilidade*[39] da totalidade como tal; é pressuposto que as duas totalidades se podem diferenciar em algo; e esta determinabilidade *constitui a matéria da reciprocidade*, aquela onde se desenrola a reciprocidade, e unicamente e exclusivamente pela qual ela é fixada.

(Se, digamos, assim como ele é dado pela experiência comum, sem conhecimento erudito da doutrina da natureza, pondes o ferro em si, ou seja, isolado, e fora de toda a ligação assinalável com algo fora dele, entre outros aspectos também como imóvel, no mesmo lugar, então // o movimento não pertence ao seu conceito e, se ele vos é dado, na aparência[40], como movendo-se, tendes inteira razão se relacionais este movimento a algo fora dele. / Mas, se atribuis então, ainda assim, o movimento ao ferro, no que tendes igualmente razão, então aquele conceito não mais está completo, e tendes, a este respeito, de o determinar mais além e, e.g., pôr a atratibilidade pelo ímã no seu domínio. – Isto constitui uma diferença. Se partis do primeiro conceito, então a permanência no lugar é essencial ao ferro, e só o movimento lhe é acidental; mas se partis do segundo conceito, então a permanência é tão acidental quanto o movimento; pois o primeiro está sujeito à condição da ausência de um

344

197

---

39. O caráter determinável. *Bestimmbarkeit.*
40. *in der Erscheinung.*

ímã, exatamente como o segundo, à condição da sua presença. Estais, assim, desorientados, se não podeis indicar uma razão pela qual tendes de partir do primeiro, e não do segundo, ou inversamente; i.e., se, em geral não é possível determinar, de alguma maneira, sobre qual totalidade se tem de refletir; se sobre a totalidade simplesmente posta e determinada, se sobre a totalidade determinável formada por aquela e pelo excluído, ou sobre ambas.)

A forma da reciprocidade determinar a sua matéria, significaria: o excluir mútuo é o que determina a totalidade, no sentido há pouco estabelecido, i.e., o que indica qual das duas totalidades possíveis é a totalidade absoluta, e de qual delas se tem de partir. Aquele que exclui o outro da totalidade, na medida em que o exclui, é a totalidade, e inversamente; e além deste não há absolutamente nenhum outro fundamento de determinação para ela. – Se **B** for excluído pelo **A** simplesmente posto, então **A** é, *nessa medida*, totalidade; se se refletir sobre **B** e, por conseguinte, **A** não for considerado como totalidade, então, *nesta medida*, **A**+**B** que, em si, é indeterminado, é a totalidade determinável. A totalidade é, ou o determinado, ou o determinável; depende de como se tomar a totalidade. – Na verdade, nada de novo parece ter sido acrescentado por este resultado, mas exatamente apenas aquilo que / também já sabíamos de antemão, antes da síntese; mas antes tínhamos ainda a esperança de encontrar algum fundamento de determinação. Pelo presente resultado, porém, esta esperança foi totalmente eliminada; // o seu significado é negativo, e ele diz-nos: absolutamente nenhum fundamento de determinação é, em geral, possível, senão por relação. (No exemplo precedente pode partir-se do conceito do ferro simplesmente posto e, então, a permanência no lugar é essencial ao ferro; ou é possível também partir do seu conceito determinável, e então ela é um acidente. Ambos têm razão, conforme se tome a questão[41], e sobre isso não se deixa dar

---

41. "a questão", adenda do trad.

absolutamente nenhuma regra determinante. A diferença é simplesmente relativa.)

A matéria da reciprocidade determinar a sua forma, significaria: a determinabilidade da totalidade, no sentido esclarecido, *a qual é, por conseguinte, posta,* dado que ela deve determinar alguma outra coisa (ou seja, a determinação é efetivamente possível, e há algum **X** segundo o qual ela acontece, **X**, porém, com cuja busca não temos aqui que nos preocupar), determina o excluir recíproco. Um dos dois, ou o determinado, ou o determinável, é a totalidade absoluta e, logo, o outro não o é; e há então, também, um excluído absoluto, aquele que é excluído pela totalidade. Seja, e.g., o determinado a totalidade absoluta, então o que é assim excluído é o absolutamente excluído. – Logo – este é o resultado da presente síntese – há um fundamento absoluto da totalidade, e ela não é simplesmente relativa.

(No exemplo acima – não é indiferente se se parte do conceito determinado do ferro, ou do seu conceito determinável; e se se deve tomar a permanência no lugar como essencial a ele, ou como algo acidental. Ponha-se que, por alguma razão, / se tivesse de partir do conceito determinado do ferro, então apenas o movimento é um acidente absoluto, e não a permanência.)

Nenhum dos dois deve determinar o outro, mas ambos devem determinar-se mutuamente, significa: – para ir à coisa sem longos rodeios – os fundamentos absoluto e relativo da determinação da totalidade devem ser um e precisamente o mesmo; a relação deve ser absoluta, e o absoluto não deve ser nada mais, senão uma relação.

Tentaremos tornar mais claro este resultado maximamente importante. Pela determinação da totalidade, é simultaneamente determinado o que é para excluir, e inversamente: também esta é uma relação, mas sobre esta não se levanta nenhuma // questão. A questão é a de saber qual das duas maneiras possíveis de determinação se deve admitir e estipular. A isto responder-se-ia, no primeiro elo: nenhuma das duas; não há, aqui, absolutamente nenhuma regra determinada senão a de que se se tomar uma delas, então, nessa medida, não se pode tomar a outra, e inversamente; mas *qual* das duas se deva tomar, sobre isso nada se deixa estipular. No segundo elo, responder-se-ia: deve-se tomar uma das duas, e tem de haver uma regra sobre isso. Mas qual seja essa regra teria naturalmente de permanecer indecidido, porque o fundamento de determinação do que é para excluir deveria ser a *determinabilidade*, e não a *determinação*.

As duas proposições são unificadas pela proposição presente; consequentemente, é por ela afirmado: há afinal uma regra, mas não uma regra tal que estabeleça uma das duas maneiras de determinação, mas ambas, *como para se determinarem mutuamente uma pela outra*. – Nenhuma das totalidades até aqui consideradas, como tal, constitui, isoladamente, a totalidade buscada, mas somente as duas, mutuamente determinadas, constituem essa totalidade. Logo – fala-se *de uma relação entre as duas maneiras de determinação*, a determinação por relação, e a determinação absoluta; e é somente por esta relação que é estabelecida a / totalidade buscada. Não é **A** que deve ser a totalidade absoluta, e também não **A+B**, mas **A** deve ser determinado por **A+B**. O determinável deve ser determinado pelo determinado, e o determinado deve ser determinado pelo determinável; e a unidade que surge daqui é a totalidade que buscamos. – É claro que este deve ser o resultado da nossa síntese; mas é um tanto difícil compreender o que possa assim ter sido dito.

O determinado e o determinável devem determinar-se mutuamente significa, claramente: a determinação do que é para determinar consiste precisamente em que ele é um determinável. Ele é *um determinável,* e nada mais; nisto consiste a sua essência completa. – Ora, esta determinabilidade é a totalidade buscada, ou seja, a determinabilidade é um quantum determinado, ela tem os seus limites, para além dos quais não tem lugar nenhuma determinação; e dentro desses limites reside toda a determinabilidade possível.

Aplicaremos em seguida este resultado ao caso precedente, e tudo se tornará imediatamente claro. – O eu põe-*se*. – Nisto consiste a sua realidade simplesmente posta; a esfera desta realidade está esgotada e // contém, por isso, a totalidade absoluta (a realidade do eu simplesmente posta). O eu põe *um objeto*. Necessariamente, este pôr objetivo tem de ser excluído da esfera do pôr-se-a-si do eu. E, no entanto, este pôr objetivo deve ser atribuído ao eu; e assim obtemos então a esfera **A**+**B** como a totalidade (até aqui ilimitada) das ações do eu. – Segundo a presente síntese, as duas esferas devem determinar-se mutuamente: **A** dá o que tem, o limite absoluto; **A**+**B** dá o que tem, o conteúdo. E agora, ou o eu está a pôr um objeto, e logo, não o sujeito, ou o sujeito, e logo, não um objeto, – na medida em que ele *se põe*, como pondo segundo esta regra. E então, as duas esferas coincidem, e / somente unificadas preenchem elas uma única esfera *limitada*, e nessa medida, a determinação do eu consiste na determinabilidade pelo sujeito e pelo objeto.

A determinabilidade determinada é a totalidade que buscávamos, e uma tal totalidade denomina-se uma *substância*. – Nenhuma substância é, como tal, possível, se não se saiu primeiramente para fora do que é simplesmente posto, aqui, do eu, que *somente se* põe, i.e., se algo não é excluído dele, aqui, um não-eu posto, ou um objeto. – Mas a substância que, como tal, não deve ser nada mais do que determinabilidade, muito embora uma determinabilidade determinada, fixa e estipulada, permanece indeterminada, e não é uma substância (não é abrangente de *tudo*) se ela não for novamente determinada pelo simplesmente posto, aqui, pelo *pôr-se-a-si*. O eu *põe-se* como *pondo-se*, por excluir o não-eu, ou como pondo o não-eu, por excluir-se a si. – *Pôr-se* ocorre aqui duas vezes; mas em dois aspectos muito diversos. Pelo primeiro é designado um pôr *incondicionado*, pelo último, um pôr *condicionado* e determinável pelo excluir do não-eu.

(Seja a determinação do ferro em si a *permanência do lugar*, então a mudança de lugar é, por isso, excluída; e o ferro *não é*, nessa medida, *substância,* pois ele *não é determinável.* Mas, em seguida, a mudança de lugar deve ser atribuída ao ferro. Isto não é possível no sentido em que a permanência no lugar fosse por essa via totalmente suprimida, porque então o próprio ferro, assim como ele é posto, seria suprimido e, portanto, a mudança de lugar não seria atribuída ao ferro, o que contradiz a hipótese. Logo, a permanência só pode ser suprimida em parte, e a mudança de lugar // *é* determinada e limitada pela permanência, i.e., a mudança de lugar só tem lugar na esfera de uma condição determinada (assim como, porventura, a presença dum ímã), e não ocorre fora desta esfera. Fora dessa esfera ocorre novamente a permanência. – Quem não vê que a permanência ocorre aqui em dois sentidos muito diversos, uma vez, como incondicionada, outra, como condicionada pela ausência de um ímã?)

Para prosseguir na aplicação do princípio acima estabelecido – assim como **A+B** é determinado por **A**, **B** é também determinado, porque pertence ao domínio do determinável, doravante determinado; e **A** é agora, também, como foi mostrado, um determinável.

Ora, na medida em que o próprio **B** é determinado, também **A+B** pode ser determinado por ele, e dado que tem lugar uma relação absoluta – só ela deve preencher a totalidade buscada, – então **A+B** *tem* de ser determinado assim. *Portanto,* se **A+B** é posto e, nessa medida, **A** é posto na esfera do determinável, *A+B é por sua vez determinado por B.*

Esta proposição tornar-se-á imediatamente clara se nós a aplicarmos ao caso presente. – O eu deve excluir algo de si: esta é a ação considerada na investigação até aqui como o primeiro momento da totalidade da reciprocidade. Eu prossigo – e dado que aqui estou no domínio do fundamento, tenho o direito de prosseguir assim – se o eu deve excluir esse algo de si, então o mesmo tem de ser posto nele, antes do excluir, i.e., *independentemente* do excluir e, logo, dado que não podemos introduzir nenhum fundamento superior, ele é posto, simplesmente. Se partirmos deste ponto, então *o excluir do eu é* algo que não é posto no eu que é simplesmente posto, na medida em que este é simplesmente posto, e tem de ser excluído para fora da sua esfera, ele não lhe é essencial. (Ainda que, de uma maneira para nós completamente incompreensível, o objeto seja posto igualmente no eu (para o possível excluir), e deva, aliás, nessa medida, ser um objeto, é para ele *contingente* que ele seja *excluído* e – / como resultará além disso, em consequência deste excluir – *representado*. Sem este excluir, ele estaria presente, em si – não fora do eu, mas no eu. O objeto em geral (aqui **B**) é o determinado: o ser-excluído pelo sujeito (aqui **B+A**) // é o determinável. O objeto pode ser determinado, ou também não, e permanece, no sentido acima referido, sempre objeto. – Aqui, o ser-posto do objeto ocorre duas vezes; mas quem não vê em que sentidos diversos: uma vez como *incondicionado,* e simplesmente; outra vez como *sujeito à condição de um ser-excluído pelo eu?*

O movimento deve ser excluído do ferro posto como imóvel. O movimento não estava posto no ferro, segundo o seu conceito, e deve agora ser excluído do ferro; ele tem, por conseguinte, de ser posto independentemente deste excluir e, na verdade, com respeito ao não-ser-posto pelo ferro, ele tem de ser simplesmente posto. [Isto quer dizer – de modo mais apreensível, embora menos concludente – se se deve opor o movimento ao ferro, então o movimento tem de ser já conhecido. Mas ele não deve ser conhecido através do ferro. Portanto, ele é conhecido de outro modo; e, dado que não tomamos aqui em consideração nada, absolutamente, além do ferro e do movimento – ele é conhecido, simplesmente.] Se partirmos deste conceito do movimento, então é para ele contingente que ele caiba, entre outros, também ao ferro. Ele é o essencial, e o ferro é, para ele, o contingente. O movimento é posto simplesmente. O ferro, como imóvel, é excluído da sua esfera. Agora, a imobilidade é suprimida, e é atribuído movimento ao ferro. – Aqui, o conceito do movimento ocorre por duas vezes; uma vez, incondicionalmente; outra vez, condicionado pela supressão da imobilidade no ferro.)

Logo – e esta era a proposição sintética acima estabelecida – a totalidade consiste meramente na / relação completa e nada há de seguro em si, que a determine. A totalidade consiste na completude de uma *correlação*, e não numa *realidade*.

(Os elos da correlação, considerados isoladamente, são os *acidentes*, a sua totalidade é *substância*, como já foi dito acima. – Seja aqui explicitamente apresentado, somente para aqueles que não sejam capazes de tirar por si próprios uma conclusão tão fácil, que pela substância não se deve, absolutamente, pensar nada de fixo, mas sim uma mera reciprocidade. – Se uma substância deve ser *pensada de modo determinado* – o que foi debatido à saciedade – ou se algo *determinado* deve ser *pensado como substância*, então a reciprocidade tem, com certeza, // de partir *de algum elo*, o qual é fixado *na medida* em que a reciprocidade deve ser determinada. Mas ele não é fixado *absolutamente;* pois eu posso, exatamente do mesmo modo, partir do elo que lhe é oposto; e então, é precisamente aquele elo, que antes era essencial, firme, fixado, que é contingente, conforme se pode explicar a partir dos exemplos acima. Os acidentes, sinteticamente unificados, dão a substância; e nada mais, absolutamente, está contido na mesma, além dos acidentes: a substância, analisada, dá os acidentes, e nada resta, absolutamente, após uma análise completa da substância, senão acidentes. Não se deve pensar num substrato durável, porventura num suporte dos acidentes; cada acidente [C: qualquer acidente que agora escolhas,] é, de cada vez, o seu próprio suporte, e o do seu oposto, sem que necessite para isso ainda de um suporte em particular. – O eu ponente, pela mais admirável das suas faculdades, que a seu tempo determinaremos mais proximamente, mantém o acidente evanescente até que tenha comparado com ele aquele pelo qual ele é removido. – Esta faculdade, quase sempre malconhecida, é a que compõe uma unidade entre opostos permanentes – que intervém entre momentos que teriam de se suprimir mutuamente, e / assim conserva-os a ambos – é aquela que unicamente torna possível a vida e a consciência e, em particular, a consciência como uma série temporal contínua; e que faz isto tudo apenas por conduzir em si, e dentro de si, acidentes que não têm nenhum suporte *comum*, nem o *poderiam* ter, porque se anulariam mutuamente.)

γ) A atividade, como unidade sintética, e a reciprocidade, como unidade sintética, devem determinar-se mutuamente e constituir, também elas, uma unidade sintética.

A atividade, como unidade sintética, é descrita do modo mais breve *como um reunir e manter de opostos*, um subjetivo e um objetivo, *no conceito da determinabilidade*, no qual, entretanto, são também opostos. (Para explicação e estabelecimento de um ponto de vista superiormente abrangente, compare-se a síntese aqui indicada com a unificação, acima realizada, (§.3) do eu e do não-eu em geral pela quantidade. Assim como lá, em primeiro lugar, o eu, segundo a *qualidade*, era simplesmente posto como realidade absoluta, // assim também aqui *algo*, ou seja, algo determinado pela *quantidade, é* posto simplesmente no eu, ou o eu é posto simplesmente como *quantidade determinada;* algo de *subjetivo é posto como algo simplesmente subjetivo; e este proceder é uma* tese e, com efeito, uma tese quantitativa, para diferenciar da tese qualitativa acima referida. Mas, todos os modos da ação do eu têm de partir de um proceder tético. [Na parte teorética da Doutrina da Ciência, a saber, e dentro da limitação que aqui nos atribuímos pelo nosso princípio fundamental, ele é uma tese, porque, por causa dessa limitação, não podemos proceder mais adiante; embora se possa vir a mostrar, se alguma vez rompermos estes limites, que ele é, igualmente, uma síntese que reconduz à tese suprema.] / Assim como acima, ao eu era oposto um não-eu, como *qualidade* oposta, assim também aqui, ao subjetivo é oposto um objetivo, pela simples exclusão deste da esfera do subjetivo, logo, apenas através e por intermédio da *quantidade* (da limitação, da determinação), e este proceder é uma antítese quantitativa, assim como o outro era uma antítese qualitativa. Mas, entretanto, nem o subjetivo deve ser anulado pelo objetivo, nem o objetivo pelo subjetivo, tampouco quanto acima o eu em geral devia ser suprimido pelo não-eu, ou inversamente; mas ambos devem subsistir lado a lado. Eles têm, por conseguinte, de ser sinteticamente unificados, e são-no pelo terceiro no qual ambos são iguais, a determinabilidade. Ambos – não o sujeito e o objeto em si – mas o subjetivo e o objetivo postos pela tese e pela antítese, são mutuamente determináveis um pelo outro, e apenas na medida em que o são, podem ser reunidos, e fixados e mantidos pela faculdade do eu que, na síntese, é ativa (a imaginação). – Mas exatamente como acima, a antítese não é possível sem tese, porque só ao que é posto pode ser oposto; mas também, mesmo a tese aqui exigida não é possível, segundo a sua matéria, sem a matéria da antítese; pois antes que algo possa ser simplesmente determinado, i.e., que o conceito da quantidade possa ser aplicado sobre isso, ele tem de estar presente segundo a qualidade. Algo tem, portanto, de existir, no qual o eu ativo traça um limite para o subjetivo, e cede o resto // ao objetivo. – Segundo a forma, porém, exatamente como acima, a antítese não é possível sem a síntese; porquanto doutro modo, o que é posto seria suprimido pela antítese e, portanto, a antítese não seria antítese, mas também ela uma tese; logo, todas as três ações são apenas uma e precisamente a mesma ação; e somente / na reflexão sobre ela podem ser diferenciados os três momentos isolados desta única ação.)

No que diz respeito à mera reciprocidade – se a sua forma, o excluir mútuo dos elos recíprocos, e a sua matéria, a esfera abrangente que contém em si os dois elos como excluindo-se, são sinteticamente unificadas, o próprio excluir recíproco é a esfera abrangente, e a esfera abrangente é o próprio excluir recíproco, i.e., a reciprocidade consiste na mera relação; nada existe, além disso, senão o excluir mútuo, a justamente denominada determinabilidade. – É fácil de ver que este tem de ser o elo intermédio sintético; mas é um tanto mais difícil imaginar-se, numa mera determinabilidade, uma mera relação, sem algo que está em relação (algo que aqui, e em toda a parte teorética da Doutrina da Ciência, é para fazer abstração), mas que não seja absolutamente o nada. Conduziremos a imaginação tão bem quanto formos capazes. – **A** e **B** (já é conhecido que propriamente, **A+B** determinado por **A**, e o mesmo **A+B** determinado por **B** são assim designados, mas, para o nosso fim, podemos abstrair disso, e denominá-los diretamente **A** e **B**). **A** e **B** são, então, opostos, e se um é posto, o outro não pode ser posto: e, contudo, devem estar juntos, mas não porventura apenas em parte, como até aqui era exigido, mas por inteiro, e *como* opostos, sem mutuamente se suprimirem; e a tarefa é pensar isto. Mas eles não podem, de maneira absolutamente nenhuma, e sob nenhum predicado, ser pensados conjuntamente, senão apenas *na medida em que mutuamente se suprimem*. **A** não é para pensar, e **B** não é para pensar; mas é para pensar o coincidir[42], – o interferir de ambos, e só este constitui o seu ponto de unificação.

(Ponha-se no ponto físico X, no momento do tempo / **A**, luz, e treva no momento **B** imediatamente seguinte àquele: então, luz e treva são separadas rigorosamente uma da outra, como deve ser. Mas os momentos **A** e **B** limitam-se imediatamente, e entre eles // não há nenhuma lacuna. Imaginai o limite rigoroso entre os dois momentos = **Z**. Que é **Z**? Não é luz, pois esta está no momento **A**, e **Z** não é = **A**; e precisamente, tampouco treva, pois esta está no momento **B**. Não é, portanto, nenhuma das duas. – Mas, precisamente, tampouco posso dizer: ambas estão nele, pois se entre **A** e **B** não há nenhuma lacuna, então também entre luz e treva não há nenhuma lacuna e, portanto, ambas tocam-se em **Z** imediatamente. – Poderia dizer-se, segundo o tipo de raciocínio anterior, que eu estendo **Z**, que apenas deve ser limite, pela própria imaginação, até um dos momentos; e assim acontece, de resto. [Os momentos **A** e **B** não surgiram, eles próprios, de nenhum outra maneira, senão através de uma tal extensão por meio da imaginação.] Eu

---

42. *Zusammentreffen.*

posso, por conseguinte, estender **Z** pela mera imaginação; e *tenho* de o fazer, se quero pensar a delimitação imediata dos momentos **A** e **B** – e é aqui realizada em nós uma experiência com a admirável faculdade da imaginação produtiva, faculdade que será em breve esclarecida, e sem a qual absolutamente nada se deixa esclarecer no espírito humano – e sobre a qual poderia muito bem fundar-se todo o mecanismo do espírito humano.)

a) A atividade ainda agora esclarecida determinar a reciprocidade que esclarecemos antes, significaria: o coincidir dos elos recíprocos, como tal, está sujeito à condição de uma atividade absoluta do eu, por meio da qual o eu opõe um objetivo e um subjetivo, e unifica os dois. – Os elos recíprocos somente existem no eu, e apenas por força daquela ação do eu; e eles coincidem apenas no eu, e / por força daquela ação do eu.

É claro que a proposição estabelecida é idealista. Seja a atividade aqui estabelecida tomada como aquela que esgota a essência do eu, na medida em que este é uma inteligência, conforme ela tem, aliás, apenas com algumas restrições, de ser tomada, então o representar consiste em que o eu põe um subjetivo e a este subjetivo opõe um outro, como um objetivo etc., e vemos então o começo para uma série de representações na consciência empírica. Acima, foi estabelecida uma lei da // mediatividade do pôr e, segundo esta, conforme aliás aqui permanece válido, nenhum objetivo podia ser posto sem que um subjetivo fosse suprimido, e nenhum subjetivo podia ser posto, sem que fosse suprimido um objetivo; e a partir daqui se teria deixado esclarecer então a reciprocidade das representações. Aqui, acresce a determinação de que as duas devem ser sinteticamente unificadas, que as duas devem ser postas por um e precisamente o mesmo ato do eu; e a partir daqui se deixaria esclarecer então a unidade daquilo onde tem lugar a reciprocidade, o ser-oposto dos recíprocos, o que não era possível pela lei da mera mediatividade. E ter-se-ia assim, então, uma inteligência, com todas as suas determinações possíveis, pura e simplesmente através da espontaneidade absoluta. O eu seria constituído assim como põe, como ele se põe, e porque se põe como assim constituído. – Mas, tão longe quanto se queira remontar na série, terá por fim de chegar-se a algo já presente no eu, no qual algo é determinado como subjetivo, e um outro oposto ao mesmo, como objetivo. O ser-presente disso que deve ser subjetivo, deixar-se-ia, é certo, esclarecer a partir do pôr do eu, simplesmente por si próprio; mas não o ser-presente disso que deve ser objetivo, pois este não é de todo posto pelo pôr do eu. – A proposição estabelecida não esclarece completamente, por conseguinte, o que deve ser esclarecido.

/ b) A reciprocidade determinar a atividade, significaria: na 210
verdade, não é pelo ser-presente[43] real dos opostos, mas antes pelo seu mero coincidir, ou tocar-se na consciência, como foi há pouco esclarecido, que se torna possível o opor e reunir pela atividade do eu: esse coincidir é a condição desta atividade. Há apenas que compreender isto corretamente.

Fizemos notar há pouco, contra o modo de explicação idealista estabelecido, que se algo, no eu, deve ser determinado como subjetivo, e um outro como objetivo, e, por essa determinação, excluído da esfera do subjetivo, então tem de ser esclarecido como é que o objetivo, a ser excluído, pode estar presente no eu, e isto não se deixa esclarecer segundo aquele tipo de raciocínio. A esta objeção, a proposição presente responde o seguinte: o objetivo a excluir não precisa, de todo, de estar presente; pode // estar presente 355
apenas, por assim dizer, um obstáculo[44] para o eu, ou seja, o subjetivo, por alguma razão que reside unicamente fora da atividade do eu, tem de não poder estender-se mais além. Uma tal impossibilidade de extensão mais além constituiria, então, a mera reciprocidade descrita, ou o mero interferir; esta não limitaria o eu como ativo, mas dar-lhe-ia a tarefa

---

43. *Vorhandenseyn*.
44. *Anstoß*. O termo tem também o significado corrente de "choque", que seria aqui igualmente admissível, e que se pode subentender em todas as suas ocorrências no texto.

de se limitar a si próprio. Toda a limitação, contudo, acontece por oposição; portanto, o eu, precisamente para satisfazer essa tarefa, teria de opor algo objetivo ao subjetivo que deve ser limitado, e assim os unificar sinteticamente, como se acabou de mostrar; e assim poderia derivar-se a representação inteira. Este modo de explicação, como salta imediatamente à vista, é realista; só que lhe subjaz um realismo muito mais abstrato do que todos os anteriormente estabelecidos; a saber, nele não é admitido um não-eu presente fora do eu, e nem sequer uma determinação presente no eu, mas meramente a tarefa para uma determinação a / empreender por ele em si próprio, ou seja, é admitida *a mera determinabilidade* do eu.

Poderia, por um momento, acreditar-se que esta tarefa da determinação seja já, ela própria, uma determinação, e que o presente raciocínio em nada seja diferente do realismo quantitativo acima estabelecido, que assumia o ser-presente de uma determinação. Mas a diferença é muito fácil de expor. Lá, a determinação era dada; aqui, ela deve ser realizada unicamente pela espontaneidade do eu ativo. (Se me é permitido lançar um olhar para diante, então pode indicar-se a diferença de maneira ainda mais determinada. A saber, na parte prática mostrar-se-á que a determinabilidade da qual aqui se fala é um sentimento. Ora, um sentimento é certamente uma determinação do eu, mas não do eu como inteligência, i.e., daquele eu que se põe como determinado pelo não-eu, e é só deste que se fala aqui. Portanto, aquela tarefa de determinação não é a própria determinação.)

O presente raciocínio sofre do defeito de todo o realismo, ou seja, ele considera o eu apenas como um não-eu e, por isso, não esclarece a passagem, que deve ser esclarecida, do não-eu para o eu. Se admitirmos o que nos é pedido, então é posta, certamente, a determinabilidade do eu, ou a tarefa que deve determinar o eu, mas // sem qualquer contributo do eu; e bem poderia então, a partir daí, esclarecer-se como o eu poderia ser determinável por e para algo fora do eu, mas não, como ele poderia ser determinado pelo eu e para o eu [C: (como pode aquela tarefa de determinação alguma vez aceder à sua ciência, de modo tal que ele agora se determine a si próprio segundo isso, com saber)], embora isto seja requerido. O eu, por virtude da sua essência, só é determinável na medida em que ele se põe como determinável, e somente nessa medida pode ele determinar-se; mas como isto seja possível, não fica esclarecido pelo tipo de raciocínio estabelecido.

/ c) Os dois tipos de raciocínio devem ser unificados sinteticamente; a atividade e a reciprocidade devem determinar-se mutuamente.

Não se poderia assumir que a reciprocidade, ou um mero obstáculo presente ao eu sem qualquer contributo do eu ponente, fornecesse a tarefa de limitar-se, porque o que é para esclarecer não residiria no fundamento do esclarecimento; teria, por conseguinte, de ser admitido que aquele obstáculo não estaria presente sem qualquer contributo do eu, mas que aconteceria precisamente na atividade do mesmo, no seu pôr de si próprio; que, por assim dizer, a sua atividade que se esforça mais além[45] seria repelida de volta (refletida), do que resultaria então, muito naturalmente, a autolimitação e, desta, tudo o restante que era exigido.

Assim, seriam então a reciprocidade e a atividade efetivamente determinadas uma pela outra e sinteticamente unificadas, conforme era exigido pelo curso da nossa investigação. O obstáculo (que não é posto pelo eu ponente) sobrevém ao eu na medida em que ele é ativo, e só é, então, um obstáculo na medida em que o eu é ativo, a sua possibilidade é condicionada pela atividade do eu; sem atividade do eu, não há obstáculo. Por outro lado, a atividade de determinar-se do eu por si próprio seria condicionada pelo obstáculo; sem obstáculo, não há autodeterminação. – E, além disso, sem autodeterminação, não há objetivo, e etc. Procuraremos em seguida familiarizar-nos mais com este resulta-

---

45. *weiter hinaus strebenden.*

do final que aqui encontramos, maximamente importante. A atividade (do eu) no reunir de opostos, e o coincidir (em si, e abstração feita da atividade do eu) destes // opostos, devem ser reunidos, devem ser um e precisamente o mesmo. – A diferença capital reside no *reunir* e no *coincidir*[46], se pensarmos na possibilidade de unificar estes dois, penetraremos, por conseguinte, o mais profundamente no espírito da proposição estabelecida.

/ Pode facilmente ver-se como o coincidir está e tem de estar, em si, sujeito à condição de um reunir. Os opostos, em si, são completamente opostos; não têm absolutamente nada em comum; se um é posto, o outro não pode ser posto: coincidentes, eles só o são na medida em que é posto o limite entre eles, e este limite não é posto nem pelo pôr de um, nem pelo pôr do outro; ele tem de ser especialmente posto. – Mas o limite também não é então nada mais do que o que é comum aos dois; portanto, pôr o seu limite quer dizer reuni-los, mas este reunir de ambos também não é de outro modo possível, senão pelo pôr do seu limite. Eles são coincidentes simplesmente sob a condição de um reunir, para e pelo que reúne.

O reunir[47] ou, como podemos dizer agora, de modo mais determinado, o pôr de um limite, está sujeito à condição de um coincidir ou, dado que o ativo na limitação, apenas *como* ativo, conforme se viu, deve ser ele próprio um dos coincidentes, está sujeito à condição de um obstáculo à sua atividade. Isto só é possível sob a condição de que a sua atividade [C: em si e para si, e entregue a si própria,] prossegue até ao ilimitado, indeterminado e indeterminável, i.e., até ao infinito. Se ela não prosseguisse até ao infinito, então não se seguiria, de todo, de uma limitação sua, que tenha acontecido um obstáculo à sua atividade; poderia tratar-se da limitação imposta pelo seu mero conceito (como teria de ser assumido num sistema no qual fosse estabelecido

---

46. *Zusammenfassen und Zusammentreffen.*
47. C: O coincidir.

simplesmente um eu finito). Bem poderia então, dentro das fronteiras que lhe são impostas pelo seu conceito, haver novas limitações, que permitissem concluir um obstáculo a partir de fora, e isto teria de se deixar determinar de outro modo. A partir da limitação em geral, porém, como aqui se tem de inferir, não se poderia, de todo, tirar uma tal conclusão.

/ // (Os opostos de que aqui se fala devem ser simplesmente opostos; não deve haver, entre eles, nenhum ponto de unificação. Mas nada do que é finito é simplesmente oposto entre si; todos os finitos são iguais no conceito da determinabilidade; todos os finitos são, sem exceção, determináveis um pelo outro. Esta é a nota comum a tudo o que é finito. Do mesmo modo, tudo o que é infinito, na medida em que possa haver vários infinitos, é igual no conceito da indeterminabilidade[48]. Não há, portanto, absolutamente nada diretamente oposto, e em absolutamente nenhuma nota igual entre si, a não ser o finito e o infinito, e nestes têm, portanto, de consistir os opostos de que aqui se fala.)

Os dois devem ser um e precisamente o mesmo; isto quer dizer, sucintamente: *sem infinidade não há limitação; sem limitação, não há infinidade; infinidade e limitação são unificadas num e precisamente no mesmo elo sintético.* – Se a atividade do eu não fosse até ao infinito, então ele não poderia limitar, ele próprio, esta sua atividade, ele não poderia pôr nenhum limite para ela, como deve fazer. A atividade do eu consiste no pôr-se ilimitado; contra esta atividade ocorre uma resistência. Se ela cedesse ante esta resistência, então a atividade que está para além do limite da resistência seria completamente anulada e suprimida; e nessa medida o eu, em geral, não poria. Mas ele deve pôr, na verdade, também para além dessa linha. Ele deve limitar-se, i.e., deve, nessa medida, pôr-se como não se pondo; ele deve pôr o limite indeterminado, ilimitado, infinito (acima = **B**), nesse âmbito e, se o deve fazer, então tem de ser infinito. – Além disso,

214/*358*

---

48. *Unbestimmbarkeit.*

se o eu não se limitasse, então não seria infinito. – O eu é somente tal como se põe[49]. Ele ser infinito, significa que ele se põe como infinito; ele *determina-se* pelo predicado da infinidade, logo, limita-se a si próprio (o eu) como substrato da infinidade; ele diferencia-se a si próprio da sua atividade infinita / (os quais são, ambos, um e precisamente o mesmo); e assim terá o eu de se comportar, caso deva ser infinito. – Esta atividade que vai até ao infinito, e que ele diferencia de si, deve ser atividade *sua;* ela deve // ser-lhe atribuída: portanto, o eu tem também de admitir esta atividade em si novamente numa e precisamente na mesma ação indivisa e não diferenciável (**A+B** determinado por **A**). Contudo, se a admitir em si, então ela é determinada e, portanto, não é infinita: mas ela deve ser infinita, e então tem de ser posta fora do eu.

Esta reciprocidade do eu em si e consigo próprio, dado que ele se põe simultaneamente como finito e infinito – uma reciprocidade que consiste, por assim dizer, num conflito consigo próprio, e que se reproduz a si mesma, pois que o eu quer unificar o não unificável, e ora busca admitir o infinito na forma do finito, ora, repelido, põe-no novamente fora dela e, no mesmo momento, busca novamente admiti-lo na forma da finitude –, é a faculdade da *imaginação*.

Assim, estão agora perfeitamente unificados o coincidir e o reunir. O coincidir, ou o limite, é ele próprio um produto do que apreende no e para o apreender (tese absoluta da imaginação que, nesta medida, é simplesmente produtiva). E porque o eu e este produto da sua atividade são opostos, os próprios coincidentes são opostos e, no limite, nenhum deles é posto (antítese da imaginação). Na medida, porém, em que ambos são novamente unificados – aquela atividade produtiva deve ser atribuída ao eu – os limítrofes são eles próprios reunidos no limite. (Síntese da imaginação que, nesta sua operação antitética e sintética, é reprodutiva, conforme veremos isto tudo, a seu tempo, mais claramente.)

---

49. *Das ich ist nur das, als was es sich sezt.*

Os opostos devem ser reunidos / no conceito da mera *determinabilidade* (e não, porventura, no da determinação). Este era o momento capital da unificação requerida; e temos também, ainda, de refletir sobre isso, reflexão pela qual será perfeitamente determinado e clarificado o que ficou agora dito. Assim, se o limite entre os opostos (dos quais um é o próprio oposto, o outro, porém, quanto à sua existência, reside inteiramente fora da consciência, e é posto apenas para efeitos da // limitação necessária) é posto como limite rígido, fixado, imutável, então, os dois são unificados pela *determinação*, e não pela *determinabilidade*: mas, então, também a totalidade exigida na reciprocidade da substancialidade não seria preenchida (**A+B** seria determinado somente pelo **A** determinado, mas não, simultaneamente, pelo **B** indeterminado). Por conseguinte, aquele limite não deve ser assumido como limite rígido. E assim é então, também, de resto, nesta delimitação segundo a discussão ainda agora apresentada sobre a faculdade da imaginação ativa. Ela põe, para efeitos de uma determinação do sujeito, um limite infinito, como produto da sua atividade que se estende ao infinito. Ela tenta atribuir-se a si essa atividade (determinar **A+B** por **A**); se efetivamente o consegue, então não se trata mais *desta* atividade; enquanto é posta num sujeito determinado, ela própria é determinada e, logo, não é infinita; a imaginação é, por isso, repelida novamente para o infinito (é-lhe proposta como tarefa a determinação de **A+B** por **B**). Por conseguinte, apenas está presente a determinabilidade, a ideia da determinação por esta via inatingível, mas não a própria determinação. – A imaginação não põe, em geral, nenhum limite rígido, porque ela própria não tem nenhum ponto de vista rígido; só a razão põe algo de rígido, porque é ela própria, unicamente, que fixa a imaginação. A imaginação é uma faculdade que oscila no meio, entre a determinação e a não-determinação, entre finito e infinito; e consequentemente, por ela **A+B** é afinal / determinado pelo **A** determinado e, *simultaneamente,* pelo **B** indeterminado, o que constitui aquela síntese da imaginação de que há pouco falávamos. – Este oscilar designa, precisamente, a imaginação pelo seu produto; ela o produz, por assim dizer, durante o seu oscilar e pelo seu oscilar.

(Este oscilar da imaginação entre não-unificáveis, esta sua dissenção consigo própria é aquilo que, conforme se mostrará na altura própria, estende o estado do eu, nessa dissenção, para um momento *temporal* (para a mera razão pura tudo é simultâneo; só para a imaginação existe um tempo). A imaginação não sustenta esse estado longamente, i.e., mais do que por um momento (exceto no sentimento do sublime, onde surge um *espanto*, um suspender da reciprocidade no tempo); a razão intervém no meio (por onde surge uma reflexão) e determina a imaginação a assumir **B** no **A** determinado (o sujeito): mas agora, o **A** posto como determinado tem de ser novamente limitado por um **B** infinito, com o qual a imaginação procede exatamente como antes; e assim prossegue, até a determinação completa da razão (aqui teorética) por si própria, onde não mais é necessário nenhum **B** limitante fora da razão, na imaginação, i.e., *até a representação do representante.* No campo prático, a imaginação prossegue até ao infinito, até a ideia da unidade suprema, a qual só seria possível após uma infinidade completa, o que é impossível.)

361 // * * *

1) Sem a infinidade do eu – sem uma sua faculdade de produção absoluta, que vai até ao ilimitado e ilimitável, não é esclarecível sequer a possibilidade da representação. A partir do postulado de que deve haver uma representação, o qual está contido na / proposição: o eu põe-se como determinado pelo não-eu, está agora sinteticamente derivada e demonstrada esta faculdade de produção absoluta. Deixa-se, todavia, prever que na parte prática da nossa ciência, essa faculdade será reconduzida a uma outra ainda superior.

2) Todas as dificuldades que se levantaram no nosso caminho estão satisfatoriamente removidas. A tarefa era a de unificar

os opostos, eu e não-eu. Pela imaginação, que unifica o contraditório, eles podem ser perfeitamente unificados. – O próprio não-eu é um produto do eu que se determina a si próprio e, de modo nenhum, algo posto absolutamente, e fora do eu. Um eu que se põe, *como* pondo-se a si próprio, ou um *sujeito*, não é possível sem um objeto, produzido da maneira descrita (a determinação do eu, a sua reflexão sobre si próprio, como um determinado, só é possível sob a condição de que ele se limite a si próprio por um oposto). – Somente não deverá ser aqui respondida a questão sobre como e por que meio sobrevém ao eu o obstáculo a admitir para o esclarecimento da representação; // pois ela reside fora dos limites da parte teorética da Doutrina da Ciência.

3) A proposição inscrita no topo da Doutrina da Ciência teorética inteira: *o eu põe-se como determinado pelo não-eu* – está perfeitamente esgotada, e todas as contradições que residiam nela estão removidas. O eu não se pode pôr de outro modo, senão como determinado pelo não-eu. (Sem objeto, não há sujeito.) Nesta medida, ele põe-se como determinado. Simultaneamente, ele põe-se como determinante, porque o limitante no não-eu é o seu próprio produto. (Sem sujeito, não há objeto.) – Não somente a ação recíproca exigida é *possível*, como também aquilo que é exigido pelo postulado estabelecido, não é de todo pensável sem uma tal ação recíproca. Aquilo que anteriormente valia apenas problematicamente, possui agora certeza apodíctica. – Assim, é então demonstrado, simultaneamente, / que a parte teorética da Doutrina da Ciência está perfeitamente encerrada; pois está encerrada qualquer ciência cujo princípio fundamental esteja esgotado; e o princípio fundamental está esgotado quando, no decurso da investigação, se retorna ao mesmo.

4) Se a parte teorética da Doutrina da Ciência deve estar esgotada, então têm de estar estabelecidos e fundamentados todos os momentos necessários à explicação da representação; e não temos, por conseguinte, a partir de agora, nada mais a fazer, senão aplicar e ligar o que ficou até aqui demonstrado.

Antes, porém, de encetarmos este caminho, é útil e trará importantes consequências para a perfeita inteligência da Doutrina da Ciência inteira refletir sobre o próprio caminho.

5) A nossa tarefa era a de investigar se, e com que determinações era pensável a proposição problematicamente estabelecida: o eu põe-se, como determinado pelo não-eu. Ensaiamo-lo com todas as determinações possíveis, esgotadas por uma dedução sistemática; pela separação do inadmissível e do impensável, trouxemos o pensável para um círculo cada vez mais estreito, e então, passo a passo, aproximamo-nos sempre mais da verdade, até que, finalmente, encontramos a única maneira possível de pensar o que deve ser pensado. Mas se essa proposição é verdadeira em geral, i.e., sem as determinações particulares que ela agora recebeu – que é verdadeira, é um postulado que assenta sobre os princípios fundamentais – ela, por força da dedução presente, só é verdadeira de *uma* maneira: e então, o que ficou estabelecido é, simultaneamente, *um fato que ocorre originariamente no nosso espírito*. – // Explico-me mais claramente. Todas as possibilidades de pensar estabelecidas no decorrer da nossa investigação, que nós pensamos, e que pensamos com a consciência do nosso pensar das mesmas, eram também, na medida em que filosofávamos, fatos da nossa consciência; mas eram fatos *artificialmente* produzidos pela espontaneidade da nossa faculdade de reflexão, segundo a regra da reflexão. A possibilidade de pensar agora estabelecida, após a separação de tudo o que ficou demonstrado como falso / é, em primeiro lugar, também um tal fato, produzido artificialmente pela espontaneidade [C: do filosofar]; e ele é isto, na medida em que, por meio da reflexão, é trazido à consciência (do filósofo); ou, ainda mais propriamente, a *consciência* deste fato é um fato produzido artificialmente. Ora, a proposição inscrita no topo da nossa investigação deve, contudo, ser verdadeira, i.e., algo no nosso espírito deve corresponder-lhe; e ela só deve poder ser verdadeira da *única* maneira estabelecida, portanto, ao nosso pensamento dessa maneira tem de corresponder algo que está presente originariamente no nosso espírito, independentemente da nossa reflexão; e, neste sentido superior da

palavra, eu denomino o que ficou estabelecido um fato, num sentido em que não o são as restantes possibilidades de pensar. (E.g., a hipótese realista, de que a matéria da representação poderia ser dada a partir do exterior, ocorreu, com efeito, no decurso da nossa investigação; ela teve de ser pensada, e o seu pensamento foi um fato da consciência refletinte; mas encontramos, após uma investigação mais próxima, que uma tal hipótese contradizia a proposição fundamental estabelecida, porque aquilo a que seria dada a matéria de fora, não seria absolutamente um eu, o que, no entanto, ele deveria ser segundo o que era exigido, mas um não-eu; e encontramos, portanto, que a um tal pensamento absolutamente nada poderia corresponder fora dele, que ele é completamente vazio, e que deve ser repudiado, como pensamento próprio de um sistema transcendente, e não transcendental.)

E note-se ainda, de passagem, que numa Doutrina da Ciência são afinal estabelecidos fatos, pelos quais ela, como sistema de um pensar real, se diferencia de toda a oca filosofia de formulário; que nela não é autorizado postular algo diretamente como fato, mas tem de ser apresentada a prova de *que* algo seja um fato, assim como, no caso presente, foi apresentada. O apelo a fatos que residem dentro do âmbito da consciência comum, não derivada / por nenhuma reflexão filosófica, não produz nada, se apenas se é consequente e não se tem já à frente os resultados que devem vir à luz, a não ser uma // enganadora filosofia popular, que não é nenhuma filosofia. Mas se os fatos estabelecidos devem residir fora desse âmbito, então tem-se certamente de saber como se chegou à convicção de que estão presentes como fatos; tem-se certamente de poder comunicar essa convicção, e uma tal comunicação é, decerto, a prova de *que* esses fatos são fatos.

6) Segundo todas as expectativas, esse fato tem de ter consequências na nossa consciência: se ele deve ser um fato na consciência de um *eu*, o eu tem, em primeiro lugar, de pô-lo *como* presente na sua consciência; e dado que isto tem as suas dificuldades, e poderia ser possível apenas de uma certa maneira, então deixa-se talvez mostrar a maneira como ele

põe esse fato em si. – Para o exprimir mais claramente – o eu tem de esclarecer para si esse fato; mas não o pode esclarecer de nenhum outro modo, a não ser de acordo com as leis da sua essência, segundo as quais foi igualmente realizada a nossa reflexão até aqui. Esta maneira do eu elaborar em si esse fato, de o modificar, de o determinar, todo o seu proceder com o mesmo é, a partir de agora, o objeto da nossa reflexão filosófica. – É claro que, a partir deste ponto, toda esta reflexão se situa num degrau inteiramente diverso, e tem um significado inteiramente diverso.

7) A série precedente da reflexão, e a futura, são diferentes, em primeiro lugar quanto ao seu objeto. Até aqui, refletiu-se sobre possibilidades do pensamento. Foi a espontaneidade do espírito humano que produziu tanto o objeto da reflexão – precisamente essas possibilidades do pensamento, mas segundo a regra de um sistema sintético exaustivo – quanto a forma da reflexão, a ação do próprio refletir. Encontrou-se que aquilo, sobre o qual ela refletia, / continha, na verdade, algo de real em si, mas que isso estava misturado com um acrescento vazio, que tinha de ser paulatinamente separado, até que restasse unicamente aquilo que fosse suficientemente verdadeiro para a nossa finalidade, i.e., para a Doutrina da Ciência teorética. – Na série futura da reflexão refletir-se-á sobre fatos; o objeto desta reflexão é, ele próprio, uma reflexão; a saber, a reflexão do espírito humano sobre o dado nele indicado (que, com certeza, só pode ser denominado um dado como objeto dessa reflexão da mente sobre ele, pois que senão ele é um fato). Portanto, na série futura da reflexão, o objeto da reflexão não é, ele próprio, *produzido* unicamente por essa mesma reflexão, mas apenas *trazido à consciência*. – Segue-se imediatamente daí que // doravante não teremos que lidar com meras hipóteses, nas quais o pouco conteúdo verdadeiro tem de ser primeiramente separado do acrescento vazio, mas que a tudo aquilo que doravante seja estabelecido, será atribuída realidade com pleno direito. – A Doutrina da Ciência deve ser uma história pragmática do espírito humano. Até aqui trabalhamos unicamente para conseguir um acesso até ela,

unicamente para poder apontar um fato indubitável. Temos esse fato; e daqui em diante, a nossa percepção, que não é certamente cega, mas experimental, pode seguir calmamente o curso dos acontecimentos.

8) Ambas as séries da reflexão são diversas quanto à direção. – Abstraia-se provisoriamente, por inteiro, da reflexão filosófica artificial, e permaneça-se apenas na necessária reflexão originária, que o espírito humano deve realizar sobre aquele fato (reflexão que será daqui por diante o objeto de uma reflexão filosófica superior). É claro que o mesmo espírito humano não poderia refletir sobre o fato dado segundo nenhuma outra lei, a não ser por aquela segundo a qual esse fato é encontrado, portanto, segundo aquela lei pela qual se orientou a nossa reflexão até aqui. Esta / reflexão partiu da proposição: o eu põe-se a si como determinado pelo não-eu, e descreveu o seu caminho até ao fato; a reflexão presente, reflexão natural, e a estabelecer como fato necessário, parte do fato, e, dado que a aplicação dos princípios estabelecidos não pode ser encerrada até que aquela proposição se confirme também como fato (até que o eu se ponha *como* se pondo, determinado pelo não-eu), ela tem de prosseguir até a proposição. Portanto, ela descreve todo o caminho que a primeira descreveu, mas *na direção inversa;* e a reflexão filosófica, que apenas a pode seguir, mas não lhe pode dar nenhuma lei, toma necessariamente a mesma direção.

9) Se a reflexão toma doravante a direção inversa, então o fato estabelecido é, simultaneamente, o ponto de inversão para a reflexão [C: do filosofar]; ele é o ponto no qual estão unidas duas séries totalmente diversas, e no qual o fim de uma une-se ao começo da segunda. Nele tem, por conseguinte, de residir o fundamento de distinção entre o tipo de raciocínio até aqui válido, e o que o será daqui para a frente. – O proceder era sintético, e permanece, sem exceção, assim: o fato estabelecido é, também ele, uma síntese. Nesta síntese estão em primeiro lugar unificados dois opostos tirados da primeira série; // o que constituiria, por conseguinte, a relação desta síntese com a primeira série. – Ora, na mesma síntese têm

também de residir dois opostos para a segunda série da reflexão, para uma possível análise, e síntese dela resultante. Dado que, na síntese, não podem ser unificados mais do que dois opostos, os opostos que nela são unificados como fim da primeira série, têm de ser precisamente os mesmos que, para efeitos do começo de uma segunda série, devem ser novamente separados. Mas se isto tudo se comporta assim, então esta segunda série não é, de todo, uma segunda; é a / primeira, tão somente invertida, e o nosso proceder é uma solução que apenas repete, que não serve para nada, em nada aumenta o nosso conhecimento, e não nos leva nenhum passo mais além. Portanto, os elos da segunda série, na medida em que o são, têm, no entanto, de ser nalguma coisa diversos dos da primeira série, embora sejam os mesmos; e esta distinção os elos a poderiam ter recebido única e exclusivamente por meio da síntese e, por assim dizer, no transitar através dela. – Vale a pena, e espalha a mais clara luz sobre o mais importante e característico ponto do presente sistema, tomar corretamente conhecimento desta distinção entre elos opostos, enquanto elos da primeira ou da segunda série.

10) Os opostos são, nos dois casos, um subjetivo e o outro objetivo; mas, como tal, estão na mente humana de uma maneira muito diversa, *antes* da síntese, e *depois* dela. *Antes* da síntese, eles são meramente opostos, e nada mais; um é o que o outro não é, e o outro, o que o primeiro não é; eles designam uma mera correlação, e nada mais. Eles são algo negativo, e simplesmente nada de positivo (exatamente como no exemplo acima, a luz e a treva em **Z**, se **Z** é considerado como limite meramente *pensado*). Eles são um mero pensamento, sem qualquer realidade; além disso, são o pensamento de uma mera relação. – Assim como um ocorre, o outro é anulado; mas dado que um apenas pode ocorrer sob o predicado do contrário do outro, e, portanto, com o seu conceito ocorre e é anulado simultaneamente o conceito do outro, então também o primeiro não pode ocorrer. Absolutamente nada está, portanto, presente, e nada pode estar presente; a nossa consciência não é preenchida, e absolutamente nada está presente nela. (Aliás,

não poderíamos também de modo algum ter empreendido toda a nossa investigação até aqui sem uma benfazeja ilusão da imaginação, que sugeria inadvertidamente um substrato para aqueles meros opostos; / não teríamos podido pensar so- 225 bre eles, pois que eles não eram absolutamente nada, e sobre // o nada não se pode refletir. Esta ilusão não era evitável, 367 e não devia ser evitada; o seu produto devia tão somente ser descontado da soma das nossas conclusões, e excluído, conforme efetivamente aconteceu.) *Depois* da síntese, eles são algo que se deixa apreender e manter na consciência, que, por assim dizer, a preenche. (Eles são, *para a reflexão*, com o beneplácito e autorização da reflexão, aquilo que eram, certamente, também previamente, mas de modo inadvertido, e sob permanente contestação da sua parte.) Exatamente como acima luz e treva eram afinal, em **Z**, algo que, como limite *estendido pela imaginação até um momento*, absolutamente não se anulava a si próprio.

Esta transformação ocorre com eles enquanto transitam, por assim dizer, através da síntese, e tem de ser mostrado como, e de que maneira a síntese lhes pode comunicar algo que eles anteriormente não possuíam. – A faculdade da síntese tem a tarefa de unificar os opostos, de *pensá-los* como um (porque a exigência incumbe em primeiro lugar, exatamente como sempre até aqui, à faculdade de pensar). Ora, ela não é capaz disto; e, no entanto, a tarefa está aí; e surge então um conflito entre a incapacidade e a exigência. Neste conflito, o espírito se demora, oscila entre ambas; oscila entre a exigência e a impossibilidade de a preencher e, nesta situação, mas apenas nela, ele mantém os dois opostos em simultâneo ou, o que significa o mesmo, torna-os tais que possam ser simultaneamente apreendidos e mantidos – e, porque ele os contacta, e é novamente repelido por eles, e novamente os contacta, dá-lhes então, em *relação a si*, um certo conteúdo, e uma certa extensão (que a seu tempo mostrar-se-á como o diverso no tempo e no espaço). Este estado chama-se o estado do *intuir*. A faculdade nele ativa já foi acima denominada como imaginação produtiva.

/ 11) Vemos que é exatamente aquela circunstância, a qual ameaçava anular a possibilidade de uma teoria do saber humano, que se torna aqui a única condição sob a qual uma tal teoria pode ser estabelecida. Não víamos ainda, como deveriam alguma vez ser unificados opostos absolutos; aqui, vemos que um esclarecimento dos acontecimentos no nosso espírito não seria de todo possível, sem opostos absolutos; dado que aquela faculdade, sobre a qual todos aqueles acontecimentos assentam, a imaginação produtiva, não seria de todo possível se não // ocorressem opostos absolutos, não unificáveis, completamente inadequados à faculdade de apreensão do eu. E isto serve então, simultaneamente, como prova iluminadora de que o nosso sistema é correto, e que ele esclarece exaustivamente o que é para esclarecer. O pressuposto só se deixa esclarecer pelo que foi encontrado, e o que foi encontrado só se deixa esclarecer pelo pressuposto. O mecanismo inteiro do espírito humano resulta justamente da oposição absoluta[50]; e todo este mecanismo não se deixa esclarecer de outro modo, senão por uma oposição absoluta.

12) Simultaneamente, é aqui lançada luz completa sobre uma afirmação já acima enunciada, mas ainda não completamente esclarecida; a saber, como podem idealidade e realidade ser um e precisamente o mesmo; como são elas diversas apenas pela maneira diferente de as considerar, e como, a partir de uma, se deixa concluir para a outra. – Os opostos absolutos (o subjetivo finito e o objetivo infinito) são, antes da síntese, algo meramente pensado e, como nós aqui sempre tomamos a palavra – ideal. Assim como eles devem, e não podem, ser unificados pela faculdade de pensar, pelo oscilar da mente que, nesta função, é denominada imaginação, assim também recebem realidade, porque eles, por este meio, se tornam intuíveis: i.e., recebem realidade em geral; pois não há nenhuma outra realidade, e não pode haver nenhuma outra, senão a realidade por intermédio da intuição. / Assim que se abstraia novamente desta intuição, o que se pode certamente fazer, para a mera

---

50. *Entgegengesetztsein*. Nesta e na ocorrência seguinte, literalmente "ser-oposto".

faculdade de pensar, mas não para a consciência em geral (pp. 224/366), assim também aquela realidade torna-se novamente algo meramente ideal; em virtude da lei da faculdade de representação, ela possui um ser meramente originado.

13) É aqui, por conseguinte, ensinado que toda a realidade – entenda-se, realidade *para nós*, como ela aliás não deve ser de outro modo compreendida num sistema da filosofia transcendental – é produzida meramente pela imaginação. Um dos maiores pensadores do nosso tempo que, até onde eu o compreendo, ensina o mesmo, denomina isto uma *ilusão* da imaginação. Todavia, a toda a // ilusão tem de se opor a verdade, toda a ilusão tem de se deixar remediar. Mas se é então agora demonstrado, conforme deve ser demonstrado no presente sistema, que a possibilidade da nossa consciência, da nossa vida, do nosso ser para nós, ou seja, do nosso ser como eu, se funda sobre esta ação da imaginação, então, se não devemos abstrair do eu, o que é contraditório, dado que o abstrainte não pode abstrair de si próprio, esta ação não pode ser afastada; portanto, ela não ilude, mas dá a verdade, e a única verdade possível. Admitir que ela ilude significa fundar um cepticismo que ensina a duvidar do próprio ser.

/ // **Dedução da representação**

I) Vamos, em primeiro lugar, situar-nos solidamente sobre o ponto a que chegamos.

À atividade do eu que vai até ao infinito, na qual, precisamente por isso, porque ela vai até ao infinito, / nada pode ser diferenciado, sobrevém um obstáculo; e a atividade que, com isso, não deve, de modo nenhum, ser anulada, é refletida, repelida para dentro; ela recebe a direção exatamente inversa.

Represente-se a atividade que vai até ao infinito pela imagem de uma linha reta, que vai de **A**, através de **B**, para **C** etc. Ela poderia ser obstaculizada[51] antes de **C** ou além de **C**; mas assuma-se que é obstaculizada precisamente em **C**; o fundamento disso não reside, conforme se viu, no eu, mas no não-eu.

370   // Sob a condição posta, a direção da atividade do eu que vai de **A** para **C**, é refletida de **C** para **A**.

Mas, tão certo quanto ele deve apenas ser um eu, absolutamente nenhuma causalidade[52] pode acontecer sobre o eu sem que ele reaja. Nada, no eu, se deixa suprimir e, portanto, tampouco a direção da sua atividade. Portanto, a atividade refletida para **A**, *na medida em que ela é refletida*, tem *simultaneamente* de reagir até **C**.

E assim obtemos, entre **A** e **C**, uma dupla direção da atividade do eu, em conflito consigo própria, na qual a direção de **C** para **A** se pode considerar como uma passividade, e a de **A** para **C** como atividade simples; direções que constituem um e precisamente o mesmo estado do eu.

Este estado, no qual são unificadas direções completamente opostas, é precisamente a atividade da imaginação; e temos, agora, inteiramente determinado aquilo que acima buscávamos, uma atividade que só é possível por uma passividade, e uma passividade que só é possível por uma atividade. – A atividade do eu que reside entre **A** e **C** é uma atividade *resistente*, mas uma tal atividade não é possível sem um ser-refletido da sua atividade, pois todo o resistir pressupõe algo, ao qual se resiste: ela é uma passividade, na medida em que a direção originária da atividade do eu é refletida; mas nenhuma direção pode ser refletida, que não esteja presente e, efetivamente, em todos os seus pontos, como essa direção. As duas

229   direções, a de A e a / de **C** têm de existir simultaneamente e, precisamente porque elas são simultâneas, fica resolvida a tarefa acima estabelecida.

O estado do eu, na medida em que a sua atividade reside entre **A** e **C**, é um intuir; porquanto o intuir é uma atividade que

---

51. *angestobt.*
52. *Einwirkung.*

não é possível sem uma passividade, e uma passividade que não é possível sem uma atividade. – O intuir está agora, mas apenas como tal, determinado para a reflexão filosófica; mas está ainda totalmente indeterminado com respeito ao sujeito, como acidente do eu, porque aí ele teria de se deixar diferenciar de outras determinações do eu, o que não é possível por agora; e está precisamente tão indeterminado com respeito ao objeto, porque aí um intuído, como tal, teria de se deixar diferenciar de um não intuído, o que, até aqui, é igualmente impossível.

(É claro que a atividade do eu, restituída à sua primeira direção originária, prossegue também para além de **C**. Mas na medida em que ela prossegue além de **C**, ela não contraria uma outra[53], porque além de **C** não há obstáculo, e portanto ela não é, também, atividade intuinte. Logo, a intuição está limitada em **C**, e o // intuído, limitado. A atividade que prossegue para além de **C** não é uma intuição, e o seu objeto, nenhum intuído. A seu tempo se verá o que possam ambas ser. Aqui queríamos apenas fazer notar que deixamos agora ficar algo que queremos noutra altura retomar.)

II) O eu deve intuir; ora, se o intuinte deve tão somente ser efetivamente um eu, então isto quer dizer o mesmo que: *o eu deve pôr-se como intuinte;* pois nada advém ao eu, senão na medida em que ele se atribui isso.

O eu pôr-se como intuinte, significa, em primeiro lugar: ele põe-se na intuição como *ativo.* O que possa ainda, além disso, significar, resultará por si mesmo no decurso da investigação. Na medida em que ele agora se põe como ativo na intuição, o eu opõe algo a si próprio que, na mesma intuição, não é ativo, mas passivo.

/ Para nos orientarmos nesta investigação, temos apenas de nos recordar daquilo que acima foi dito sobre a reciprocidade no conceito da substancialidade. Os dois opostos, a atividade e a passividade, não se devem anular e suprimir, mas devem subsistir um ao lado do outro: devem apenas excluir-se mutuamente.

---

53. *widerstrebend.* "uma outra", adenda do trad.

É claro que ao intuinte, como ativo, tem de ser oposto um intuído. Pergunta-se apenas como, e de que maneira pode ser posto um tal intuído.

Um intuído, que deve ser oposto ao eu, ao eu nessa medida intuinte, constitui necessariamente um não-eu; e daqui se segue, em primeiro lugar, que uma ação do eu que põe um tal intuído, não é *uma reflexão*, uma atividade que vai para dentro, mas uma atividade que vai para fora, logo, tanto quanto podemos até aqui ver, é uma produção. O intuído, como tal, é produzido.

É, além disso, claro que o eu não pode ser consciente da sua atividade nesta produção do intuído, como um tal, porque ela não é refletida, não é atribuída ao eu. (Ela só é imputada ao eu na reflexão filosófica, que realizamos agora e que temos sempre, necessariamente, de diferenciar com todo o cuidado da reflexão comum.)

A faculdade produtora é, sempre, a imaginação; logo, esse pôr do intuído acontece pela imaginação, e é, também ele, um intuir [C: um *intuir-dirigido*[54] [em sentido ativo] a um algo indeterminado)].

Ora, esta intuição deve ser oposta a uma atividade na intuição, atividade que o eu // se atribui a si próprio. Devem estar presentes simultaneamente numa e precisamente a mesma ação, uma atividade do intuir, que o eu se atribui a si por intermédio de uma reflexão, e uma outra, que ele não se atribui a si. Esta última é um mero / intuir; a primeira também o deve ser; mas deve ser refletida. Pergunta-se como isto acontece, e o que daí se segue.

O intuir, como atividade, tem a direção de **C**, mas apenas é um intuir na medida em que ela contraria a direção oposta, a direção de **A**. Se não contraria, então ela não é mais um intuir, mas uma atividade, simplesmente.

Uma tal atividade do intuir deve ser refletida, i.e., a atividade do eu (o qual é sempre uma e precisamente a mesma atvida-

---

54. *ein Hinschauen.*

de) que se dirige a **C**, deve ser desviada para **A** e, com efeito, *como* contrariando uma direção oposta (porque senão não seria *esta* atividade, não seria a atividade do intuir).

A dificuldade aqui é a seguinte: a atividade do eu já foi uma vez refletida, a partir de fora, pelo obstáculo, e agora, de novo, e na verdade por absoluta espontaneidade (pois o eu deve pôr-se como intuinte, simplesmente, porque ele é um eu), ela deve ser refletida na mesma direção. Mas se estas direções não forem das duas vezes diferenciadas, então nenhuma intuição é, de todo, refletida, mas é apenas intuído, em vezes repetidas, de uma e precisamente da mesma maneira, pois que a atividade é a mesma; a atividade do eu é uma e precisamente a mesma; e a direção é a mesma, de **C** para **A**. Por conseguinte, se a reflexão exigida deve ser possível, elas têm de poder ser diferenciadas; e antes de podermos ir mais longe, temos de resolver a tarefa de como e por onde são elas diferenciadas.

III) Determinemos mais proximamente esta tarefa. – Pode já ver-se aproximadamente, antes da investigação, como a primeira direção da atividade do eu, para **A**, pode ser diferenciada da segunda, e idêntica direção. A saber, a primeira é refletida por um mero obstáculo, a partir de fora; a segunda é refletida por absoluta espontaneidade. Isto / podemos bem observar a partir do estádio da nossa reflexão filosófica no qual nos colocamos, arbitrariamente, desde o início da investigação; mas a tarefa é, precisamente, a de demonstrar este pressuposto para a possibilidade de toda a reflexão filosófica // [C: a de expor este pressuposto como fato originário da consciência natural]. Pergunta-se como o espírito humano chega originariamente a esta diferenciação entre uma reflexão da atividade a partir de fora, e uma outra, a partir de dentro. Esta diferenciação é o que deve ser derivado como fato, e demonstrado precisamente através dessa derivação.

O eu deve ser determinado pelo predicado de *intuinte*, e ser assim diferenciado do intuído. Esta era a exigência da qual partimos, e não podíamos partir de nenhuma outra. O eu, como sujeito da intuição, deve opor-se ao objeto da mesma, e assim, antes de tudo o mais, ser diferenciado do não-eu. É claro que não temos nenhum ponto seguro para esta diferenciação, e que giramos em torno de um perpétuo círculo, se a intuição não é primeiramente fixada, em si, e como tal. Só então se deixa determinar a relação a ela, do eu assim como do não-eu. A possibilidade de resolver a tarefa acima dada depende, por conseguinte, da possibilidade de fixar a intuição, ela própria, e como tal. Esta última tarefa é igual à tarefa ainda estabelecida, de tornar diferenciável a primeira direção, para **A**, da segunda; e uma é resolvida pela outra. Seja a própria intuição tão somente fixada, então a primeira reflexão, para **A**, já está contida nela; e, sem receio do embaraço, e do suprimir mútuo, a intuição em geral, e não precisamente a primeira direção, para **A**, pode ser agora refletida para **A**.

A intuição, como tal, deve ser fixada, para poder ser apreendida como uma e precisamente a mesma. Todavia, o intuir, como tal, não é absolutamente nada de fixado, mas é um oscilar da imaginação entre direções em conflito. Ele dever ser fixado, significa: a imaginação não deve oscilar mais, pelo que a / intuição seria completamente anulada e suprimida. Mas isto não deve acontecer; portanto, tem de permanecer ao menos o produto do estado na intuição, o traço das direções opostas, o qual não é nenhuma delas, mas algo composto a partir de ambas.

Para um tal fixar da intuição, que só assim se torna uma intuição, são necessárias três condições. Em primeiro lugar, a ação do fixar, ou firmar. O fixar inteiro acontece, para efeitos da reflexão, por espontaneidade, ele acontece por esta espontaneidade da própria reflexão, como se mostrará em seguida; portanto, a ação de fixar cabe à faculdade simplesmente ponente // no eu, ou seja, à razão. – E então, também o determinar ou o ser determinado; – e isto é, reconhecidamente [C: a imaginação], uma faculdade a cuja atividade é posto um limite. – E, por fim, também o que surge pela determinação; – o produto da imaginação no seu oscilar. É claro que, se o deter exigido deve ser possível, tem de haver uma faculdade deste deter; e uma tal faculdade não é nem a razão determinante, nem a imaginação produtora, e trata-se, portanto, de uma faculdade intermédia entre ambas. É a faculdade onde um mutável *subsiste, é en-*

tendido, por assim dizer, [C: (como que trazido à estabilida-de)] e chama-se, por isso, justamente, o *entendimento*[55]. – O entendimento só é entendimento na medida em que algo nele é fixado; e tudo o que é fixado, só no entendimento é fixado. O entendimento deixa-se descrever como a imaginação fixada pela razão, ou como a razão provida de objetos pela imagina-ção. – O entendimento é uma faculdade imóvel e inativa da mente, o mero depósito do que é produzido pela imaginação, determinado e a determinar mais além pela razão; não obstan-te tudo o que se possa, de tempos a tempos, ter contado sobre as ações do mesmo.

(E só no entendimento que *existe* realidade [C: (ainda que só por via da imaginação)]; ele é a faculdade / do *efetivo;* é somente nele que o ideal se torna real: (por isso, também, *compreender* exprime uma relação a algo que deve vir de fora [C: que deve ser inteira e simplesmente assimilado e percebi-do], sem a nossa intervenção). A imaginação produz realidade; mas nela não *existe* nenhuma realidade; só pela apreensão e compreender no entendimento é que o seu produto se tor-na algo real. – Àquilo de que somos conscientes como um produto da imaginação, não atribuímos realidade; mas sim ao que encontramos contido no entendimento, ao qual não atribuímos absolutamente nenhuma faculdade de produção, mas meramente de conter. – Mostrar-se-á que, na reflexão [C: natural, oposta à artificial, transcendental e filosófica], por virtude da sua lei, só se pode recuar até ao entendimento e, neste, encontrar então algo *dado* à reflexão, como uma maté-ria da representação; mas não tornar-se consciente da manei-ra como a mesma chegou ao entendimento. Daí a nossa firme convicção da realidade das coisas fora de nós, e sem qualquer participação nossa, porque não nos tornamos conscientes da faculdade da sua produção. Se na reflexão comum fôssemos conscientes, assim como o podemos ser na reflexão filosófi-

---

55. Assinalem-se as seguintes correspondências: "subsiste", por *bestehen*; "é entendido", por *verständigt wird*; "trazido à estabilidade", por *zum Stehen gebracht*; e "entendimen-to", por *Verstand*. A ligação conceitual pretende ser reforçada pela raiz comum presente nas palavras empregues no texto original.

375 ca, // de que a realidade só chega ao entendimento através da imaginação, então quereríamos explicar novamente tudo como uma ilusão e, nisto, incorreríamos tanto em erro quanto anteriormente.)

IV) Retomemos o fio do nosso raciocínio onde o deixamos cair, por ser impossível segui-lo mais longe.

O eu reflete a sua atividade que vai para **C** na intuição. Como resistente a uma direção oposta, que vai de **C** para **A**, ela não pode ser refletida, pelas razões acima apresentadas. Consequentemente, ela não pode também ser refletida como uma atividade que vai em geral para fora, porque então seria a totalidade da atividade infinita do eu que não pode ser refletida; e não seria a que ocorre na intuição, cuja / reflexão é, no entanto, exigida. Portanto, ela tem de ser refletida como atividade que vai até **C**, como limitada e determinada em **C**; o que seria o primeiro ponto[56].

235

Em **C**, por conseguinte, é limitada a atividade intuinte do eu pela atividade absoluta que age na reflexão. – Mas dado que esta atividade, meramente refletinte, não é ela própria refletida (exceto na nossa presente reflexão filosófica), então a limitação em **C** é oposta ao eu, e atribuída ao não-eu. Para além de **C**, é posto, até a infinidade, por uma intuição obscura, não refletida, e que não chega à consciência determinada, um produto determinado da imaginação absolutamente produtora, produto esse que limita a faculdade da intuição refletida – exatamente conforme a regra, e pela razão por que foi posto em geral o primeiro produto indeterminado. O que seria o segundo ponto. – Este produto é o não-eu, por cuja oposição unicamente é o eu, para o efeito presente, determinado *como* eu – e somente assim se torna possível o sujeito lógico da proposição: o eu é intuinte.

A atividade do eu intuinte assim determinada, ao menos quanto à sua determinação, é firmada e concebida no entendimento, para uma ulterior determinação; pois sem isto, as atividades contraditórias do eu se cruzariam e mutuamente anulariam.

---

56. "ponto", adenda do trad., aqui e nas ocorrências seguintes.

Esta atividade vai de **A** para **C** e deve ser apreendida nessa direção, mas por uma atividade refletinte, logo, que vai de **C** para **A**. – É claro que, nesta apreensão, ocorrem direções opostas e, portanto, que esta apreensão tem de acontecer pela faculdade dos // opostos, a imaginação e, logo, que ela própria tem de ser uma intuição. O que seria o terceiro ponto. A imaginação, na sua presente função, não produz, mas apenas apreende (para pôr no entendimento, e não como que para conservar) o que já foi produzido e concebido no entendimento, e chama-se por isso imaginação reprodutiva.

376

O intuinte / tem de ser determinado e, na verdade, determinado como tal, ou seja, como ativo, e uma atividade que *não* seja *essa mesma,* mas uma outra, tem de lhe ser oposta. No entanto, atividade é atividade, e até aqui não pode ser diferenciada em nada, a não ser pela sua direção. Uma tal direção oposta é, entretanto, a direção de **C** para **A**, que surgiu pelo ser-refletido de fora, e que foi conservada no entendimento. O que seria o quarto ponto.

236

Esta direção oposta tem ela própria de ser intuída, na medida em que a direção presente na intuição deve ser assim determinada; e então, simultaneamente à determinação do intuinte, está presente uma intuição do intuinte, embora não refletida.

Mas também o intuído tem de ser determinado *como* um intuído, se ele deve ser oposto ao intuinte. E isto só é possível por reflexão. Pergunta-se, apenas, qual a atividade que vai para fora que deve ser refletida; pois tem de haver uma atividade que vai para fora que é refletida, e a atividade que vai de **A** para **C** no intuir dá a intuição do intuinte.

Foi acima recordado que, para efeitos da limitação da intuição em geral em **C**, a atividade produtora do eu tem de ir para além de **C** até ao infinito. Esta atividade é refletida a partir do infinito, por sobre **C**, para **A**. Mas de **C** para **A** reside a primeira direção, conservada no entendimento segundo o seu traço, direção que contraria, na intuição, a atividade de **A** para **C** atribuída ao eu; e, em relação à mesma, tem de ser atribuída ao que é oposto ao eu, i.e., ao não-eu. Esta atividade oposta é intuída como uma atividade oposta, o que seria o quinto ponto.

Este intuído tem de ser determinado como tal; e, na verdade, como o intuído oposto ao intuinte; logo, por um não-intuído, que é, entretanto, um não-eu. Mas um tal não-intuído, como produto absoluto da atividade do eu, reside além de **C** [C: (a coisa em si e para si, como *noúmeno*. Daí a diferenciação natural entre a representação e a coisa nela representada)]. Entre **C** e **A** reside, porém, o // intuído, o qual, segundo a sua determinação, / é apreendido no entendimento como algo real. O que seria o sexto ponto.

Eles relacionam-se mutuamente como atividade e passividade (realidade e negação) e são, por conseguinte, unificados por determinação recíproca. Sem intuído, não há intuinte, e inversamente. Por sua vez, se e na medida em que um intuído é posto, é posto um intuinte, e inversamente.

Ambos têm de ser determinados, pois o eu deve pôr-se como o intuinte, e opor-se, nessa medida, um não-eu; mas, para este efeito, ele necessita de um fundamento de distinção firme entre o intuinte e o intuído; mas, segundo a discussão acima, a determinação recíproca não fornece um tal fundamento de distinção.

Assim como *um* é mais determinado, também o *outro* o é, pelo primeiro, precisamente porque eles estão em determinação recíproca. – Um dos dois, porém, pela mesma razão, tem de ser determinado *por si próprio*, e não pelo outro, porque senão não sairíamos do círculo da determinação recíproca.

V) O intuinte, em si, i.e., como atividade, já está determinado, porque ele está em determinação recíproca; ele é uma atividade a que corresponde uma passividade no oposto, uma atividade *objetiva*. Uma tal atividade é, além disso, determinada por uma atividade não-objetiva, portanto *pura*, atividade em geral, e simplesmente.

As duas são opostas; ambas têm também de ser sinteticamente unificadas, i.e., determinadas mutuamente uma pela outra. 1) A atividade objetiva, pela atividade, simplesmente. A atividade em geral é a condição de toda a atividade objetiva; ela é o fundamento real da mesma. 2) A atividade em geral não é absolutamente para determinar pela atividade objetiva, a não ser através do seu oposto, a passividade; portanto, por um objeto da atividade e, logo, pela atividade objetiva. A atividade objetiva é o / fundamento de determinação, ou fundamento ideal da atividade em geral. 3) Ambas têm de ser postas mutuamente, uma pela outra, i.e., o limite entre elas tem de ser posto. Esta é a passagem da atividade pura para a atividade objetiva, e inversamente; a *condição*, sobre a qual pode ser refletido, ou da qual pode ser abstraído.

238

Esta condição, como tal, i.e., como limite da atividade pura e da atividade objetiva // é intuída pela imaginação e fixada no entendimento; ambos da maneira acima descrita.

378

A intuição é a atividade objetiva sob uma certa *condição*. Incondicionalmente, ela não seria atividade objetiva, mas pura.

Em virtude da determinação pela reciprocidade, o intuído também só é intuído sob uma certa condição. Fora dessa condição, ele não seria intuído, mas um simplesmente-posto[57], uma coisa em si: uma passividade, simplesmente, como contrário de uma atividade, simplesmente.

VI) Assim como no que se refere ao intuinte, também para o intuído a intuição é algo condicionado. No entanto, eles [C: os dois, o intuinte e o intuído,] não são ainda diferenciáveis por esta característica, e temos, então, de os determinar melhor. – Buscaremos em seguida determinar a condição da intuição para ambos, se eles podem porventura ser diferenciáveis por ela.

A atividade absoluta sujeita a uma condição torna-se numa atividade objetiva – isto quer dizer, evidentemente, que a atividade absoluta é, como tal, suprimida e anulada; e, com respeito a ela, está presente uma *passividade*. Por conseguinte, a condição de toda a atividade objetiva é uma passividade.

Esta passividade tem de ser intuída. Mas uma passividade não se deixa intuir de outro modo, a não ser como uma impossibilidade da atividade oposta; um sentimento de constrangimento a uma determinada ação, o qual / é, de certo, possível à

239

---

57. *schlechthingeseztes.*

imaginação. Este constrangimento é fixado no entendimento como necessidade. O contrário desta atividade condicionada por uma passividade é uma atividade livre, intuída pela imaginação como um oscilar da própria imaginação entre executar e não-executar uma e precisamente a mesma ação, apreender e não-apreender um e precisamente o mesmo objeto no entendimento; o que é apreendido no entendimento como possibilidade.

As duas espécies de atividade que, em si, são opostas, estão sinteticamente unificadas. 1) O constrangimento é determinado pela liberdade; a atividade livre determina-se a si própria ao agir determinado (*autoafecção*). 2) A liberdade é determinada pelo constrangimento. Somente sob a condição de uma determinação já presente por uma passividade é que a autoatividade, ainda livre na autodeterminação, se determina a uma ação determinada. (A espontaneidade só pode refletir sob a condição de uma reflexão já acontecida por meio de um obstáculo exterior: // mas também, dada esta condição, ela não *tem* de refletir.) 3) Ambas determinam-se mutuamente na intuição. A ação recíproca da autoafecção do intuinte com uma afecção de fora constituem a condição sob a qual o intuinte é um intuinte.

Por este meio é então também determinado o intuído. A coisa em [C: e para] si é objeto da intuição sob a condição de uma ação recíproca. Na medida em que o intuinte é ativo, o intuído é passivo; e na medida em que o intuído que, nesta medida, é uma coisa em si, é ativo, o intuinte é passivo. Além disso, na medida em que o intuinte é ativo, ele não é passivo, e inversamente; e assim também o intuído. Mas isto não fornece nenhuma determinação fixa, e não saímos, por esta via, para fora do nosso círculo. Portanto, é preciso uma melhor determinação. Temos, a saber, de buscar determinar por si própria a quota-parte de cada um dos dois na ação recíproca indicada.

/ VII) À atividade do intuinte, à qual corresponde uma passividade no objeto, e que está, por conseguinte, compreendida nesta ação recíproca, é oposta uma atividade tal que nenhuma passividade no objeto lhe corresponde; atividade que, consequentemente, se dirige para o próprio intuinte (a atividade na autoafecção), e a primeira teria, por conseguinte, de ser determinada por esta.

Uma tal atividade determinante teria de ser intuída pela imaginação e fixada no entendimento, exatamente como as espécies de atividade até aqui indicadas.

É claro que também a atividade objetiva do intuinte não poderia ter nenhum outro fundamento, senão a atividade da autodeterminação; assim, se esta última atividade se deixasse determinar, então também a primeira seria determinada e, com ela, a quota-parte do intuinte na ação recíproca, assim como, pela mesma, a quota-parte do intuído.

As duas espécies de atividade têm de se determinar mutuamente: 1) a que retorna a si própria [C: tem de determinar] a objetiva, conforme ficou ainda agora mostrado e 2) a objetiva tem de determinar a que retorna a si própria. Tanta atividade objetiva, tanta atividade que se determina a si própria à determinação do objeto. Mas a atividade objetiva deixa-se determinar pela determinação do objeto e, portanto, através dela, deixa-se determinar a atividade que ocorre na autodeterminação. 3) Ambas estão, por conseguinte, em determinação recíproca, como ficou agora mostrado; e, novamente, não temos nenhum ponto firme de determinação.

// A atividade do intuído na ação recíproca, na medida em que ela se dirige ao intuinte é, do mesmo modo, determinada por uma atividade que retorna a si própria, pela qual ele se determina à causação sobre o intuinte. *380*

Segundo a discussão acima, a atividade de autodeterminação é a determinação de um produto da imaginação fixado no entendimento pela razão: é, portanto, um *pensar*. O intuinte determina-se a *pensar* um objeto.

/ Na medida em que o objeto é determinado pelo pensar, ele é algo pensado. 241

Ora, ele foi agora determinado como determinando-se a si próprio – a uma causação sobre o intuinte. Esta determinação, porém, tornou-se possível simplesmente porque devia ser determinada uma passividade no intuinte oposto. Sem passividade no intuinte, não há atividade originária e que retorna a si própria no objeto, como atividade pensada. Sem uma tal atividade, não há passividade no intuinte. Uma tal determinação recíproca, porém, é, segundo a discussão acima, a determinação recíproca pela *causalidade*. Logo, o objeto é pensado como *causa* de uma passividade no intuinte, pensado como o seu *efeito*. A atividade interior do objeto, pela qual ele se determina à causalidade, é uma atividade meramente pensada (um *noúmeno*, se, conforme se tem de fazer, se dá, pela imaginação, um substrato a essa atividade).

VIII) A atividade de uma autodeterminação a determinar um objeto determinado tem de ser melhor determinada; pois ainda não dispomos de nenhum ponto firme. Mas ela é determinada por uma atividade do intuinte tal que não determina nenhum objeto como algo determinado (= **A**); que não se dirige a nenhum objeto determinado (logo, de certo modo, a um objeto em geral, como mero objeto).

Uma tal atividade teria, por autodeterminação, de poder dar-se como objeto **A** ou **-A**. Ela seria, por conseguinte, em respeito a **A** ou **-A**, inteiramente indeterminada, ou livre; livre para *refletir* sobre **A**, ou para dele *abstrair*.

Uma tal atividade tem, em primeiro lugar, de ser intuída pela imaginação; dado que ela oscila no meio, entre opostos, entre o apreender e o não-apreender de **A**, ela tem de ser apreendida também *como* imaginação, i.e., na sua liberdade de oscilar de um para o outro (e, de certo modo, se se considera uma *lei,* da qual nós aqui ainda nada sabemos, como uma deliberação da mente consigo própria). – Todavia, dado que por essa atividade um dos dois, ou **A** ou // **-A** tem de ser apreendido (**A** posto como algo para refletir, ou como um tal que é para abstrair), então ela tem, nessa medida, de ser intuída também como entendimento. – Os dois, unificados novamente por uma nova intuição, e firmados no entendimento, chamam-se *faculdade de julgar.* Faculdade de julgar é a faculdade, até aqui livre, de refletir sobre objetos já postos no entendimento, ou de abstrair deles e, segundo a medida dessa reflexão ou abstração, de os pôr com maior determinação no entendimento.

Ambas as atividades, o mero entendimento, como tal, e a faculdade de julgar, como tal, têm de se determinar de novo mutuamente. 1) O entendimento, à imaginação; ele contém já em si os objetos, dos quais esta última abstrai, ou reflete, e constitui, por isso, a condição de possibilidade de uma faculdade de julgar em geral. 2) A faculdade de julgar tem de determinar o entendimento; ela determina-lhe o objeto em geral como objeto. Sem ela não seria, em geral, refletido; sem ela, nada é fixado no entendimento, no qual só é posto pela reflexão e para efeitos da reflexão e, portanto, não haveria também nenhum entendimento em geral; e assim, a faculdade de julgar é, por sua vez, a condição de possibilidade do entendimento, e os dois 3) determinam-se, por conseguinte, mutuamente. Se nada há no entendimento, não há faculdade de julgar; sem faculdade de julgar, nada há no entendimento, *para o entendimento*, nenhum pensamento do que é pensado, como um tal. Devido à determinação recíproca, também o objeto é por esse meio determinado. O pensado, como objeto do pensar, e logo, nessa medida, como passivo, é determinado por um não-pensado, portanto, por um meramente pensável (que deve ter o fundamento da sua pensabilidade em si próprio, e não no pensante e, portanto, nessa medida, deve ser ativo, e o pensante, em relação a ele, passivo). Ambos, o pensado e o pensante, devem agora ser determinados um pelo outro: 1) todo o pensado é pensável; 2) todo o pensável é pensado como pensável, e só é pensável na medida em que é pensado como tal. Sem pensável, não há pensado, sem pensado, não há pensável. – O pensável, e a pensabilidade, como tal, são meros objetos da faculdade de julgar.

/ Só o que é julgado como pensável pode ser pensado como causa da intuição.

O pensante deve determinar-se a si próprio a pensar algo como pensável e, nessa medida, o pensável seria passivo; mas, por sua vez, o pensável deve determinar-se a si próprio a ser um pensável; e, nessa medida, o pensante seria passivo. Isto

382

fornece novamente uma ação recíproca entre o pensante e o // pensado no pensar; portanto, não fornece nenhum ponto fixo de determinação, e temos de determinar ainda melhor o que efetua o juízo[58].

IX) A atividade que determina em geral um objeto é determinada por uma atividade tal que não tem absolutamente nenhum objeto, uma atividade em geral não-objetiva, que é oposta à atividade objetiva. Pergunta-se, apenas, como é posta uma tal atividade, e como pode ser oposta à atividade objetiva.

Assim como foi há pouco deduzida a possibilidade de abstrair de todo o objeto determinado = **A**, assim também é aqui postulada a possibilidade de abstrair de todo o objeto em geral. Tem de haver uma tal faculdade de abstração absoluta, se a determinação exigida deve ser possível; e ela tem de ser possível, se deve ser possível uma consciência de si e uma consciência da representação.

Uma tal faculdade deveria, em primeiro lugar, poder ser intuída. – Por força da sua essência, a imaginação oscila, em geral, entre objeto e não-objeto. Ela é fixada a não ter nenhum objeto; isto quer dizer, a imaginação (refletida) é totalmente anulada, e esta anulação, este não-ser da imaginação é, ele próprio, intuído pela imaginação (não refletida e, por isso, imaginação que não chega à consciência clara). (A representação obscura presente em nós, se, para efeitos do puro pensar, somos advertidos para abstrair de toda a mistura da imaginação, é esta intuição, a qual ocorre muito frequentemente ao pensador.) – O produto de uma tal intuição (não refletida) deve ser fixado no entendimento; mas o mesmo não deve ser nada, absolutamente nenhum objeto e, portanto, não é 244   fixável. / (A representação obscura do pensamento de uma mera relação, sem os termos da mesma, é algo que tal.) Nada, por conseguinte, resta para abstrair, senão em geral a mera regra da razão, a mera regra de uma determinação que não é para realizar (pela imaginação, e pelo entendimento, para a

---

58. *das urtheilende.*

consciência clara) – e esta faculdade de abstração absoluta é, portanto, a própria razão. [C: (A razão *pura,* sem imaginação; em significado teorético; aquela que *Kant* fez o seu objeto na *Crítica da razão pura.*)]

Se tudo o que é objetivo é suprimido, resta pelo menos aquele *que se determina a si próprio,* e por *si próprio se determina, o* eu, ou o sujeito. Sujeito e objeto são determinados um pelo outro de tal modo que um é excluído, simplesmente, pelo outro. Se o eu se determinar apenas a si próprio, então ele não determina nada fora de si; e se determinar algo fora de si, então não se determina meramente a si próprio. Mas o eu é determinado agora como aquilo // que resta após a *383* supressão de todo o objeto pela faculdade absoluta da abstração; e o não-eu, como aquele do qual pode ser abstraído por aquela faculdade de abstração: e temos agora, por conseguinte, um ponto firme de distinção entre o objeto e o sujeito.

(Esta é então, efetivamente, a fonte manifesta de toda a consciência de si, que não mais pode, de modo nenhum, ser desconhecida após a sua indicação. Tudo aquilo de que posso abstrair, que posso dispensar [ainda que não de uma só vez, certamente ao menos de modo tal que abstraio posteriormente disso que agora deixo ficar, e então deixo ficar isso de que agora abstraio], não é o meu eu, e eu oponho-o ao meu eu apenas porque o considero como um tal que eu posso dispensar. Quanto mais pode um determinado indivíduo dispensar, tanto mais a sua consciência de si empírica se aproxima da pura consciência de si; – desde a criança, que pela primeira vez deixa o seu berço, e que assim aprende a diferenciá-lo de si, passando pelo filósofo popular, que ainda admite imagens- -ideias[59] materiais, / e pergunta pelo lugar da alma, até ao *245* filósofo transcendental, que pensa, e exibe, ao menos a regra para pensar um eu puro.)

X) Esta atividade, que determina o eu por abstração de tudo o que pode ser abstraído, teria de ser ela própria por sua vez

---

59. *Ideen-Bilder.*

determinada. Mas dado que naquilo *de* que não pode ser abstraído, e *no* qual nada pode ser abstraído (por isso o eu é julgado como *simples*), nada mais se deixa determinar, então ela só poderia ser determinada por uma atividade simplesmente não determinante – e aquilo que é determinado por ela, por algo simplesmente indeterminado.

Uma tal faculdade do simplesmente indeterminado, como a condição de todo o determinado, foi agora, é certo, remetida, pelo raciocínio, à imaginação; mas ela não se deixa, como tal, trazer à consciência, porque então teria de ser refletida, portanto, determinada pelo entendimento, e portanto não permaneceria indeterminada e infinita.

O eu, na autodeterminação, foi há pouco considerado como simultaneamente determinante e determinado. Se se refletir, por intermédio da mais alta determinação presente, em que isso que determina o simplesmente determinado teria de ser um simplesmente indeterminado e, além disso, em que o eu e o não-eu são opostos, simplesmente, então, se o eu é // considerado como *determinado*, o não-eu é o determinante indeterminado; e, pelo contrário, se o eu é considerado como *determinante*, ele próprio é o indeterminado, e o que é por ele determinado é o não-eu, e daqui surge o seguinte conflito:

Se o eu refletir sobre si próprio, e determinar-se por este meio, então o não-eu é infinito e ilimitado. Se, em contrapartida, o eu refletir sobre o não-eu em geral (sobre o universo) e determiná-lo por esse meio, então ele próprio é infinito. Na representação estão, consequentemente, em ação recíproca o eu e o não-eu; se um é finito, então o outro é infinito, / e inversamente; um dos dois, porém, é sempre infinito. – (Aqui reside o fundamento das *antinomias* estabelecidas por *Kant.*)

XI) Mas se se refletir, numa reflexão ainda superior, em que o próprio eu é o simplesmente determinante e, portanto, que é também aquele que determina simplesmente a reflexão acima realizada, da qual depende o conflito, então o não-eu é, em cada caso, novamente algo determinado pelo eu, quer ele seja expressamente determinado para a reflexão, quer seja deixado indeterminado na reflexão, para a determinação do eu por si próprio; e então o eu, na medida em que pode ser finito ou infinito, está em ação recíproca somente consigo próprio: uma ação recíproca, na qual o eu é perfeitamente unificado consigo próprio, e acima da qual não se eleva nenhuma filosofia teorética.

/// TERCEIRA PARTE

FUNDAMENTOS DA CIÊNCIA DO DOMÍNIO[1] PRÁTICO

§.5. Segundo teorema

Na proposição que constituía o resultado dos três princípios da Doutrina da Ciência inteira: *o eu e o não-eu determinam-se mutuamente*, residiam as seguintes duas. Em primeiro lugar: *o eu põe-se como determinado pelo não-eu*, que nós discutimos e mostramos que fato no nosso espírito tem de corresponder à mesma. E então, a seguinte: *o eu põe-se como determinando o não-eu*.

Ainda não podíamos saber, no começo do § precedente, se poderíamos alguma vez assegurar um significado a esta última proposição, dado que na mesma é pressuposta a *determinabilidade* e, portanto, a *realidade* do não-eu, e lá não podíamos ainda apontar nenhum fundamento para a admitir. / Doravante, porém, por aquele fato postulado, e sob a pressuposição do mesmo, é postulada, simultaneamente, a realidade de um não-eu – realidade, compreenda-se, *para* o eu, – conforme aliás toda a Doutrina da Ciência, como ciência transcendental, não pode, nem deve ir além do eu – e está propriamente removida a dificuldade que nos impedia de admitir aquela segunda proposição. Se um não-eu tem realidade para o eu e, – o que quer dizer o mesmo – se o eu o põe como real, e disto está agora exposta a possibilidade bem como o modo de o fazer, então, se as outras determinações da proposição são pensáveis, o que não podemos ainda, é certo, saber, o eu pode afinal também pôr-se a si como determinando (restringindo, limitando) aquela realidade posta.

---

1. "Domínio", adenda do trad.

Na discussão da proposição estabelecida: o eu põe-se como determinando o não-eu, podemos proceder exatamente como procedemos na discussão da proposição acima: o eu põe-se a si como determinado pelo não-eu. Nesta, precisamente como naquela, residem várias oposições; poderíamos procurá-las, unificá-las sinteticamente, unificar novamente sinteticamente os conceitos surgidos por essa síntese, se eles de algum modo devam ser de novo opostos, etc., e chegaríamos com certeza a esgotar completamente a nossa proposição, segundo um // método simples e sólido. Mas há uma maneira mais breve de a discutir, e não menos exaustiva por isso.

A saber, reside nesta proposição uma antítese capital que abrange todo o conflito entre o eu, como inteligência e, nessa medida, limitado, e precisamente o mesmo eu, como posto simplesmente e, portanto, como essência ilimitada; o que nos obriga a admitir, como elo de unificação, uma faculdade prática do eu. Vamos, em primeiro lugar, procurar esta antítese, e unificar os elos da sua oposição. As restantes antíteses encontrar-se-ão em seguida por si próprias, e com a mesma facilidade se deixarão unificar.

248

/ I

Tomamos o caminho mais curto para procurar essa antítese, pelo qual, simultaneamente, a partir de um ponto de vista superior, irá demonstrar-se como admissível a proposição capital de toda a Doutrina da Ciência prática: *o eu põe-se a si como determinando o não-eu,* e já desde o início dotada de uma validade superior a uma validade meramente problemática.

O eu é, em geral, um eu; ele é, sem mais, um e precisamente o mesmo eu, por força do seu ser-posto por si próprio. (§.1.)

Ora, na medida em que o eu, em particular, *é representante* ou uma *inteligência,* ele é *como tal,* afinal, também um só; uma faculdade de representação sujeita a leis necessárias: mas ele não é, nessa medida, de todo, um e precisamente o mesmo eu absoluto, posto simplesmente por si próprio.

Então, *na medida em que ele já é isso,* segundo as suas determinações particulares, dentro dessa esfera, o eu como inteligência é, na verdade, determinado por si próprio; também nessa medida, nada está nele senão aquilo que ele põe em si, e na nossa teoria foi expressamente contraditada a opinião de que algo ocorra no eu, perante o qual o mesmo se comporte apenas passivamente. Mas *mesmo esta esfera*, em geral, e considerada em si, não é, para ele, posta por si próprio, mas por algo fora dele; a *maneira* e o *modo* do representar em geral é, certamente, determinado pelo eu, mas *que*, em geral, o eu seja representante, não é determinado pelo eu mas, como vimos, por algo fora do eu. Não poderíamos, nomeadamente, pensar a representação em geral de nenhuma maneira possível, senão pela pressuposição de que // um obstáculo *387* sobrevém à atividade do eu que vai até ao indeterminado e ao infinito. Por conseguinte, o eu, como *inteligência em geral*, é *dependente de um não-eu indeterminado e até aqui completamente indeterminável; e ele só é inteligência através e por meio de um tal não-eu**.

/ Mas o eu, segundo todas as suas determinações, deve ser *249* posto simplesmente por si próprio e ser, por conseguinte, completamente independente de qualquer não-eu possível.

Portanto, o eu absoluto e o eu inteligente (se nos é permitido expressar-nos como se eles constituíssem dois eus[2], embora devam, na verdade, constituir um só) não são um e precisamente o mesmo, mas são opostos um ao outro; o que contradiz a identidade absoluta do eu.

Esta contradição tem de ser desfeita, e ela só se deixa desfazer da seguinte maneira: – a inteligência do eu em geral, a qual origina a contradição, não pode ser suprimida sem que o eu se coloque, novamente, numa nova contradição consigo próprio, pois que se um eu é tão somente posto, e um não-eu é oposto ao mes-

---

* É-me muito bem-vindo o leitor que nesta afirmação adivinha um sentido profundo e *249* vastas consequências, / e ele pode prosseguir tranquilamente, a partir dela, sempre à sua maneira. – Um ser finito só é finito como inteligência; a legislação prática que deve ser comum a ele e ao infinito não pode depender de nada fora dele. Também aqueles que, a partir de umas poucas linhas fundamentais de um sistema completamente novo, e que não são capazes de abranger, adquiriram a presteza de nele farejar, senão mesmo mais longe, no mínimo ateísmo, detenham-se neste esclarecimento e vejam o que podem fazer a partir dele.

2. *zwei Ich.*

mo, então, conforme a Doutrina da Ciência teorética inteira, é também posta uma faculdade de representação, com todas as suas determinações. E também, já na medida em que o eu é posto como inteligência, ele é determinado apenas por si próprio, conforme recordamos agora mesmo, e demonstramos na parte teorética. Mas a *dependência* do eu, como inteligência, deve ser suprimida, e isto só é pensável sob a condição de *que o eu determine por si próprio esse não-eu, até aqui desconhecido*, ao qual é imputado o obstáculo pelo qual o eu se torna inteligência. Desta maneira, o não-eu a representar seria determinado pelo eu absoluto *imediatamente*, e o eu representante seria determinado *mediatamente*, por intermédio daquela determinação; o eu seria dependente apenas de si próprio, i.e., ele seria completamente / // determinado por si próprio; ele seria tal como se põe[3], e simplesmente nada mais, e a contradição seria satisfatoriamente desfeita. E teríamos então, assim, no mínimo provisoriamente demonstrada a segunda metade da nossa proposição capital estabelecida, a proposição: o eu determina o não-eu (a saber, o eu é o determinante, o não-eu, o que se torna determinado).

O eu, como inteligência, estava em relação causal com o não-eu, ao qual se deve atribuir o obstáculo postulado; ele era efeito do não-eu, como a sua causa. Pois a relação causal consiste em que, por virtude da limitação da atividade em um (ou por virtude de uma quantidade de passividade nele) é, segundo a lei da determinação recíproca, posta no seu oposto uma quantidade de atividade igual à atividade suprimida. Mas se o eu deve ser inteligência, então uma parte da sua atividade que vai até ao infinito tem de ser suprimida, a qual, então, segundo a lei introduzida, é posta no não-eu. Mas porque o eu absoluto não é, de todo, capaz de nenhuma passividade, mas apenas de atividade absoluta, e não deve ser absolutamente nada, senão atividade, então, assim como expusemos há pouco, teria de admitir-se que também aquele não-eu postulado é determinado e, logo, é passivo, e que a atividade oposta a essa atividade teria de ser posta no que lhe é oposto, no eu, e, com efeito, não no eu inteligente, porque este é, também ele, determi-

---

3. Cf. pp. 214/*358* supra.

nado pelo não-eu, mas no eu absoluto. Uma tal relação, porém, conforme ficou por tal modo admitida, é a relação causal. O eu absoluto deve, por conseguinte, ser *causa* do não-eu, na medida em que o mesmo é o fundamento último da representação, e este, nesta medida, deve ser o seu *efeito*.

1) O eu é simplesmente ativo, e apenas ativo – esta é a pressuposição absoluta. Desta seguiu-se, em primeiro lugar, uma passividade do não-eu, na medida em que ele deve determinar o eu como inteligência; a atividade oposta a essa passividade é posta no eu absoluto, como atividade *determinada,* como exatamente aquela atividade pela qual o não-eu é determinado. Assim, / a partir da *atividade absoluta do eu,* segue-se então uma certa *atividade determinada* do mesmo. 251

2) Tudo o que ficou agora recordado, serve ao mesmo tempo para tornar ainda mais iluminador o raciocínio acima. A representação em geral (e não porventura as suas determinações particulares) é, incontestavelmente, um efeito do não-eu. Mas absolutamente nada que seja um efeito pode existir no eu; pois o eu é tal como se põe, e nada está nele, que ele não ponha em si. Portanto, mesmo aquele não-eu tem de ser um efeito do eu e, na verdade, do eu absoluto: [(|– e não teríamos assim, então, de modo nenhum, // uma causação sobre o eu a partir de fora, mas apenas um efeito do mesmo sobre si próprio; efeito que toma, é certo, um desvio cujo fundamento não é ainda, até aqui, conhecido, mas que se deixará talvez indicar no futuro.) 389

O eu absoluto deve, por conseguinte, ser causa do não-eu em si e para si, i.e., somente daquilo que resta no não-eu, se se abstrai de todas as formas demonstráveis da representação; daquilo a que é atribuído o obstáculo à atividade do eu que vai até ao infinito: pois está demonstrado na Doutrina da Ciência teorética que o eu inteligente é causa, segundo as leis necessárias do representar, das determinações particulares do representado, *como um tal.*

E o eu não pode ser causa do não-eu da mesma maneira, a saber, pelo pôr absoluto.

A si próprio, o eu põe-se simplesmente, e sem qualquer outro fundamento, e ele *tem* de se pôr, se ele deve pôr um outro qualquer, pois aquilo que não *é*, não pode pôr; mas o eu é (para o eu) simplesmente, e unicamente pelo seu próprio pôr de si mesmo.

O eu não pode pôr o não-eu sem se restringir a si próprio. Pois o não-eu é completamente oposto ao eu; o que o não-eu é, o eu não é; por conseguinte, na medida em que o não-eu é posto (em que lhe cabe o predicado do ser-posto) o eu não é posto. Se / o não-eu fosse porventura posto sem qualquer quantidade, como ilimitado e infinito, então o eu não seria de todo posto, e a sua realidade seria completamente anulada, o que contradiz o que ficou acima visto. – Portanto, ele teria de ser posto numa determinada quantidade e, por conseguinte, a realidade do eu teria de ser restringida à quantidade de realidade do não-eu posta. – As expressões *pôr um não-eu*, e *restringir o eu*, são completamente equivalentes, conforme foi provado na Doutrina da Ciência teorética.

Ora, segundo a nossa pressuposição, o eu devia pôr um não--eu *simplesmente*, e sem qualquer fundamento, i.e., devia limitar-se a si próprio, simplesmente, e sem qualquer fundamento, ele, em parte, não se devia pôr. O eu teria, por conseguinte, de ter em si próprio o fundamento de não se pôr a si, teria de estar nele o princípio de pôr-se, e o princípio, também, de não se pôr. Portanto, o eu seria, na sua essência, oposto e em conflito consigo próprio; haveria nele um princípio duplo e oposto, assunção que se contradiz a si própria, pois que então // não haveria nele absolutamente nenhum princípio. O eu não seria absolutamente nada pois suprimir-se-ia a si próprio.

(Estamos aqui num ponto a partir do qual podemos expor mais claramente do que pudemos em qualquer outro até aqui, o verdadeiro sentido do nosso segundo princípio, *ao eu é oposto um não-eu* e, por intermédio deste, o verdadeiro significado de toda a nossa Doutrina da Ciência.

No segundo princípio, algo, somente, é absolutamente; este algo, porém, pressupõe um fato que de todo não se deixa indicar *a priori*, mas unicamente na experiência própria de cada um.

Deve haver ainda um pôr fora do pôr do eu por si próprio. Isto constitui, *a priori*, uma mera hipótese; *que* haja um tal pôr, não se deixa provar por nada, senão pelo fato da consciência, e cada um tem de provar isso a si próprio através desse fato; ninguém o pode demonstrar a outro por fundamentos racionais. (Bem o poderia, por fundamentos racionais, reconduzir um fato admitido àquele fato supremo; mas uma tal demonstração não fornece nada mais, além de que / persuade o outro de que ele, por meio da admissão de um qualquer fato, admitiu também aquele fato supremo.) Mas o que é absoluta e simplesmente fundado na essência do eu é que *se* há um tal pôr, este pôr tem de ser um *opor*, e que o oposto tem de ser um *não-eu*. – Como possa o eu diferenciar algo de si próprio, para isso não se deixa derivar, de parte alguma, nenhum fundamento de possibilidade superior, mas esta diferença está, ela própria, no fundamento de toda a derivação, e de toda a fundamentação. Que todo o pôr, que não seja um pôr do eu, tenha de constituir um opor, é certo, simplesmente: mas que haja um tal pôr, cada um só pode provar-se a si através da sua própria experiência. Por isso, a argumentação da Doutrina da Ciência vale simplesmente *a priori*, ela estabelece apenas proposições tais que são certas *a priori*: realidade, porém, ela só recebe na experiência. Quem não pode ser consciente para si do fato postulado – pode saber-se, com certeza, que este não será o caso para nenhum ser racional finito –, para esse, toda a Doutrina da Ciência não tem nenhum conteúdo, para ele a Doutrina da Ciência seria vazia; mas ele teria, ainda assim, de admitir a sua correção formal.

E assim, então, a Doutrina da Ciência é possível *a priori*, ainda que ela tenha de se dirigir a objetos. O objeto não é *a priori*, mas só lhe é dado na experiência; a validade objetiva, oferece-a a cada um a sua própria consciência do objeto, consciência que, *a priori*, só se deixa postular, mas não deduzir. – Sirva o que se segue apenas como exemplo! – Para a divindade, i.e., para uma consciência na qual tudo fosse posto pelo mero ser-posto do eu (para nós, porém, // o conceito de uma tal consciência é impensável), a nossa Doutrina da Ciência não teria nenhum conteúdo, porque numa tal consciência não ocorreria absolutamente nenhum outro pôr, senão o do eu; mas mesmo para Deus ela teria correção formal, porque a sua forma é a forma da própria razão pura.)

254   / **II**

Vimos que a causalidade exigida do eu sobre o não-eu, pela qual deveria ser desfeita a contradição apontada entre a independência do eu, como essência absoluta, e a dependência do mesmo como inteligência, contém também ela uma contradição. E, no entanto, a primeira contradição tem de ser desfeita, e ela não o pode ser de nenhum outro modo, senão pela causalidade exigida; temos, por conseguinte, de procurar resolver a contradição que reside também nesta exigência, e voltamo-nos, agora, para esta segunda tarefa.

Para levá-la a cabo, começamos por procurar, um tanto mais profundamente, o verdadeiro sentido desta contradição.

O eu *deve ter causalidade sobre o não-eu*, e isto para chegar a produzir a sua representação possível, porque nada pode caber ao eu que ele, ou imediata, ou mediatamente, não ponha em si próprio, e porque pura e simplesmente tudo o que ele é, ele deve ser por si próprio. – Logo, a exigência da causalidade funda-se sobre a essencialidade[4] absoluta do eu.

O eu *não pode ter nenhuma causalidade sobre o não-eu*, porque o não-eu deixaria então de ser não-eu (de ser oposto ao eu), e seria também eu. Mas o próprio eu se opôs a si o não-eu; e este ser-oposto não pode, por conseguinte, ser suprimido, se não deve ser suprimido algo do que o eu pôs e, logo, o eu deixar de ser eu, o que contradiz a identidade do eu. – Por conseguinte, a contradição levantada contra a causalidade exigida funda-se em que ao eu é, e deve permanecer simplesmente oposto, um não-eu.

O conflito é, por conseguinte, entre o próprio eu em dois aspectos diferentes do mesmo. São estes que se contradizem; é preciso encontrar uma mediação entre eles. (Com respeito a um eu, *392* ao qual nada fosse oposto, // ou a ideia impensável da divindade, uma tal contradição não teria, de todo, lugar.) Na medida em que 255 o eu / é absoluto, ele é *infinito*, e *ilimitado*. Tudo o que é, ele põe; e o que ele não põe, não é *(para* ele; e *fora* dele, nada é). Mas tudo

---

4. *Wesenheit.*

o que ele põe, ele põe como eu; e o eu põe-no, como tudo o que ele põe. Portanto, a este respeito, o eu apreende tudo em si, i.e., uma realidade infinita e ilimitada.

Na medida em que o eu se opõe um não-eu, ele põe necessariamente *limites* (§.3), e põe-se a si próprio dentro destes limites. Ele reparte a totalidade do ser posto em geral, pelo eu e pelo não- -eu; e, nessa medida, por conseguinte, põe-se a si necessariamente *como finito*.

Estas duas ações muito diferentes podem exprimir-se pelas seguintes proposições. A primeira: o eu põe-se, simplesmente, como *infinito* e *limitado*. A segunda: o eu põe-se, simplesmente, *como finito* e *limitado*. E haveria, por conseguinte, uma contradição superior na essência do próprio eu, na medida em que ele se anuncia pela sua primeira e pela sua segunda ação, contradição a partir da qual nasce a presente contradição. Se aquela for resolvida, então também esta, que se funda sobre aquela, será resolvida.

Todas as contradições são unificadas por uma mais próxima determinação das proposições contraditórias, e assim também esta. Num sentido, o eu teria de ser posto como *infinito,* num outro, *como finito.* Se ele fosse posto em um e precisamente no mesmo sentido como infinito e como finito, então a contradição seria irresolúvel, o eu não seria um, mas dois; e não restaria nenhuma outra saída, senão a de Espinosa, de colocar o infinito fora de nós; pelo que, no entanto, ficaria para sempre por responder (o próprio Espinosa, devido ao seu dogmatismo, não podia sequer levantar a questão) como nos pode ter chegado, ao menos a sua *ideia* em nós.

Mas em que sentido é o eu posto como infinito, e em que sentido como finito?

Tanto um quanto o outro lhe são imputados simplesmente; a mera ação do seu pôr é o fundamento da sua infinidade, assim como da sua finitude. Unicamente / porque ele põe algo, ele põe-se, tanto num como noutro caso, nesse algo, atribui-se a si próprio esse algo. Por conseguinte, se apenas pudermos encontrar uma diferença na mera ação desse pôr diverso, então a tarefa estará resolvida.

393 Na medida em que o eu se põe como infinito, a sua atividade (de pôr) // dirige-se ao próprio eu, e a nada de diverso do eu. Toda a sua atividade dirige-se ao eu, e esta atividade é o fundamento e o âmbito de todo o ser. O eu, por conseguinte, é *infinito, na medida em que a sua atividade retorna a si própria* e, nessa medida, é então também infinita a sua atividade, porque o produto da mesma, o eu, é infinito. (Produto infinito, atividade infinita; atividade infinita, produto infinito; isto constitui um círculo, que não é, no entanto, vicioso, porque é aquele do qual a razão não pode sair, dado que por ele se exprime aquilo que é certo simplesmente por si próprio e por causa do seu si-próprio. Produto, atividade e agente são aqui um e precisamente o mesmo (§.1), e só os diferenciamos para nos podermos exprimir.) Somente a *atividade pura* do eu, e *somente o puro eu* é infinito. A atividade pura, porém, é aquela que não tem absolutamente nenhum objeto, mas que retorna a si própria.

Na medida em que o eu põe limites e, conforme se viu, põe-se a si próprio dentro desses limites, a sua atividade (de pôr) não se dirige imediatamente a si próprio, mas a um não-eu que deve ser oposto. (§§.2.3.) Ela não é mais, então, atividade pura, mas *objetiva*[5] (que põe-se um *ob*jeto[6]). A palavra 'objeto' designa adequadamente o que ela deve designar. Cada objeto de uma atividade, na medida em que é isso, é necessariamente algo de oposto à atividade, que está *contra*, ou *ob*sta a ela.[7] Se não existir nenhuma resistência, então não existe tampouco, em geral, nenhum objeto[8] da atividade, e absolutamente nenhuma atividade objetiva, mas, se deve, no entanto, existir atividade, deve ser uma atividade que retorna puramente a si. No mero conceito da atividade objetiva 257 reside já que lhe é resistido e, portanto, que ela é limitada. / Logo, o eu é finito na medida em que a sua atividade é *objetiva*.

Ora, esta atividade, em ambas as relações, tanto na medida em que se dirige ao próprio agente quanto na medida em que deve

---

5. *objektive.*

6. *Gegenstand.*

7. *ihr* wider- *oder* gegen*stehendes.*

8. *Objekt.*

dirigir-se a um objeto fora do agente, deve ser uma e precisamente a mesma atividade, atividade de um e precisamente do mesmo sujeito, que se põe a si próprio, em ambos os aspectos, como um e precisamente o mesmo sujeito. Tem, por conseguinte, de haver entre as duas espécies da atividade um vínculo de unificação, pelo qual a consciência é conduzida de uma para a outra; e um tal vínculo seria exatamente a relação de causalidade exigida; a saber, que a atividade do eu que retorna a si própria se comportasse para a objetiva, como a causa para o seu efeito, que o eu se determinasse à última pela primeira; assim, que a primeira se dirigisse *imediatamente* ao // próprio eu, mas que *mediatamente,* em virtude da determinação que assim acontece ao próprio eu, como determinante do não-eu, se dirigisse ao não-eu, e assim seria realizada a causalidade exigida.

394

É então requerido, em primeiro lugar, que a ação do eu pela qual ele se põe a si próprio (a qual foi estabelecida no primeiro princípio), se comporte para com a ação por intermédio da qual ele põe um não-eu (a ação estabelecida no segundo princípio) como causa para efeito. Ora, uma tal relação não pôde, em geral, ser indicada mas, muito pelo contrário, foi encontrada como completamente contraditória; porque então o eu, pelo pôr de si-mesmo, teria de pôr simultaneamente o não-eu e, portanto, de não se pôr, o que se suprime a si próprio. – Foi expressamente afirmado que o eu opõe algo a si próprio, simplesmente, e sem qualquer outro fundamento; e é somente em consequência da incondicionalidade desta ação que poderia denominar-se um princípio a proposição que a estabelece. Mas foi simultaneamente feito notar que algo, pelo menos, nessa ação, é condicionado, ou seja, o seu produto – que o que surge pela ação do opor tem necessariamente de ser um não-eu, e / não pode ser nada mais. Penetraremos em seguida mais profundamente no sentido dessa observação.

258

O eu põe, *simplesmente,* um objeto (um não-eu oposto, que obsta). No *mero pôr* do mesmo, então, ele só é dependente de si e de nada fora de si. Se é tão somente posto como *limitado* um *objeto* em geral e, por seu intermédio, é somente posto como limitado o eu em geral, então aconteceu o que era desejado; não se deve pensar, aí, num limite *determinado*. O eu é agora limitado, simplesmente: mas onde passa o seu limite? Aquém do ponto **C**, ou além do mesmo? Por que meio poderia, na verdade, ser determinado um tal ponto? Ele permanece dependente unicamente da espontaneidade do eu, que é posta por este "simplesmente"[9]. O ponto-limite reside lá onde, na infinidade, o eu o põe. O eu é finito, porque deve ser limitado; mas, nesta finitude, ele é infinito porque o limite pode ser posto sempre mais além, até ao infinito. Ele é infinito, segundo a sua finitude; e finito, segundo a sua infinidade. – Ele não é, por conseguinte, limitado por esse pôr absoluto de um objeto, senão na medida em que se limita a si próprio, simplesmente, e sem qualquer outro fundamento; e dado que uma tal limitação absoluta contradiz a essência infinita do eu, ela própria é impossível, e é também impossível todo o opor de um não-eu.

Mas, além disso – ele põe um *ob*jeto, onde quer, na infinidade, que o possa pôr, e põe, assim, uma atividade que reside fora dele, e que não depende da sua atividade (de pôr) mas, muito pelo contrário, que é // oposta a ela. Esta atividade oposta tem, com certeza, num certo sentido (não investigado ainda em qual), de *residir no eu*, na medida em que ela é aí posta; ela tem, porém, também, num outro sentido (igualmente não investigado em qual), de *residir no objeto*. Esta atividade, na medida em que reside no objeto, tem de ser oposta a alguma atividade (= **X**) do eu; não àquela pela qual ela é posta no eu, pois esta é igual a ela; portanto, *a alguma outra*. / Assim, na medida em que um objeto deve ser posto, e *como* condição *de possibilidade de um tal pôr*, tem de ocorrer no eu ainda uma atividade diversa da atividade de pôr (= **X**). Que atividade é esta?

Em primeiro lugar, uma atividade tal que *não é suprimida* pelo objeto; pois ela deve ser oposta à atividade do objeto; ambas devem, então, como postas, subsistir uma ao lado da outra: – logo, uma atividade tal, cujo ser é independente do objeto, assim como, inversamente, o objeto é independente dela. – Uma tal atividade tem, além disso, de ser fundada simplesmente no eu, porque ela é independente do pôr de todo o objeto, e este, pelo contrário, é in-

---

9. *schlechthin.*

dependente dela; ela é, por conseguinte, posta pela ação absoluta do eu, pela qual ele se põe a si próprio. – Finalmente, conforme se viu, o objeto deve poder ser posto até à infinidade; esta atividade do eu que lhe resiste tem, por conseguinte, também de ser posta até à infinidade, por sobre todo o objeto possível; e ser, também ela, infinita. – Um objeto, porém, tem de ser posto, com tanta certeza quanto o segundo princípio é válido. – Por conseguinte, **X** é a atividade infinita posta pelo eu em si próprio; e esta atividade está para a atividade objetiva do eu como o fundamento de possibilidade para o fundado. O objeto só é posto na medida em que a uma atividade do eu é resistido; sem uma tal atividade do eu, não há objeto. – Ela comporta-se como o determinante para o determinado. Só na *medida em que* aquela atividade é resistida pode ser posto um objeto; e na medida em que não lhe é resistido, não há objeto.

Observamos agora esta atividade com respeito à sua relação[10] com a atividade do objeto. – Consideradas em si, são ambas completamente independentes uma da outra, e completamente opostas; absolutamente nenhuma relação tem entre elas lugar. Mas se, conforme a exigência, um objeto deve ser posto, então elas têm, no entanto, de ser relacionadas uma à outra por um eu que põe um objeto. Desta relação depende, / igualmente, o pôr de um objeto em geral; na medida em que um objeto é posto, elas estão relacionadas, e na medida em que elas não são relacionadas, nenhum objeto é posto. – Além disso, dado que o objeto é posto absolutamente, simplesmente, e sem // qualquer outro fundamento (da ação do pôr meramente como tal), então a relação acontece também simplesmente, e sem qualquer outro fundamento; e só agora está completamente esclarecido em que medida é absoluto o pôr de um não-eu: ele é absoluto, na medida em que se funda sobre esta relação dependente apenas do eu. Elas estão relacionadas, simplesmente, quer dizer, elas são postas, simplesmente, como iguais. Mas dado que, tão certo quanto um objeto deva ser posto, elas não são iguais, então pode dizer-se somente que a sua igualdade é simplesmente exigida: elas *devem*, simplesmente, ser

---

10. *Beziehung.*

iguais. – Mas uma vez que não são efetivamente iguais, então permanece sempre a questão sobre qual das duas se dirige à outra, e em qual delas se deve admitir o fundamento da equiparação[11]. – É imediatamente claro como teria de ser respondida esta questão. Assim como o eu é posto, é posta toda a realidade; tudo deve ser posto no eu; o eu deve ser independente, simplesmente, e tudo deve ser dependente dele. Logo, é exigido o acordo do objeto com o eu; e o eu absoluto, exatamente por causa do seu ser absoluto, é o que a exige*.

261   / (Seja dada (permanece por investigar, *como* e *a qual faculdade* do sujeito) a atividade **Y** (com o que é posto o que será mais tarde posto como objeto). A ela é *relacionada* uma atividade do sujeito; é pensada, por conseguinte, uma atividade fora do eu (= **-Y**), que seria igual àquela atividade do eu. Onde está, nesta operação, o fundamento de relação? Evidentemente, na exigência de que *toda* a atividade do eu deve ser igual à do eu, e esta exigência

397   está // fundada no ser absoluto do eu. **-Y** reside num *mundo*, no qual toda a atividade seria *efetivamente* igual à do eu, e constitui um ideal. – Ora, **Y** não concorda com **-Y**, mas é *oposta* a ela. Por isso ela é atribuída a um *objeto;* e sem esta relação, e a exigência absoluta, a qual funda a mesma, não haveria objeto para o eu mas este seria tudo em tudo[12] e, exatamente por isso, não seria nada, conforme veremos mais abaixo.)

    Logo, o eu absoluto relaciona-se, ele próprio, simplesmente, a um não-eu (aquele **-Y**) que, como parece, na verdade, segundo a

---

11. *Gleichung.*

* O imperativo categórico de *Kant.* Se nalgum lugar está claro que *Kant* colocou no fundamento do seu proceder crítico, só que implicitamente, exatamente as mesmas premissas que a Doutrina da Ciência estabelece, esse lugar é aqui. Como poderia ter ele alguma vez chegado a um imperativo categórico, como postulado absoluto do acordo com o eu puro, senão a partir da pressuposição de um ser absoluto do eu, pelo qual tudo seria posto e, na medida em que não é, ao menos *deve ser?* – A maioria dos seguidores de *Kant,* naquilo que dizem sobre o imperativo categórico, parecem somente repetir esse grande homem, e ainda não terem percebido o fundamento da legitimidade de um postulado absoluto. – Só *porque,* e *na medida* em que o próprio eu é absoluto, é que ele tem o direito de postular absolutamente; e este direito não se estende também mais além do que um postulado desse

261 seu ser absoluto, a partir do qual, certamente, poderiam deixar-se *deduzir* ainda muitos outros. – Uma filosofia que em / todos os extremos onde não pode progredir mais além, apela a um fato da consciência, é tão pouco sólida quanto a desacreditada filosofia popular.

12. *Alles in Allem.*

sua forma (na medida em que deve ser, em geral, algo fora do eu), mas não segundo o seu conteúdo, deve ser um não-eu; pois ele deve concordar perfeitamente com o eu. Mas não pode concordar com este, na medida em que ele, embora segundo a forma, deve ser também um não-eu; portanto, aquela atividade do eu relacionada ao mesmo não-eu não é absolutamente nenhum determinar (à igualdade efetiva), mas é meramente uma *tendência*, um *esforçar-se*[13] à determinação, que é, todavia, inteiramente inapelável, pois que ele é posto pelo pôr absoluto do eu.

O resultado da nossa investigação até aqui é, então, o seguinte: a atividade pura do eu que retorna a si próprio é, *em relação a um possível objeto*, um *esforço*[14]; e, com efeito, em conformidade com a demonstração acima, *um esforço infinito*. Este esforço infinito é, até ao infinito, a / *condição de possibilidade de todo o objeto:* sem esforço, não há objeto.

262

Vemos agora em que medida, por estes resultados, demonstrados a partir de outros princípios, está satisfeita a tarefa que empreendemos, e em que medida está resolvida a contradição apontada. – O eu, o qual, considerado em geral como inteligência, é dependente de um não-eu, e apenas é inteligência na medida em que existe um não-eu, deve, no entanto, depender unicamente do eu; e, para encontrar isto como possível, tivemos de admitir novamente uma causalidade do eu à determinação do não-eu, na medida em que o mesmo deve ser objeto do eu inteligente. À primeira vista, e tomada a palavra em toda a sua extensão, uma tal causalidade suprimiu-se a si própria; sob a sua pressuposição, ou o eu não era posto, ou o não-eu não era posto, e portanto, nenhuma relação de causalidade poderia ter lugar entre eles. Buscamos mediar este conflito pela diferença entre duas atividades opostas do eu, a pura e a objetiva; e pela pressuposição de que talvez a primeira se pudesse comportar imediatamente para com a segunda como a causa para o efeito; a segunda poderia comportar-se imediatamente para com o objeto como a causa para o efeito, e que, por conseguinte, a atividade pura do eu, ao menos *mediatamente*

---

13. *Streben.*
14. *Streben.*

398 (pelo elo intermédio da // atividade objetiva) poderia estar em relação causal com o objeto. Ora, em que medida foi confirmada esta pressuposição, e em que medida não o foi?

De início, em que medida se confirmou a atividade pura do eu como causa da atividade objetiva? Em primeiro lugar, na medida em que nenhum objeto pode ser posto, se uma atividade do eu não está presente, à qual é oposta a do objeto, e essa atividade tem de estar no sujeito antes de todo o objeto, única e simplesmente pelo próprio sujeito, constituindo, portanto, a atividade pura do mesmo, e a atividade pura do eu, como tal, é *condição de toda a atividade que põe um objeto*. Mas, na medida em que esta atividade pura não se refere originariamente a absolutamente 263 nenhum objeto, e / é independente dele, assim como o mesmo é completamente independente dela, ela tem de se relacionar, por uma ação do eu igualmente absoluta, à atividade do objeto (que nessa medida ainda não foi posto como *objeto)**, tem de ser equiparada a ela. Ainda que esta ação, *como* ação, segundo a *sua forma* (que ela acontece efetivamente) seja *absoluta* (sobre o seu ser absoluto funda-se a espontaneidade absoluta da reflexão no domínio teorético, e a da vontade, no prático, como se verá a seu tempo), ainda assim ela é, segundo o seu *conteúdo* (que ela é um *relacionar,* e exige igualdade e subordinação disso que posteriormente será posto como objeto), condicionada pelo ser-posto absoluto do eu, como conteúdo de toda a realidade: e a atividade pura é, a este respeito, *condição do relacionar,* sem a qual não é possível nenhum pôr do objeto. – Na medida em que a atividade pura é relacionada, pela ação há pouco apontada, com um objeto 399 (possível), ela é, como // foi dito, um esforço. Que a atividade pura seja em geral posta em relação a um objeto, disso o funda-

---

* A afirmação de que a atividade pura, *em si* e *como tal,* se relacionaria com um objeto, e que não necessitaria, para isso, de nenhuma ação particular de relacionar, seria o princípio transcendental do *fatalismo inteligível;* o mais consequente sistema sobre a liberdade que era possível antes da fundação de uma Doutrina da Ciência: e a partir deste princípio estar-se-ia então afinal justificado, com respeito ao ser finito, a retirar a conclusão de que nenhuma atividade pura pode ser posta, na medida em que nenhuma se manifesta, e que o ser finito é posto simplesmente como finito e, compreende-se, não por si próprio, mas por algo fora dele. O sistema do fatalismo inteligível seria válido para a divindade, i.e., para um ser, por cuja atividade pura fosse imediatamente posta também a sua atividade objetiva, se apenas um tal conceito não fosse, em geral, para nós, excessivo [*Überschwenglich*].

mento não reside na atividade pura em si; mas que, *se* ela é posta assim, então ela é posta como um *esforço*, disso o fundamento reside nela.

(Aquela exigência, de que tudo concordasse com o eu, de que toda a realidade fosse posta simplesmente pelo eu, é a exigência daquilo que se denomina razão prática, / e com justiça assim se denomina. Uma tal faculdade prática da razão foi até aqui postulada, mas não foi demonstrada. A exigência que de tempos a tempos é feita aos filósofos, de demonstrar *que* a razão é prática, era, consequentemente, muito justa. – Ora, uma tal demonstração tem de ser conduzida satisfatoriamente para a própria razão teorética, e não se deixa despachar meramente por um decreto. Isso não é possível de nenhum outro modo, a não ser que seja mostrado que a razão não poderia ser sequer teorética, se não for prática; que nenhuma inteligência é possível no homem, se não houver nele uma faculdade prática; a possibilidade de toda a representação funda-se nesta última. E isto aconteceu então, agora, ao ser demonstrado que, sem um esforço, nenhum objeto é, de todo, possível.)

Mas temos ainda de resolver uma dificuldade que ameaça derrubar toda a nossa teoria. A saber, a relação exigida, da tendência da atividade pura, com o que virá a ser o objeto – esta relação acontece agora imediatamente, ou por intermédio de um ideal esboçado segundo a ideia daquela atividade pura – não é possível se, de alguma maneira, a atividade do objeto não estiver já dada ao eu relacionante. Ora, se a deixarmos agora ser dada a ele, da mesma maneira, pela relação da mesma atividade com uma tendência da atividade pura do eu, então o nosso esclarecimento gira em círculo, e não obtemos simplesmente nenhum fundamento primeiro da relação em geral. Um tal fundamento primeiro tem de ser apontado, compreende-se, meramente numa ideia, porque ele deve ser um fundamento primeiro.

O eu absoluto é simplesmente igual a si próprio: tudo, nele, é um e precisamente o mesmo eu, e pertence (se nos é permitido, exprimir-nos tão impropriamente) a um e precisamente o mesmo eu; nada existe para distinguir, nenhum diverso, o eu é tudo, e é nada, porque ele, *para si*, é nada, não pode diferenciar nenhum ponente e nenhum posto em si próprio. – Ele *esforça-se* (o que também só se diz impropriamente, e com respeito a uma relação futura), / por força da sua essência, a afirmar-se nesse estado. // – Salienta-se nele uma desigualdade e, por isso, algo estranho. (*Que* isto aconteça, não se deixa de todo demonstrar *a priori*, mas cada um só o pode provar na sua própria experiência. Além disso, nada mais podemos também dizer até aqui desse estranho, senão que ele *não é* derivável a partir da essência interna do eu, porque, neste caso, ele não seria nada de diferenciável.)

Este estranho está necessariamente em conflito com o esforço do eu para ser simplesmente idêntico a si próprio; e se pensarmos algum ser inteligente fora do eu, que observa o mesmo nesses dois estados diversos, então, *para ele*, o eu é limitado, a sua força parece reprimida, assim como, e.g., nós o admitimos no mundo dos corpos.

Ora, não é um ser fora do eu, mas o próprio eu que deve ser a inteligência que põe aquela limitação; e assim, temos ainda de avançar mais alguns passos para resolver a dificuldade apontada. – Se o eu é igual a si próprio, e se esforça necessariamente pela perfeita identidade consigo próprio, então ele tem de restabelecer imediatamente esse esforço, interrompido *não* por ele próprio; e assim, se se deixasse apontar um fundamento de relação entre os dois estados, seria então possível uma comparação entre o estado da sua limitação e o do restabelecimento do esforço travado, logo, uma mera relação de si próprio a si próprio, sem qualquer contributo do objeto.

Ponha-se que a atividade de esforço do eu vai de **A** até **C** sem obstáculo, então, nada se pode diferenciar até **C**, pois que o eu e o não-eu não se podem diferenciar, e absolutamente nada, de que o eu pudesse jamais tornar-se consciente, tem até aí lugar. Em **C** esta atividade, que contém o fundamento primeiro de toda a consciência, mas que nunca acede à consciência, é travada. Mas, por força da sua própria essência interna, ela não pode ser travada; ela prossegue, por conseguinte, por sobre / **C**, mas como uma atividade tal que foi travada do exterior, e que se conserva *somente* pela sua própria força interna; e assim, até ao ponto onde não há mais nenhuma resistência, e.g., até **D**. [a] Para além de **D** ela não pode tampouco ser objeto da consciência, quanto de **A** até **C**, pela mesma razão; b) Não é aqui, de todo, dito que o eu põe a sua própria atividade como uma atividade travada e que se conserva apenas por si própria; mas é dito somente que alguma inteligência fora do eu a poderia pôr como uma tal.]

Em prol da clareza, permanecemos dentro da // pressuposição há pouco feita. – Uma inteligência que devesse pôr o que foi exigido, corretamente e conforme a coisa exige – e esta inteligência somos exatamente nós próprios na nossa presente reflexão científica – teria de pôr aquela atividade necessariamente como a atividade de um *eu* – um ser que se põe a si próprio, ao qual apenas ocorre o que ele põe em si. Portanto, o próprio eu teria de pôr em si próprio tanto a travagem da sua atividade quanto o restabelecimento da mesma, tão certo quanto deve ser a atividade de um eu, que é travada e restabelecida. Mas *ela só pode ser posta como restabelecida na medida em que é posta como travada; e só pode ser posta como travada na medida em que é posta como restabelecida*, pois que ambas estão, conforme se viu, em determinação recíproca. Portanto, os dois estados a unificar estão já em si e para si sinteticamente unificados; doutro modo, a não ser unificados, eles não podem, de todo, ser postos. Mas *que* eles sejam, em geral, postos, reside no mero conceito do eu, e é postulado simultaneamente a ele. E, assim, a atividade travada, que tem, no entanto, de ser posta e, por conseguinte, novamente restabelecida, deveria então apenas ser posta no eu e pelo eu.

Todo o pôr do eu partiria, por conseguinte, do pôr de um estado meramente subjetivo; toda a síntese, de uma síntese em si própria necessária de um opor no mero sujeito. Este, que é apenas e meramente subjetivo, mostrar-se-á mais abaixo como o *sentimento*.

/ Ora, como fundamento [SW: condição de possibilidade] deste sentimento é posta, além disso, uma atividade do objeto; por conseguinte, e conforme foi acima exigido, esta atividade é dada ao sujeito relacionante pelo sentimento, e agora torna-se possível a relação desejada com uma atividade do eu puro.

Isto, quanto à solução da dificuldade apontada. Agora, retornamos ao ponto do qual partimos. Sem um esforço infinito do eu, não há objeto finito no eu: tal era o resultado da nossa investigação, e assim parece, então, desfeita a contradição entre o eu finito e condicionado, como inteligência, e o eu infinito e incondicionado. Mas, se considerarmos a coisa mais corretamente, encontramos então que a contradição é, com efeito, afastada do ponto onde a encontramos, entre o eu inteligente e o eu não-inteligente, mas que ela, em geral, é apenas empurrada para mais longe, e coloca em conflito princípios superiores.

402
Tínhamos, nomeadamente, de resolver a contradição entre uma atividade infinita e uma atividade finita de um e precisamente o mesmo eu, e resolvemo-la de modo tal que // a atividade *infinita* não é, simplesmente, objetiva, mas apenas *retorna* a si própria, enquanto que a *finita é objetiva*. Mas agora, a própria atividade infinita, como um *esforço*, é relacionada ao objeto, e portanto, nessa medida, também é atividade objetiva; e dado que a mesma deve, no entanto, permanecer infinita, mas que também a primeira atividade, finita e objetiva, deve subsistir a seu lado, então temos uma atividade objetiva infinita, e uma finita, de um e precisamente o mesmo eu, assunção que novamente se contradiz a si própria. Esta contradição só se deixa resolver se for mostrado que a atividade infinita do eu é objetiva num outro sentido que a sua atividade finita.

268
A conjectura que à primeira vista se apresenta a qualquer um é, sem dúvida, a de que a atividade objetiva finita do eu se dirige a um objeto *efetivo*, enquanto que o seu esforço infinito se dirige a um objeto meramente *imaginado*. Esta / conjectura irá, com efeito, confirmar-se. Mas dado que a questão é assim respondida num círculo, e é já pressuposta uma distinção que só é possível pela distinção dessas duas atividades, então temos de penetrar um pouco mais profundamente na investigação desta dificuldade.

Tão certo quanto ele deve ser um objeto, todo o objeto é necessariamente determinado; porque na medida em que ele é um objeto, ele próprio determina o eu, e o seu determinar do mesmo é também determinado (tem o seu limite). Toda a atividade objetiva, então, tão certo quanto é atividade objetiva, é determinante e, nessa medida, também determinada; e logo, também, finita. Portanto, também aquele esforço infinito só pode ser infinito num certo sentido e, num outro sentido, tem de ser finito.

Ora, é-lhe *oposta* uma atividade objetiva finita; esta tem, por conseguinte, de ser finita no mesmo sentido em que o esforço é infinito, e o esforço é infinito, na medida em que esta atividade objetiva é finita. O esforço tem, com certeza, um fim; ele só não tem, exatamente, o fim que tem a atividade objetiva. Pergunta-se, apenas, que fim é esse.

A atividade objetiva finita, para efeitos do seu determinar, pressupõe já uma atividade oposta à atividade infinita do eu, e que será posteriormente determinada como objeto. Decerto não na medida em que ela em geral age, pois nessa medida ela é, conforme se viu, absoluta, mas na medida em que põe o limite *determinado* do objeto (que ele resiste ao eu exatamente nessa medida, e não mais, ou menos), ela é dependente, limitada e finita. O fundamento do seu determinar e, portanto, também do seu ser-determinado, reside fora dela. – Um objeto determinado por esta atividade, nessa medida limitada, é um objeto *efetivo*.

// A este respeito, o esforço não é finito; ele vai além daquela determinação-limite indicada pelo objeto e, se deve haver uma tal determinação-limite, ele tem, conforme acima estabelecido, de ir além dela. Ele não determina o mundo efetivo, dependente de uma atividade do não-eu que está em ação recíproca com a atividade do eu, / mas um mundo tal como seria, se toda a realidade fosse simplesmente posta pelo eu; portanto, um mundo ideal, posto apenas pelo eu, e por absolutamente nenhum não-eu.

Mas em que medida o esforço também é, no entanto, finito? Na medida em que, tão certo quanto ele deve ser um esforço, ele se dirige em geral a um objeto, e tem de pôr limites a esse objeto. Não era a ação do determinar em geral, mas o limite da determinação que, no objeto real, dependia do não-eu: no objeto ideal, porém, tanto a ação do determinar quanto o limite dependem apenas do eu; este não está sujeito a nenhuma outra condição, a não ser que tem, em geral, de pôr limites, os quais ele pode ampliar até ao infinito, porque essa ampliação depende unicamente dele próprio.

O ideal é produto absoluto do eu; ele deixa-se elevar até ao infinito, mas tem em cada momento determinado o seu limite, que não precisa, de modo nenhum, de ser o mesmo no próximo momento determinado. O esforço indeterminado, em geral – que nessa medida, certamente, não se deve chamar esforço, porque não tem nenhum objeto, mas para o qual não temos nenhuma denominação, nem poderíamos ter –, o qual reside fora de toda a determinabilidade –, é infinito; mas, como tal, ele não chega à consciência, nem pode aí chegar, porque a consciência só é possível por reflexão, e a reflexão somente por determinação. Mas tão logo se reflete sobre o mesmo, ele torna-se necessariamente finito; assim que o espírito se apercebe de que ele é finito, estende-o novamente; e tão logo se põe a questão: é ele infinito?, ele torna-se, exatamente por essa questão, finito; e assim por diante, até ao infinito.

Logo, a composição *infinito* e *objetivo* é, ela própria, uma contradição. O que se dirige a um objeto, é finito, e o que é finito, dirige-se a um objeto. Esta contradição não se poderia desfazer, a não ser que o objeto em geral cessasse; mas ele não cessa, senão numa infinidade consumada. O eu pode estender / o objeto do seu esforço até à infinidade; mas se, num momento determinado, fosse estendido até à infinidade, então não mais seria um objeto, e a ideia da infinidade seria realizada, o que constitui também, todavia, uma contradição.

No entanto, a ideia de uma tal infinidade por completar paira diante de nós, e está contida no mais íntimo do nosso ser. Devemos, conforme a sua exigência // em nós, resolver a contradição, ainda que não possamos pensar a sua solução como possível, e prevejamos que, em nenhum momento da nossa existência, desejada até à eternidade, poderemos pensá-la como possível. Mas é precisamente este o sinal da nossa destinação[15] à infinidade.

E assim está, doravante, determinada a essência do eu, na medida em que ela pode ser determinada, e resolvidas as contradições no eu, na medida em que podem ser resolvidas. O eu é infinito, mas apenas segundo o seu esforço; ele esforça-se por ser infinito. Mas é no próprio conceito do esforço que reside já a finitude, porque aquilo que não é *contrariado* não é um esforço.

---

15. *Bestimmung.*

Se o eu pudesse mais do que esforçar-se, se ele tivesse causalidade infinita, então não seria um eu, não se poria a si próprio, e seria, por conseguinte, nada. Não possuísse ele este esforço infinito, então, novamente, ele não se poderia pôr, pois nada poderia opor a si; consequentemente, não seria um eu e, portanto, seria nada.

Expomos, em seguida, ainda por uma outra via, o que foi até aqui deduzido a fim de tornar completamente claro o conceito do esforço, maximamente importante para a parte prática da Doutrina da Ciência.

Segundo a discussão até aqui empreendida, há um esforço do eu, que apenas é um esforço na medida em que há resistência a ele, e em que ele não pode ter nenhuma causalidade; logo, um esforço que, na medida em que é um esforço, é condicionado também por um não-eu.

Na medida em que ele não pode ter nenhuma causalidade, disse eu; portanto, uma tal causalidade é exigida. Que uma tal exigência de causalidade absoluta no eu tem de estar originariamente presente no eu, foi demonstrado a partir da contradição que sem ela não se pode resolver, entre o eu como inteligência e como / ser absoluto. Por conseguinte, a demonstração foi introduzida apagogicamente, foi mostrado que se não se quiser admitir a exigência de uma causalidade absoluta, terá de ser abandonada a identidade do eu.

Esta exigência tem de se deixar demonstrar também direta e geneticamente; ela tem de se tornar credível não apenas por apelo a princípios superiores que sem ela seriam contraditados, mas tem de se deixar ela mesma *deduzir* propriamente desses princípios superiores, de tal modo que se veja *como* surge uma tal exigência no espírito humano. – Tem de poder apontar-se não meramente um esforço para uma causalidade determinada (através de um não-eu determinado), mas um esforço para a causalidade em geral, o qual funda o primeiro. – Uma atividade que vai além do objeto torna-se num esforço precisamente porque vai além do objeto e, portanto, somente sob a condição de que um objeto já esteja presente. Tem de se deixar apontar um fundamento para o // sair do eu de si próprio, pelo qual unicamente se torna possível um objeto. Este sair de si que precede toda a atividade resistente, e que funda a sua possibilidade com respeito ao eu, tem de ser fundada única e simplesmente no eu; e é somente por ela que obtemos o verdadeiro ponto de unificação entre o eu absoluto, prático e inteligente.

Esclarecemo-nos ainda mais claramente sobre o ponto propriamente em questão. – É completamente claro que o eu, na medida em que ele se põe simplesmente, na medida em que ele é como se põe, e põe-se como é, tem de ser inteiramente igual a si próprio e que, nessa medida, nada de diverso poderia ocorrer nele; e, certamente, daí se segue então imediatamente que *se* algo de diverso deva ocorrer nele, o mesmo tem de ser posto por um não-eu. Mas se o não-eu deve em geral poder pôr algo no eu, *então a condição de possibilidade de uma tal influência estranha tem* de ser fundada, previamente, *no próprio eu, no eu absoluto,* anteriormente à causalidade[16] de todo o efetivamente estranho; o eu tem de pôr, simples e originariamente, em si, a possibilidade /de que algo aja sobre ele; sem prejuízo do seu pôr absoluto por si próprio, ele tem, por assim dizer, de se manter aberto a um outro pôr. Por conseguinte, teria de haver já originariamente uma diversidade no eu, se jamais alguma diversidade devesse lá chegar; e, na verdade, esta diversidade teria de ser fundada no eu absoluto, como tal. – A aparente contradição desta pressuposição resolver-se-á, a seu tempo, por si própria, e a sua impensabilidade irá desaparecer.

O eu tem de encontrar em si algo de heterogêneo, estranho, a diferenciar dele próprio: o mais adequado será a nossa investigação partir deste ponto.

No entanto, este estranho deve encontrar-se *no eu,* e tem de [SW: só pode] encontrar-se aí. Se ele fosse encontrado *fora do eu,* então não seria nada para o eu, e assim, nada se seguiria para o eu. Portanto, ele tem de ser também, num certo respeito, *semelhante* ao eu; ele tem de poder ser atribuído ao mesmo.

A essência do eu consiste na sua atividade; assim, se esse heterogêneo deve poder ser também atribuído ao eu; então ele tem,

---

16. *Einwirkung.*

em geral, de consistir numa atividade do eu, atividade que não pode ser, como tal, estranha mas, porventura, cuja mera *direção* seja estranha, fundada não no eu, mas fora dele. – Se a atividade do eu, segundo a pressuposição feita várias vezes, vai até ao infinito, mas num certo ponto é obstaculizada, embora não anulada por isso, mas apenas repelida para si próprio, então a atividade do eu é, e permanece sempre, na medida em que ela é isso, atividade do eu; // ela só é estranha e contrária ao eu porque é repelida. E permanece aqui apenas por responder a questão difícil, mas cuja resposta nos fará também penetrar na mais íntima essência do eu: como chega o eu a essa direção da sua atividade *para fora* até à infinidade? Como pode ser por ele / diferenciada uma direção para fora, de uma direção para dentro? E porque é considerada a direção repelida para dentro como estranha e não como fundada no eu?

O eu põe-se a si próprio, simplesmente, e nessa medida a sua atividade é uma atividade que retorna a si própria. A sua direção – se nos é permitido pressupor algo ainda não derivado, apenas para nos podermos tornar compreensíveis e, ainda, se nos é permitido tomar emprestada uma palavra à doutrina da natureza, palavra que, como se mostrará a seu tempo, exatamente chega a essa doutrina a partir do presente ponto transcendental – a sua direção, dizia eu, é apenas *centrípeta*. (*Um* ponto não determina nenhuma linha; para a possibilidade de uma linha têm de ser dados sempre dois deles, ainda que o segundo estivesse situado na infinidade, e indicasse a simples direção. Assim também, precisamente, e exatamente pelas mesmas razões, não há nenhuma direção, se não há duas e, na verdade, duas direções opostas. O conceito de direção é um simples conceito recíproco; *uma* direção não é absolutamente nenhuma direção, e é simplesmente impensável. Portanto, só poderíamos atribuir à atividade absoluta do eu uma direção, e uma direção centrípeta, sob a pressuposição implícita de que também iremos descobrir uma outra direção, centrífuga, dessa atividade. Tomada no seu mais extremo rigor, no presente modo de representação a imagem do eu é um ponto matemático que se constitui a si próprio por si próprio, no qual não é para diferenciar nenhuma direção e, em geral, nada é para diferenciar; que está *inteiro onde* está, e cujo conteúdo e limite (conteúdo e forma) são um e precisamente o mesmo.) Se nada mais residir na essência do eu, senão simplesmente esta atividade constitutiva, então ele é o que é para nós cada corpo. Atribuímos ao corpo também uma força *interior*, posta pelo seu mero ser (segundo o princípio A = A); mas, se apenas filosofamos transcendentalmente, e não porventura transcendentemente, admitimos que é posto *por nós, que* ela é posta (para nós) pelo mero ser do corpo; e não que seja *pelo e para o próprio corpo* que é posto *que* ela é posta: e, por isso, / o corpo é, para nós, sem vida e sem alma, e não é um eu. O eu deve não apenas pôr-se a si próprio para alguma inteligência fora dele; mas deve pôr-se *para si próprio;* ele deve pôr-se *como* posto por si próprio. Ele deve, por conseguinte, tão certo quanto é um eu, conter o princípio da vida e da consciência apenas em si próprio. Por conseguinte, // tão certo quanto ele é um eu, o eu tem incondicionalmente, e sem qualquer outro fundamento, de conter em si o princípio de refletir sobre si próprio; e temos assim, originariamente, o eu sob duplo aspecto, em parte, na medida em que é refletinte, e nesta medida a direção da sua atividade é centrípeta; e, em parte, na medida em que ele é aquele sobre o qual é refletido, e nesta medida a direção da sua atividade é centrífuga, e, na verdade, centrífuga até ao infinito. O eu é posto como realidade e, porque é refletido se ele tem realidade, ele é posto necessariamente como *algo*, como um quantum; mas ele é posto como toda a realidade e, portanto, é necessariamente posto como um quantum infinito, como um quantum que preenche a realidade.

Assim, as direções centrípeta e centrífuga da atividade são ambas, da mesma maneira, fundadas na essência do eu; ambas são uma e precisamente a mesma, e são diferenciadas apenas na medida em que se reflete sobre elas como diferentes. – (Toda a força centrípeta no mundo dos corpos é um mero produto da imaginação do eu, segundo uma lei da razão, de trazer unidade à multiplicidade, conforme a seu tempo se mostrará.)

Mas a reflexão pela qual as duas direções poderiam ser diferenciadas não é possível se não intervém um terceiro, com o qual elas possam ser relacionadas, ou que possa com elas relacionar-se. – A exigência (temos sempre de pressupor algo ainda não demonstrado, para nos podermos tão somente exprimir; pois, a rigor, não é até aqui possível nenhuma *exigência*, como contrário do *que efetivamente acontece*) – a exigência de que toda a realidade deve estar no eu, é satisfeita pela nossa pressuposição; ambas as direções da atividade do / eu, a centrípeta e a centrífuga, coincidem, e são apenas uma e precisamente a mesma direção. (Admita-se, a título de explicação, que a consciência de Deus deva ser esclarecida, então, isso não é possível, senão pela pressuposição de que Deus reflete sobre o seu próprio ser. Mas dado que, em Deus, *o refletido* seria tudo em um e um em tudo[17], e *o refletinte* seria igualmente tudo em um e um em tudo, então em Deus e por Deus não se deixariam diferenciar refletido e refletinte, a própria consciência e o objeto da mesma, e a consciência de si de Deus não seria, por conseguinte, esclarecida, assim como ela de resto permanecerá também para sempre inesclarecível e inconcebível para toda a razão finita, i.e., para toda a razão que está ligada à lei *da determinação* daquele sobre o qual é refletido.) Assim, consequentemente, não é possível derivar nenhuma consciência a partir do que foi acima pressuposto; // pois as duas direções admitidas não se deixam diferenciar.

Mas agora, a atividade do eu que vai até ao infinito deve ser obstaculizada nalgum ponto, e ser repelida em si própria; e o eu não deve, por conseguinte, preencher a infinidade. *Que* isto, como fato, aconteça, não se deixa, de modo nenhum, derivar a partir do eu, conforme foi várias vezes recordado; mas deixa-se certamente provar que isso tem de acontecer, *se* uma consciência efetiva deve ser possível.

Aquela exigência do eu que, na presente função, é refletinte, de que o eu por ele refletido deve preencher a infinidade, permanece, e não é de todo restringida por aquele obstáculo. A questão sobre se ele deve preencher a mesma, e o resultado, de que ele não a preenche efetivamente, mas que é limitado em **C**, permanece – e só agora é possível a diferenciação exigida das duas direções.

A saber, segundo a exigência do eu absoluto, a sua atividade (nessa medida centrífuga) deve ir até à infinidade; mas ela é re-

---

17. *Alles in Einem und Eins in Allem.*

fletida em **C**, tornando-se, portanto, centrípeta e, agora, através da relação àquela exigência original, de uma direção centrífuga que vai até ao infinito / – o que deve ser diferenciado, tem de ser relacionado a um terceiro – é possível a diferenciação, porque agora é encontrada na reflexão uma direção centrífuga, adequada àquela exigência, e uma direção centrípeta conflitante com ela (a segunda, refletida pelo obstáculo).

Torna-se assim simultaneamente claro, porque é esta segunda direção considerada como algo estranho, e derivado a partir dum princípio oposto ao eu.

E assim está, então, resolvida a tarefa há pouco estabelecida. O esforço originário por uma causalidade em geral no eu está derivado geneticamente a partir da lei do eu, de refletir sobre si próprio, e de exigir que, nessa reflexão, ele seja encontrado como toda a realidade; os dois, tão certo quanto ele deva ser um eu. Aquela reflexão necessária do eu sobre si próprio é o fundamento de todo o sair para fora de si próprio, e a exigência de que ele preencha a infinidade é o fundamento do esforço pela causalidade em geral; e ambos são unicamente fundados no ser absoluto do eu.

Conforme foi igualmente exigido, foi assim encontrado, no próprio eu, o fundamento da possibilidade de uma influência do não-eu sobre o eu. // O eu põe-se a si próprio simplesmente, e assim ele é, em si próprio, perfeito e fechado a toda a impressão externa. Mas, se ele deve ser um eu, ele tem, também, de pôr-se como posto por si próprio; e por este novo pôr que se relaciona com um pôr originário, ele abre-se, por assim dizer, à causalidade exterior; é apenas por esta repetição do pôr que ele põe a possibilidade de que algo possa também nele ser, que não seja posto por ele próprio. Ambas as maneiras de pôr são a condição de uma causação do não-eu; sem a primeira, não estaria disponível nenhuma atividade do eu que pudesse ser limitada; sem a segunda, esta atividade não seria limitada para o eu; o eu não se poderia pôr como limitado. Assim, o eu, como eu, está originariamente em ação recíproca consigo próprio; e é unicamente assim que é possível uma influência de fora sobre o mesmo.

/ Encontramos também assim, finalmente, o ponto de unificação buscado entre a essência absoluta, prática e inteligente do eu. – O eu exige apreender em si toda a realidade, e encha a infinitude. Esta exigência tem necessariamente por fundamento a ideia do eu infinito, simplesmente posto; e este é o eu *absoluto*, do qual temos falado. (Só aqui se torna completamente claro o sentido da proposição: *o eu põe-se simplesmente a si próprio*. Nela não se fala, de todo, de um eu dado na consciência efetiva; pois este nunca é, simplesmente, mas o seu estado é sempre, mediata ou imediatamente fundado por algo fora do eu; mas fala-se de uma ideia do eu, que tem de estar no fundamento da sua exigência prática infinita, embora seja inalcançável para a nossa consciência, e que por isso nunca pode ocorrer imediatamente nela [mas sim mediatamente, na reflexão filosófica].)

O eu – e isto reside igualmente no seu conceito – tem de refletir sobre si, tem de refletir se apreende efetivamente em si toda a realidade. Esta reflexão tem por fundamento aquela ideia, e acompanha-a, por conseguinte, até à infinidade, e nessa medida o eu é prático: não absoluto, porque, por esta tendência à reflexão, ele sai, precisamente, fora de si; tampouco teorético, porque nada está no fundamento da sua reflexão, a não ser aquela ideia oriunda do próprio eu, faz-se completa abstração do obstáculo possível, e portanto, não está presente nenhuma reflexão efetiva. – Por aqui surge a série do que *deve* ser, e que é dado pelo mero eu; logo, a série do *ideal*.

Se a reflexão for dirigida para o obstáculo, e o eu considerar então o seu // sair de si como limitado, então surge, assim, uma série totalmente diversa, a do *real*[18], que é também determinada por algo de diverso do mero eu. – E, nessa medida, o eu é *teorético*, ou *inteligência*. 410

Se não houver uma faculdade prática no eu, não é possível nenhuma inteligência; se a atividade do eu for apenas até ao ponto do obstáculo, e não além de todo o obstáculo possível, / então não há no eu, e para o eu, nada que lhe faça obstáculo, nenhum não--eu, conforme já foi por várias vezes provado. Por outro lado, se o eu não é inteligência, então não é possível nenhuma consciência 278

---

18. ou "efetivo", *Wirklichen*.

213

da sua faculdade prática, e nenhuma consciência em geral, porque é unicamente pela direção estranha, que surge pelo obstáculo, que se torna possível a diferenciação de direções diversas, como se mostrou há pouco. (Disto faz-se aqui ainda abstração, a saber, de que a faculdade prática, para chegar à consciência, tem antes de passar através da inteligência, tem antes de assumir a forma da representação.)

E está então compreendida e esgotada a essência completa das naturezas racionais finitas. Ideia originária do nosso ser absoluto; esforço para a reflexão sobre nós próprios segundo essa ideia; limitação, não deste esforço, mas da nossa *existência efetiva**, posta unicamente por essa limitação por um princípio oposto, o não-eu, ou pela nossa finitude em geral; consciência de si e, em particular, consciência do nosso esforço prático; determinação das nossas representações segundo isto (sem liberdade e com liberdade); através delas, das nossas ações – da direção da nossa faculdade sensível efetiva; ampliação permanente dos nossos limites até ao infinito.

279

411

E, a propósito, ainda uma nota importante, que bem poderia, sozinha, bastar para situar a Doutrina da Ciência no seu / verdadeiro ponto de vista, e tornar completamente claro o seu verdadeiro ensinamento. Segundo a discussão ainda agora empreendida, o princípio da vida e da consciência, o fundamento da sua // possibilidade, está, com efeito, contido no eu, mas por aí não surge ainda nenhuma vida efetiva, nenhuma vida empírica no tempo; e uma outra para nós é simplesmente impensável. Se uma tal vida efetiva deve ser possível, então ela necessita, para isso, ainda de um obstáculo particular, sobre o eu, por um não-eu.

---

* No estoicismo consequente a ideia infinita do eu é tomada pelo eu efetivo; o ser absoluto e a existência efetiva não são diferenciados. Por isso o sábio estoico é autossuficiente e sem limites; são-lhe atribuídos todos os predicados que cabem ao eu puro, ou também a Deus. Segundo a moral estoica não devemos ser iguais a Deus, mas somos nós próprios Deus. A Doutrina da Ciência diferencia cuidadosamente o ser absoluto da existência efetiva, e coloca o primeiro como fundamento meramente para poder esclarecer a última. O estoicismo é, assim, refutado, ao ser mostrado que ele não poderia esclarecer a possibilidade da consciência. Por isso, também, a Doutrina da Ciência não é ateística, como o estoicismo, se procede consequentemente, tem necessariamente de ser.

O fundamento último de toda a efetividade para o eu é, por conseguinte, segundo a Doutrina da Ciência, uma ação recíproca originária entre o eu e um algo fora do mesmo, do qual nada mais se pode dizer, além de que deve ser completamente oposto ao eu. Nesta ação recíproca nada é trazido ao eu, nada estranho é para ele transportado; tudo aquilo que alguma vez, até à infinidade, nele se desenvolva, desenvolve-se apenas a partir dele próprio, segundo as suas leis próprias; por aquele oposto, o eu é meramente posto em movimento para agir, e sem um tal primeiro motor fora dele, ele jamais teria agido, e dado que a sua existência consiste meramente na ação, também não teria existido. Àquele motor, no entanto, nada mais cabe, outrossim, além de que ele é um motor, uma força oposta que também, como tal, é apenas sentida.

Assim, o eu é dependente segundo a sua existência, mas ele é inteiramente independente na determinação desta sua existência. Há nele, por força do seu ser absoluto, uma lei dessa determinação, válida para a infinidade, e há nele uma faculdade intermédia, de determinar a sua existência empírica segundo essa lei. O ponto sobre o qual nós próprios nos encontramos, quando inicialmente dominamos essa faculdade intermédia da liberdade, não depende de nós, mas a série que, a partir desse ponto, até à infinidade descreveremos, pensada em toda a sua extensão, depende inteiramente de nós.

A Doutrina da Ciência é, por conseguinte, *realista*. Ela mostra / que a consciência das naturezas finitas não se deixa simplesmente esclarecer se não se admite como presente uma força, independente das mesmas, completamente oposta a elas, e da qual são, elas próprias, dependentes segundo a sua existência empírica. Todavia, ela não afirma, tampouco, nada mais do que uma tal força oposta, a qual, pelos seres finitos, só pode ser sentida, mas não conhecida. Todas as determinações possíveis desta força, ou deste não-eu, que possam até à infinidade ocorrer na nossa consciência, a Doutrina da Ciência está obrigada a derivar a partir da faculdade determinante do eu e, tão certo quanto ela é Doutrina da Ciência, tem de as poder efetivamente derivar.

Contudo, não obstante o seu realismo, esta ciência não é transcendente, mas permanece, nas suas mais íntimas profunde-

412 zas, *transcendental*. Ela esclarece, é certo, toda a // consciência a partir de algo presente, independente de toda a consciência; mas não esquece que também neste esclarecimento ela se rege segundo as suas leis próprias, e logo que ela reflete sobre isso, aquele algo independente torna-se, novamente, num produto da sua força de pensar própria e, portanto, na medida em que ele deve existir para o eu (no seu conceito), em algo dependente do eu. Mas para a possibilidade deste novo esclarecimento é, por sua vez, já pressuposta a consciência efetiva, para cuja possibilidade, novamente, é pressuposto aquele algo, do qual o eu depende: e se é agora exatamente aquele, que foi primeiramente posto como um independente, que se tornou dependente do pensar do eu, então o independente não é, por esse meio, suprimido [SW: levantado], mas apenas posto mais longe, e assim se poderia proceder até ao ilimitado, sem que ele fosse jamais suprimido. – Tudo, segundo a sua idealidade, é dependente do eu, mas no que diz respeito à realidade, é o próprio eu que é dependente; mas nada é real para o eu, sem que também seja ideal; nele, portanto, o fundamento ideal e real são um e precisamente o mesmo, e aquela ação recíproca entre o eu e o não-eu é, simultaneamente, uma ação recípro-
281 ca do / eu consigo próprio. Ele pode pôr-se a si como limitado pelo não-eu, enquanto não reflete em que é ele próprio que põe esse não-eu limitante; ele pode pôr-se, como ele próprio limitando o não-eu, enquanto reflete sobre isso.

Isso, que o espírito finito tem necessariamente de pôr algo absoluto fora de si (uma coisa em si) e, no entanto, por outro lado, de reconhecer que o mesmo apenas existe *para ele* (que é um *noúmeno* necessário), é aquele círculo que ele pode ampliar ao infinito, mas do qual não pode jamais sair. Um sistema que, de todo, não atenda a este círculo, é um idealismo dogmático; pois que, propriamente, é apenas o círculo indicado que nos limita e torna um ser finito; um sistema que imagina ter saído desse círculo é um realismo dogmático transcendente.

A Doutrina da Ciência mantém, entre os dois sistemas, exatamente o meio, e é um idealismo crítico, que também se poderia denominar um real-idealismo ou um ideal-realismo. – Acrescentaremos ainda algumas palavras para, onde for possível, tudo tornar compreensível. Dissemos: a consciência das naturezas finitas não se deixa esclarecer se não se admite uma força presente independentemente delas. – Para quem não se deixa ela esclarecer? E para quem deve ela ser esclarecível? Quem é então, em geral, esse que a esclarece? As próprias naturezas finitas. Assim que dizemos "esclarecer" estamos já no campo da // finitude; pois todo o *esclarecer,* i.e., não um abranger de uma só vez, mas um subir progressivo de um para o outro, é algo finito, e o limitar, ou determinar, é, precisamente, a ponte sobre a qual se passa, e que o eu possui em si próprio. – A força oposta é independente do eu segundo o seu ser e segundo a sua determinação e, no entanto, a faculdade prática do eu, ou o seu impulso para a realidade, esforça-se por modificá-la; mas ela é independente da sua atividade ideal, da sua faculdade teorética; ela é *para o eu* apenas na medida em que é posta *pelo mesmo* e, / fora isso, ela não é para o eu. Somente na medida em que algo é relacionado à faculdade prática do eu, tem realidade independente; na medida em que é relacionado à faculdade teorética, ele é apreendido no eu, contido na sua esfera, submetido às suas leis de representação. Mas, além disso, como pode isso ser relacionado à faculdade prática, senão pela teorética, e como pode ele ser um objeto da faculdade teorética, senão por meio da faculdade prática? Logo, aqui se confirma novamente, ou antes, aqui se evidencia na sua total clareza a proposição: sem idealidade não há realidade, e inversamente. Pode também, por conseguinte, dizer-se que o fundamento último de toda a consciência é uma ação recíproca do eu consigo próprio por meio de um não-eu, que se deve considerar por diversos lados. Este é o círculo, do qual o espírito finito não pode sair, nem pode querer sair, sem negar a razão e desejar a sua aniquilação.

Interessante seria a seguinte objeção: se, segundo as leis referidas, o eu põe um não-eu, por atividade ideal, como fundamento do esclarecimento da sua própria limitação e, portanto, admite o mesmo em si, põe ele então este não-eu também como algo limitado (determinado num conceito finito)? Ponha-se que este objeto = **A**. Ora, a atividade do eu no pôr deste **A** é necessariamente também limitada, porque ela se dirige a um objeto limitado. Mas o eu não pode jamais limitar-se a si próprio e, por conseguinte, também não no caso indicado; portanto, ele tem, enquanto limita **A** que, com efeito, é assumido nele, de ser também limitado por um **B** ainda completamente independente dele, que não é assumido no mesmo. – Nós concedemos isto tudo: fazemos, porém, lembrar que também este **B** pode ser novamente assumido no eu, o que o adversário admite, mas fazendo por sua vez lembrar que, para a possibilidade de o assumir, o eu tem, por sua vez, de ser limitado por um **C** independente, e assim até ao infinito. O resultado desta investigação seria que nós // não poderíamos indicar ao nosso adversário nem um único momento, até à infinidade, no qual / não fosse presente para o esforço do eu uma realidade independente fora do eu; mas ele tampouco nos pode indicar nenhum em que este não-eu independente não pudesse ser representado e, desta maneira, tornado dependente do eu. Ora, onde reside o não--eu, independente do nosso adversário, ou a sua coisa em si, que deveria ser demonstrada por essa argumentação? Evidentemente, ao mesmo tempo em parte nenhuma e em toda a parte. Ela apenas existe na medida em que não se a tem, mas foge, tão logo se quer apreendê-la. A coisa em si é algo para o eu e, consequentemente, *no* eu, e que, no entanto, *não* deve ser *no eu:* logo, algo contra-ditório que, contudo, como objeto de uma ideia necessária, tem de ser colocado no fundamento de todo o nosso filosofar, e que desde sempre esteve colocado no fundamento de todo o filosofar e de toda a ação do espírito finito, só que sem que se tivesse clara consciência da mesma, ou da contradição que nela reside. Sobre esta relação da coisa em si com o eu funda-se todo o mecanismo do espírito humano, e de todo o espírito finito. Querer alterar isto significa suprimir toda a consciência e, com ela, toda a existência.

Todas as aparentes objeções contra a Doutrina da Ciência, embaraçosas para aquele que não pensa de modo muito penetran-te, surgirão, por isso, apenas de que não se é capaz de dominar a ideia assim estabelecida, e de a manter. Pode-se apreendê-la incorre-tamente de duas maneiras. Ou porque se reflete meramente em que ela, dado que é uma ideia, tem de estar no eu; e então, se se é, em qualquer caso, um pensador decidido, é-se um idealista, e nega-se dogmaticamente toda a realidade fora de nós, ou detemo-nos no nosso sentimento, e então nega-se o que está claramente aí, refu-ta-se as argumentações da Doutrina da Ciência por decretos do

senso comum (com o qual a Doutrina da Ciência, bem compreendida, está intimamente de acordo) e acusa-se esta ciência também
de idealismo, porque não se apreende o seu sentido. Ou, porque
se reflete meramente em que o objeto desta ideia é um não-eu
independente, e tornamo-nos num realista transcendente, ou caso
se deva ter apreendido alguns pensamentos de *Kant*, / sem se ter
dominado o espírito de toda a sua filosofia, acusa-se, a partir do
seu próprio transcendentismo[19], a que nunca se chegou a renunciar, a Doutrina da Ciência de transcendentismo, e não se apercebe de que, com as suas próprias armas, essa posição[20] apenas
se fere a si própria. – Não se deve cometer nenhum destes erros;
não se deve refletir, nem somente sobre um, nem somente sobre o
outro, mas simultaneamente sobre os dois; oscilar no meio, entre
as duas determinações opostas desta ideia. Ora, esta é a operação
da *imaginação produtiva,* // e esta coube em parte, com toda a
certeza, a todos os homens, porquanto sem ela os mesmos não
teriam sequer uma única representação, embora nem todos os
homens, nem de longe, a tenham no seu livre poder, para com ela
criar em conformidade a fins ou, se apenas num momento feliz,
como num relâmpago, a imagem desejada se apresentasse ante a
sua alma, para a manter, investigá-la e indelevelmente a fixar para
todo o uso que se queira. Desta faculdade depende se filosofamos
com ou sem espírito. A Doutrina da Ciência é do tipo que não se
deixa, de modo nenhum, comunicar pela mera letra, mas apenas
pelo espírito; porque as suas ideias fundamentais têm de ser produzidas naquele que a estuda pela própria imaginação criativa;
como, afinal, não poderia ser de outro modo numa ciência que
remonta aos fundamentos últimos do conhecimento humano, pois
que todo o trabalho do espírito humano parte da imaginação, e
a imaginação não pode ser apreendida de nenhum outro modo,
senão pela imaginação. Por isso, naquele em que esta disposição
inteira está já irremediavelmente adormecida ou morta, a esse
permanecerá certamente, para sempre, impossível penetrar nesta
ciência; mas ele não deve, de todo, procurar a razão dessa impossibi-

---

19. *Transscendentismus.*
20. "essa posição", adenda do trad.

lidade na própria ciência, que se é, em geral, apreendida, é apreendida facilmente, mas na sua própria incapacidade*.

285 / Assim como a ideia estabelecida é a primeira pedra do interior de todo o edifício, assim também é sobre ela que se funda, do exterior, a segurança do mesmo. É impossível filosofar sobre qualquer objeto, sem ir ter a essa ideia e, através dela, ao terreno próprio da Doutrina da Ciência. Porventura mesmo com os olhos vendados, é no seu território, e com as suas armas que todo o adversário tem de lutar, e será sempre fácil arrancar-lhe a venda dos olhos e fazê-lo olhar para o campo sobre o qual está. Por isso, esta ciência está perfeitamente justificada, pela natureza das coisas, em esclarecer de antemão que ela será por muitos malcom-

416 preendida, por mais ainda, absolutamente incompreendida, // e que ela permanece realmente muito necessitada de melhoria em todas as suas partes, não apenas segundo a presente exposição, extremamente incompleta, como também segundo a exposição mais completa que a alguém fosse possível, mas também que esta ciência, nos seus traços fundamentais, não será jamais refutada por homem algum, em tempo algum.

285/416
/ // §.6. Terceiro teorema
No esforço do eu é posto simultaneamente um esforço
contrário do não-eu, que mantém o equilíbrio com o primeiro

Em primeiro lugar, algumas palavras sobre o método! – Na parte teorética da Doutrina da Ciência só temos que ver com o *conhecer*, aqui, com o *conhecido*. Lá, perguntávamos: *como* é algo posto, intuído, pensado etc.? Aqui; *que* é posto? Por isso, se a Doutrina da Ciência devesse ter uma metafísica, como pretensa

286 ciência das coisas / em si, e uma tal dela fosse exigida, então ela

---

285 * A Doutrina da Ciência deve esgotar o homem completo; / por isso, ela só se deixa apreender com a totalidade completa das suas faculdades. Ela não se pode tornar filosofia universalmente válida enquanto, em tantos homens, a educação *[Bildung]* matar uma força da mente em favor de outra, a imaginação em favor do entendimento, o entendimento em favor da imaginação, ou ambas em favor da memória; entretanto, ela terá de se encerrar num círculo restrito – uma verdade que é desagradável simultaneamente de dizer e de ouvir, mas que é, no entanto, uma verdade.

teria de remeter para a sua parte prática. Conforme irá resultando sempre mais de perto, é somente esta que fala de uma realidade originária; e, se devesse ser perguntado à Doutrina da Ciência como são afinal constituídas as coisas em si, então ela não poderia responder senão: assim como nós as devemos fazer. A Doutrina da Ciência não se torna, assim, de modo nenhum, transcendente; pois tudo o que iremos aqui mostrar, encontramos também em nós próprios, extraímo-lo de nós próprios, porque algo se encontra *em nós* que só se deixa esclarecer completamente por algo *fora de nós*. Sabemos que o pensamos, que o pensamos segundo as leis do nosso espírito, sabemos, por conseguinte, que nunca saímos de nós, e que jamais podemos falar da existência de um objeto sem sujeito.

O esforço do eu deve ser infinito, e não deve jamais ter causalidade. Isto apenas se deixa pensar sob a condição de um esforço contrário, que mantém o equilíbrio com o mesmo, i.e., que tem uma igual quantidade de força interior. O conceito de um tal esforço contrário e desse equilíbrio está já contido no conceito do esforço, e deixa-se desenvolver a partir dele por uma análise. Sem estes dois conceitos, ele está em contradição consigo próprio.

// 1) O conceito do esforço é o conceito de uma causa que 417 não é causa. Mas toda a causa pressupõe *atividade*. Tudo o que se esforça tem força; se não tivesse força, não seria causa, o que contradiz o precedente.

2) O esforço, na medida em que o é, tem necessariamente a sua quantidade determinada como atividade. Ele visa ser causa. Ora, ele não se torna nisso, não alcança, por conseguinte, o seu objetivo, e torna-se *limitado*. Se ele não fosse limitado, então seria causa, e não seria um esforço, o que contradiz o precedente.

3) O que se esforça não é limitado *por si próprio*, pois reside no conceito do esforço que ele visa à causalidade. Se ele se limitasse a si próprio, então não seria algo / que se esforça. 287 Todo o esforço tem, portanto, de ser limitado por uma força oposta à força daquele que se esforça.

4) Esta força oposta tem, do mesmo modo, de ser um esforço, ou seja, em primeiro lugar, ela tem de visar à causalidade. Se não visasse à causalidade, então não teria nenhum ponto de contato com a sua oposta. Assim, ela não pode ter nenhuma causalidade; se ela tivesse causalidade, então anularia completamente o esforço da força oposta, porque anularia a sua força.

5) Nenhum dos dois esforços opostos pode ter causalidade. Se um dos dois a tivesse, então seria assim anulada a força do oposto, e eles deixariam de ser opostos. Portanto, a força de ambos tem de se manter em equilíbrio.

§.7. Quarto teorema
O esforço do eu, o esforço contrário do não-eu e o equilíbrio entre os dois têm de ser postos

A) O esforço do eu é posto como tal.

418

1) Ele é posto, em geral, como *algo*, segundo a // lei geral da reflexão; portanto, não como *atividade*, como algo que está em movimento, que é atividade, mas como algo fixado, firmado.

2) Ele é posto como um *esforço*. O esforço visa à causalidade; por isso, segundo o seu caráter [SW: particular], ele tem de ser posto como causalidade. Ora, esta causalidade não pode ser posta como se dirigindo ao não-eu; porque então seria posta uma atividade real efetivante, e não um esforço. Ela só poderia, então, regressar a si própria; somente produzir-se a si própria. Mas um esforço que se produz a si próprio, que é firmado, determinado, que é algo de certo, denomina-se *um impulso*[21].

288

(No conceito de um impulso reside 1) que ele se funda na essência interna daquele a que é atribuído; / logo, que é produzido pela causalidade do mesmo sobre si próprio, ou seja, pelo seu ser-posto por si próprio. 2) Que ele, preci-

---

21. *Trieb.*

samente por isso, é algo firme, durável. 3) Que ele visa à causalidade fora de si, mas, na medida em que apenas deve ser um impulso, não tem nenhuma causalidade apenas por si próprio. – Por conseguinte, o impulso está meramente no sujeito, e não sai, segundo a sua natureza, para fora do circuito do mesmo.)

O esforço tem de ser posto *assim, se* ele deve ser posto; e tem – aconteça isso imediatamente com ou sem consciência – de ser posto, se deve existir no eu e se uma consciência, a qual, conforme o que precede, se funda numa exteriorização do esforço, deve ser possível.

B) O esforço do eu não pode ser posto, sem que seja posto um esforço contrário do não-eu; pois o esforço do primeiro visa à causalidade, mas não tem nenhuma causalidade; e o fundamento de que ele não a tenha não reside nele próprio, pois senão o seu esforço não seria um esforço, mas nada. Logo, se ele é posto, tem de ser posto fora do eu e, novamente, apenas como um esforço; pois senão o esforço do eu, ou, como agora o conhecemos, o impulso, seria reprimido, e não poderia ser posto.

C) O equilíbrio entre ambos tem de ser posto.

Não se fala aqui de que tivesse de haver um equilíbrio entre ambos; isto já mostramos no § precedente; mas pergunta-se, apenas, *o que é* posto no eu e pelo eu, quando ele é posto?

// O eu esforça-se para preencher a infinidade; simultaneamente, ele tem a lei, e a tendência, para refletir sobre si próprio. Ele não pode refletir sobre si próprio, sem ser limitado e, na verdade, com respeito ao *impulso,* sem ser limitado por *uma relação ao impulso.* Ponha-se que o impulso é / limitado no ponto **C,** então, em **C,** a *tendência à reflexão é satisfeita* mas *o impulso para a atividade real é limitado.* O eu limita-se então a si próprio, e é posto em ação recíproca consigo próprio; pelo impulso, ele é impelido mais além, pela reflexão, ele é detido, e detém-se em si próprio.

Os dois, unidos, constituem a expressão de um *constrangimento,* de um *não-poder.* Ao não-poder pertence a) um esforço continuado; de outro modo, o que eu não posso não seria, de todo, *para mim;* ele não estaria, de maneira nenhuma, na minha esfera, b) Limitação da atividade efetiva; pertence-lhe, por conseguinte, também atividade efetiva, pois aquilo que não é, não pode ser limitado, c) Que o limitante não resida (seja posto) *em* mim, mas *fora de mim,* de outro modo não existiria nenhum esforço. Não haveria nenhum *não-poder,* mas um *não-querer.* – Logo, esta expressão do não-poder é uma expressão do equilíbrio.

A expressão de um não-poder no eu chama-se *um sentimento.* Nele, estão intimamente unificadas *atividade* – eu sinto, eu sou o senciente[22], e esta atividade é a da reflexão – e *limitação* – eu *sinto,* sou passivo, e não ativo; está presente um constrangimento. Esta limitação pressupõe, agora, necessariamente, um esforço para ir mais além. O que não quer, não necessita, ou abrange, ir mais além, não é limitado – limitado, compreenda-se, *para si próprio.*

O sentimento é apenas *subjetivo.* Necessitamos, então, para o *esclarecimento* do mesmo – o qual, porém, é uma ação teorética – de um *limitante;* mas não para a sua dedução, na medida em que ele deve ocorrer no eu, para *a representação,* para *o pôr* de um sentimento no eu.

(Aqui mostra-se, claro como o sol, aquilo que tantos filósofos, que apesar do seu pretenso criticismo ainda não se libertaram do dogmatismo transcendente, não podem conceber, mostra-se *que* e *como* o eu pode desenvolver, apenas a partir de si próprio, tudo o que alguma vez nele deva ocorrer, sem que jamais saia para fora de si e rompa o seu círculo; como tem necessariamente de ser, se deve ser um eu. – / Nele está presente um sentimento; isto constitui uma limitação do impulso; e se ele se deve deixar pôr como um sentimento determinado, diferenciável de outros sentimentos, cuja possibilidade aqui ainda certamente não vemos, isto constitui a limitação de um // impulso determinado, diferenciável de outros impulsos. O eu tem de pôr um fundamento para esta limitação, e tem de pô-lo fora de si. Ele só pode pôr o impulso de modo limitado, por um impulso completamente oposto; e então, *o que* deve ser posto como objeto, reside evidentemente no impulso. Se

---

22. *Fühlende.*

o impulso é determinado, e.g., = **Y**, então não-**Y** tem de ser posto necessariamente como objeto. – Mas dado que todas estas funções da mente acontecem com necessidade, então, não nos tornamos conscientes do nosso agir, e tem-se necessariamente de assumir que se recebeu de fora isso que, no entanto, se produziu por si próprio, pela sua própria força, segundo leis próprias. – Este proceder tem, apesar disso, validade objetiva, pois é o proceder uniforme de toda a razão finita e, além da indicada, não há, nem pode haver absolutamente nenhuma outra validade objetiva. A pretensão a alguma outra funda-se numa ilusão grosseira e palpável.

É certo que na nossa investigação parecemos ter rompido este círculo; pois admitimos, para esclarecimento do esforço em geral, um não-eu, inteiramente independente do eu, e que se esforça contra ele. O fundamento da possibilidade e da legitimidade deste proceder reside em que cada um que realiza conosco a presente investigação é, também ele, um eu, mas um eu que já empreendeu há muito as ações que aqui deduzimos e, portanto, que já pôs há muito um não-eu (do qual ele deve ser convencido, precisamente pela presente investigação, que é um produto de si próprio). Ele já completou, com necessidade, todo o trabalho da razão, e determina-se agora, com liberdade, como que a repetir o cômputo, a observar o caminho que ele próprio uma vez percorreu, num outro eu, que ele põe arbitrariamente, que coloca no ponto do qual / ele próprio uma vez partiu, e no qual realiza o experimento. E o eu a investigar chega também, por sua vez, ao ponto no qual está agora o observador, ambos são aí unificados, e por esta unificação o caminho circular empreendido ficará encerrado.)

// §.8. Quinto teorema

O sentimento tem também de ser posto e determinado

Em primeiro lugar, algumas observações gerais, como preparação para a investigação maximamente importante a iniciar agora.

1) No eu está originariamente um esforço para preencher a infinidade. Este esforço contraria todo o objeto [SW: todo o encerrar-se em objetos *particulares*].

2) O eu tem em si a lei de refletir sobre si próprio, como preenchendo a infinidade. Mas ele não pode refletir sobre si e, em geral, sobre nada, se isso não é limitado. A observância desta lei ou – o que é o mesmo – a satisfação do impulso para a reflexão é, por conseguinte, *condicionada,* e depende do objeto. Ele não pode ser satisfeito, sem um objeto – portanto, deixa-se também descrever como um impulso *para o objeto.*

3) Pela limitação por meio de um sentimento, este impulso é, simultaneamente, satisfeito e não satisfeito.

a) *Satisfeito.* O eu deve refletir, simplesmente, sobre si próprio: ele reflete com absoluta espontaneidade, e é, por isso, satisfeito segundo a *forma* da ação. Existe, por isso, no sentimento, algo que se deixa referir ao eu, atribuir ao mesmo.

b) *Não satisfeito,* segundo o *conteúdo* da ação. O eu deve ser posto como preenchendo a infinidade, mas é posto como limitado. Ora, isto ocorre, do mesmo modo, necessariamente no sentimento.

c) O pôr desta não satisfação é, porém, *condicionado* por um ultrapassar do eu para além dos limites que lhe / são impostos pelo sentimento. Algo tem de ser posto fora da esfera ocupada [C: posta] pelo eu, que pertence também à infinidade, à qual, por conseguinte, o impulso do eu também se dirige. Isto tem de ser posto, como não sendo determinado pelo eu.

Investigaremos, em seguida, como é possível este ultrapassar, logo, o pôr desta não-satisfação, ou do sentimento, o que quer dizer o mesmo.

// I) Tão certo quanto o eu reflete sobre si, ele *é* limitado, i.e., ele não preenche a infinidade que, no entanto, se esforça por preencher. O eu é limitado, dissemos, ou seja, limitado para um observador possível, mas não para si próprio. Nós próprios queremos ser este observador ou, o que é o mesmo, queremos pôr, no lugar do eu, algo que apenas é observado, algo sem vida; mas ao qual, de resto, deve caber aquilo que, na nossa pressuposição, cabe ao eu. Ponha-se, assim, uma esfera elástica = **A**, e admita-se que ela é pressionada por um outro corpo, então

a) ponde na mesma esfera uma força que, tão logo a força oposta retrocede, irá manifestar-se, e isto, na verdade, sem qualquer contributo exterior; e que, por conseguinte, tem apenas em si o fundamento da sua eficiência[23]. – A força existe, ela esforça-se, em si própria, e sobre si própria, à manifestação; é uma força que se dirige para si própria e sobre si própria, logo, uma força interior, pois algo que tal denomina-se uma força interior. Ela constitui um esforço imediato à causalidade[24] sobre si própria, mas um esforço que, devido à resistência externa, não tem nenhuma causalidade. Este é o equilíbrio do esforço com a pressão contrária mediata no próprio corpo, logo, aquilo que acima denominamos impulso. Por isso, um impulso é posto no corpo elástico admitido.

b) Seja o mesmo posto no corpo resistente **B** – uma força interior que resiste à reação e à resistência de **A**, força que, por conseguinte, / é também limitada por esta resistência, mas que tem o seu fundamento apenas em si própria. – Em **B** é posta uma força, e um impulso, exatamente como em **A**.

c) Se uma das duas forças fosse aumentada, então a força oposta seria enfraquecida; se uma fosse enfraquecida, então a oposta seria aumentada; se a mais forte se manifestasse completamente, a mais fraca seria inteiramente expulsa para fora da esfera de ação da primeira. Mas agora mantêm-se perfeitamente em equilíbrio, e o ponto do seu encontro é o ponto deste equilíbrio. Se este for, mesmo que pelo mais pequeno instante, deslocado, então toda a relação é suprimida.

II) Assim se passa com um objeto que se esforça sem reflexão (nós o denominamos *elástico*). O que aqui importa investigar é um *eu*, e vermos em seguida o que daí possa resultar.

---

23. *Wirksamkeit.*
24. *Kausalität.*

O impulso é uma força interior que se determina a si própria à causalidade. O corpo sem vida não tem absolutamente nenhuma causalidade, a não *ser fora* de si. Esta tem de ser // retida pela resistência; assim, sob esta condição, nada surge pela sua autodeterminação. É exatamente assim que se passa com o eu, na medida em que ele parte para uma causalidade fora de si; e com ele não se passa, em geral, de nenhum outro modo, se ele *apenas* exige uma causalidade para fora.

Mas o eu, precisamente porque é um eu, tem também uma causalidade sobre si próprio: a de se pôr a si, ou a capacidade da reflexão.

O impulso deve determinar também *a força do que se esforça;* ora, na medida em que esta força deve manifestar-se *no mesmo que se esforça,* conforme a reflexão deve fazer, da determinação pelo impulso tem de *resultar necessariamente uma manifestação;* ou não existiria nenhum impulso, o que contradiz o que se admitiu antes. Logo, do impulso segue-se necessariamente a ação da reflexão do eu sobre si próprio.

(Uma proposição importante, que espalha a mais clara luz sobre a nossa investigação. 1) A / *dualidade* – esforço e reflexão – que reside originariamente no eu, e que foi acima estabelecida, é, assim, intimamente unificada. Toda a reflexão funda-se sobre o esforço, e nenhuma reflexão é possível, se não há um esforço. – Por outro lado, se não há uma reflexão, não há esforço *para o eu;* logo, também nenhum esforço *do* eu e, em geral, nenhum eu. Um resulta necessariamente do outro, e ambos estão em ação recíproca. 2) Que o eu tem de ser finito e limitado, vê-se aqui de modo ainda mais determinado. Sem uma limitação, não há impulso (em sentido transcendente); sem um esforço, não há reflexão (passagem ao transcendental); sem reflexão, não há esforço, e nenhuma limitação, e nenhum limitante etc. (em sentido transcendental); assim segue o movimento circular das funções do eu, e a ação recíproca das mesmas, intimamente encadeadas consigo próprias. 3) Também se torna aqui perfeitamente claro o que quer dizer atividade *ideal* e *real;* como são diferenciadas, e onde passa o seu limite. O esforço originário do eu é, como esforço, considerado como fundado apenas no próprio eu, como simultaneamente *ideal* e *real*. A direção vai para o próprio eu, ele esforça-se pelas suas próprias forças; e para algo fora do eu, mas nada existe aí para diferenciar. Pela limitação, por virtude da qual só é suprimida a direção *para fora,* mas não a direção *para dentro,* aquela força originária é, por assim dizer, repartida: e a restante, a que retorna ao próprio eu, é a *ideal.* A *real* é, a seu tempo, igualmente posta. – E assim aparece então aqui novamente, na sua mais clara luz, a proposição: sem idealidade não há realidade, e // inversamente. 4) A atividade *ideal* revelar-se-á em breve como a atividade *representante.* A relação do impulso a ela deve, por conseguinte, denominar-se o *impulso de representação.* Este impulso é, então, a primeira e a mais alta manifestação do impulso, e é unicamente por ele que o eu se torna inteligência. E assim teria então de passar-se também necessariamente, se jamais um outro impulso devesse chegar à consciência, e ter lugar no eu *como eu.* 5) Daqui resulta então, também, do modo mais iluminador, a subordinação da teoria à prática; segue-se que toda a lei *teorética* se funda sobre uma *prática,* e dado que bem / pode haver uma só lei prática, sobre uma e precisamente a mesma lei; segue-se, por conseguinte, o mais completo sistema em toda a sua essência; e, se o próprio impulso devesse poder ser, por assim dizer, aumentado, segue-se também o aumento da intelecção, e inversamente; resulta daí a liberdade absoluta da reflexão e da abstração, também no aspecto teorético, e a possibilidade de dirigir a atenção *segundo a obrigação,* sobre algo, e desviá-la de outra coisa, possibilidade sem a qual nenhuma moral é, de todo, possível. O fatalismo, que se funda em que o nosso agir e querer [SW: querer e agir] é dependente do sistema das nossas representações, é destruído no seu fundamento, ao ser aqui mostrado que é o sistema das nossas representações que por sua vez depende do nosso impulso e da nossa vontade; e esta é também, então, a única maneira de o refutar radicalmente. – Em resumo, por este sistema vêm ao homem inteiro a *unidade* e a *coerência* que faltam em tantos sistemas.

III) Ora, nesta reflexão sobre si próprio, o eu, como tal, não pode chegar à consciência, porque ele nunca se torna imediatamente consciente do seu agir. E, no entanto, ele agora existe como eu; ele compreende-se para um observador possível; e aqui passa então o limite onde o eu, como vivente, se diferencia do corpo inanimado, no qual, é certo, um impulso também pode estar. – Existe algo, *para o qual* algo poderia existir, embora ainda não exista *para si próprio*. Mas para o mesmo existe necessariamente uma força impulsionante interior, a qual, porém, dado que não é de todo possível nenhuma consciência do eu, e portanto nenhuma relação a ele, é meramente *sentida*. Um estado que não se deixa bem descrever, mas certamente sentir, e a seu respeito cada um tem de ser remetido para o seu sentimento de si. (O filósofo não pode remeter cada um ao seu sentimento de si, no / que diz respeito ao *que*[25] (pois este tem de ser rigorosamente demonstrado, sob a pressuposição de um eu), mas apenas no que diz respeito ao *o que*[26]. Postular o ser-presente de um certo sentimento significa que não // se procede com profundidade. No futuro, este sentimento poderá também, certamente, tornar-se reconhecível, embora não por si mesmo, mas pelas suas consequências.)

Separa-se aqui o vivente do inanimado, dissemos acima. O sentimento de força é o princípio de toda a vida; é a passagem da morte à vida. Lá onde ele existe sozinho, a vida permanece, é certo, ainda altamente imperfeita; mas já está separada da matéria inanimada.

IV)

a) Esta força é sentida como algo *impulsionante:* o eu, como se disse, sente-se impulsionado e, com efeito, impulsionado *para fora, para além de si próprio.* (Donde provém este *para fora*, este *além de si*, não se deixa ainda ver, mas tornar-se-á imediatamente claro.)

b) Exatamente como acima, este impulso tem de *efetuar o que pode.* Ele não determina a atividade real, i.e., não surge

---

25. *daß.*
26. *was.*

nenhuma causalidade sobre o não-eu. A atividade *ideal,* porém, dependente apenas do eu, ele *pode* determinar, e *tem* de determiná-la, tão certo quanto ele é um impulso. – Ele vai, por conseguinte, além da atividade ideal e põe algo como objeto do impulso, como aquilo que o impulso produziria se tivesse causalidade. – (Está demonstrado *que* esta produção tem de acontecer pela atividade ideal, não se deixa ainda ver, e pressupõe um conjunto de outras investigações, *como* ela será possível.)

c) Esta produção, e o agente na mesma, não vêm aqui, de todo, à consciência; portanto, não surge ainda, assim, de modo nenhum, algum *sentimento* do objeto do impulso; um tal sentimento não é, em geral, possível – e tampouco alguma *intuição* do mesmo. Nada, absolutamente, surge daí; mas, por este meio, é apenas esclarecido como o eu se pode sentir *impelido para algo / desconhecido;* e está aberta a passagem para o que se segue.

297

V) O impulso deveria ser *sentido* como impulso, i.e., como algo que não tem causalidade. Mas, na medida em que ele ao menos impele a uma produção do seu objeto por atividade ideal, ele tem, afinal, causalidade, e nessa medida não é sentido como um *impulso.*

Na medida em que o impulso procura a atividade real, ele não é nada de assinalável, de sensível, pois que não tem nenhuma causalidade. Por conseguinte, nessa medida ele não é também sentido como um impulso.

// Unificamos os dois; – nenhum impulso pode ser sentido, se uma atividade ideal não se dirige ao objeto do mesmo; e esta não pode dirigir-se a este objeto, se a atividade real não é limitada.

426

Ambos, unificados, dão a reflexão do eu sobre si como um *limitado.* Mas, dado que o eu, nesta reflexão, não se torna consciente de si próprio, então essa reflexão é um mero *sentimento.*

E assim, o sentimento está completamente deduzido. Pertence-lhe um sentimento de força que até aqui não se manifesta, um objeto do mesmo, que igualmente não se manifesta, e um sentimento de constrangimento, de não-poder; e esta é a manifestação do sentimento que tem de ser deduzida.

§.9. Sexto teorema
O sentimento tem de ser melhor determinado e limitado

I)

1) O eu sente-se agora limitado, i.e., ele é limitado *para si próprio*, e não, porventura, como já anteriormente, ou como o corpo elástico inanimado, meramente para um observador fora dele. A sua atividade é suprimida *para ele mesmo – para ele mesmo,* dizemos, pois a partir do nosso ponto de vista superior, vemos, afinal, que ele / produziu por atividade absoluta um objeto do impulso fora dele, mas não [SW: o vê] o eu que é objeto da nossa investigação.

Esta total anulação da atividade contradiz o caráter do eu. Ele tem, consequentemente, tão certo quanto ele é um eu, de a restabelecer e, na verdade, de a restabelecer *para si,* ou seja, ele tem de se pôr ao menos na situação em que ele, ainda que porventura somente numa reflexão futura, pudesse pôr-se como livre e ilimitado.

Este restabelecer da sua atividade acontece, conforme a nossa dedução // do eu, por espontaneidade absoluta, apenas em consequência da essência do mesmo, sem qualquer motivo particular. Uma reflexão sobre o refletinte, como a que a presente ação irá de imediato confirmar, um interromper de uma ação, para pôr uma outra em seu lugar – enquanto o eu, conforme acima descrito, sente, ele também age, só que sem consciência; no lugar desta ação deve intervir uma outra, que torne ao menos possível a consciência –, acontece com espontaneidade absoluta. O eu age, nela, simplesmente porque age.

(Aqui passa o limite entre a simples vida e a inteligência, como acima passava entre a morte e a vida. É somente a partir desta espontaneidade absoluta que resulta a consciência do eu. – Não nos elevamos à razão por nenhuma lei da natureza, e por nenhuma consequência da lei da natureza, mas por liberdade absoluta, não por *passagem*, mas por um *salto*. – Por isso, na filosofia tem de se partir necessariamente do eu, porque o mesmo não se deixa deduzir; e, por isso, o empreendimento dos materialistas, de explicar a manifestação da razão a partir de leis da natureza, permanece para sempre irrealizável.)

2) É imediatamente claro que a ação exigida, que acontece apenas e simplesmente por espontaneidade absoluta, não pode ser nenhuma outra, senão uma ação pela atividade ideal. Mas toda a ação, tão certo quanto é uma ação, tem um objeto. A ação presente, que deve ser fundada apenas e simplesmente no eu, / e que, segundo todas as suas determinações, deve depender apenas dele, só pode ter como objeto algo tal que esteja presente no eu. Mas nada está presente nele, senão o sentimento. Ela dirige-se por conseguinte necessariamente ao sentimento.

A ação acontece com espontaneidade absoluta e, nessa medida, para o observador possível, é ação do eu. Ela dirige-se ao *sentimento*, ou seja, em primeiro lugar, ao *refletinte* da reflexão precedente, que constituiu o sentimento. – Atividade dirige-se a atividade; o refletinte em cada relexão, ou o *senciente* é, por conseguinte, *posto como eu;* a egoidade do refletinte que, na função presente, não chega, como tal, de todo, à consciência, é transferida para ele.

O eu é aquele que se determina a si próprio, conforme a argumentação há pouco empreendida. Por conseguinte, o senciente só pode ser posto como eu na medida em que é determinado a sentir unicamente pelo *impulso*, por conseguinte, pelo eu, por conseguinte, por si próprio, i.e., apenas na medida em que ele // se sente *a si próprio* e *à sua própria força em si próprio*. – Só o senciente é o eu, e só o impulso, na medida em que causa o sentimento, ou a reflexão, pertence ao eu. O que reside para além deste limite – se é que algo reside para além dele, e nós sabemos, com efeito, que algo, a saber, o impulso *para fora*, reside para além dele – é excluído; e isto é bem de notar, pois o excluído terá de ser a seu tempo novamente admitido.

Assim, o que é *sentido* torna-se então, na presente reflexão, e para ela – igualmente eu, porque o *senciente* só é eu na medida em que é determinado por si próprio, i.e., em que se sente a si próprio.

II) Na presente reflexão, o eu é posto como eu, apenas na medida em que é simultaneamente *o senciente* e o *sentido* e está, por conseguinte, em ação recíproca consigo próprio. / Ele deve ser posto como eu; tem, por conseguinte, de ser posto da maneira descrita.

1) O *senciente é* posto como *ativo* no sentimento, na medida em que é o refletinte e, nessa medida, no mesmo sentimento, o que é sentido é *passivo;* ele é objeto da reflexão. – Simultaneamente, o senciente é posto *como passivo* no sentimento, na medida em que ele se sente como *impulsionado* e, nessa medida, o sentido ou o impulso, é *ativo;* ele é o *impulsionador.*

2) Isto constitui uma contradição que tem de ser unificada, e que só se deixa unificar da maneira seguinte. – O senciente é *ativo* em relação ao *sentido;* e, a este respeito, ele é *somente* ativo. (Que ele é impulsionado à reflexão, não chega, nesta, à consciência; não se toma, de todo, atenção ao impulso para a reflexão – na consciência originária, embora não, certamente, na nossa investigação filosófica. O impulso cai naquilo que é objeto do senciente, e não é diferenciado na reflexão sobre o sentimento.) Mas, agora, o senciente deve ser também *passivo,* em relação a um impulso. Este é o impulso para fora, pelo qual ele é efetivamente impulsionado a produzir um não-eu por atividade ideal. (Agora, nesta função, ele é afinal ativo, mas, exatamente como antes não se refletia sobre a sua passividade, não se reflete agora sobre esta sua atividade. Para *si* próprio, na reflexão sobre si, ele age constrangido, não obstante isto parecer constituir uma contradição, a qual, entretanto, se irá a seu tempo resolver. Daí o constrangimento sentido, de pôr algo como efetivamente presente.)

3) O *sentido é ativo* pelo impulso sobre o refletinte à reflexão. Na mesma relação ao refletinte, ele é também *passivo*,
pois // é objeto da reflexão. Sobre este último, porém, não
é refletido, porque o eu é posto como um e precisamente o
mesmo, como *sentindo-se a si,* e não é, novamente, refletido sobre a reflexão como tal. O eu é posto, por conseguinte,
como passivo numa outra relação; a saber, na medida em
que ele é *limitado* e, nesta medida, o limitante é um não-eu.
(Todo o / objeto da reflexão é necessariamente limitado;
ele tem uma determinada quantidade. Mas no refletir, e
dentro dele, esta limitação não é nunca derivada da própria
reflexão, porque, nessa medida, não é refletido sobre ela.)

4) Ambos devem ser um e precisamente o mesmo eu, e serem postos como tal. No entanto, um é considerado como
ativo em relação ao não-eu; o outro, como passivo, na mesma relação. Lá, o eu, por atividade ideal, produz um não-eu:
aqui, ele é limitado pelo mesmo.

5) A contradição é facilmente unificável. O eu produtor foi
posto, ele próprio, como *passivo,* e assim também foi posto
o eu sentido na reflexão. O eu é, por conseguinte, *para si
próprio,* em relação ao não-eu, sempre *passivo,* não é consciente, de todo, da sua atividade, nem é refletido sobre a
mesma. – Por isso, a realidade da coisa parece ser sentida,
embora, na verdade, só o eu seja sentido.

(Aqui reside o fundamento de toda a realidade. É unicamente
pela relação do sentimento ao eu, conforme agora indicamos, que
a realidade se torna possível para o eu, tanto a do eu quanto a do
não-eu. – Algo que somente se torna possível *pela relação a um
sentimento,* sem que o eu se torne, ou possa tornar-se consciente
da sua intuição disso, e *que, por isso, parece ser sentido,* é *objeto
de crença.*

Na realidade em geral, tanto na do eu quanto na do não-eu,
apenas tem lugar *uma crença.*)

301/*430*

/ / / §.10. Sétimo teorema
O impulso tem também de ser posto e determinado

Assim como determinamos e esclarecemos agora o sentimento, exatamente do mesmo modo temos também de determinar o impulso, porque ele está em conexão com o sentimento. Com este esclarecimento avançaremos mais e ganharemos terreno dentro da faculdade prática.

1) O impulso ser posto significa, manifestamente: o eu reflete sobre o mesmo. Ora, o eu só pode refletir sobre si próprio, e sobre aquilo que é para ele e está nele, sobre aquilo que, / por assim dizer, lhe é acessível. Por conseguinte, o impulso tem de já ter causado algo no eu e, na verdade, *na medida em que ele já está posto como eu pela reflexão há pouco indicada* – de já se ter exposto no eu.

302

2) O senciente é posto como eu. Este seria determinado pelo impulso originário sentido, para sair fora de si próprio, para produzir algo, ao menos por atividade ideal. Mas agora, o impulso originário não procura a mera atividade ideal, mas *realidade;* e, por isso, o eu é por ele determinado à produção *de uma realidade fora de si.* – Ora, esta determinação não pode ser satisfeita, porque o esforço não possui jamais causalidade, mas o esforço contrário do não-eu deve manter o equilíbrio com ele. Por conseguinte, na medida em que é determinado pelo impulso, o eu é *limitado* pelo não-eu.

3) No eu há a tendência sempre durável para refletir sobre si próprio, tão logo intervenha a condição de toda a reflexão – uma limitação. Esta condição intervém aqui; o eu tem, por conseguinte, necessariamente de refletir sobre este seu estado. – Ora, nesta reflexão, o refletinte esquece-se de si próprio, como sempre, e ela não chega por isso jamais à consciência. Além disso, esta reflexão acontece por um mero ímpeto, não há nela, por conseguinte, a mais pequena manifestação de liberdade, e ela é, como acima, um mero *sentimento.* Pergunta-se apenas; que tipo de sentimento?

4) O objeto desta reflexão é o eu, o impulsionado, portanto, o eu *idealiter* ativo em si próprio; impulsionado por um motivo

que reside nele próprio, // portanto, sem qualquer arbítrio *431* e espontaneidade. – Mas esta atividade do eu dirige-se a um objeto que ele não pode *realizar*, como coisa, nem tampouco *expor*, por atividade ideal. É, por conseguinte, uma atividade *que não tem absolutamente nenhum objeto*, mas que, no entanto, *impulsionada, procura irresistivelmente algum objeto*, e que é meramente *sentida*. Mas uma tal determinação do eu denomina-se um *anseio*[27]; um impulso para algo completamente desconhecido, que se manifesta meramente por uma *carência*, / por uma *inquietação*, por um *vazio* que busca 303 satisfação e não indica onde. – O eu sente em si um anseio; sente-se carente.

5) Ambos os sentimentos, o *anseio* agora derivado e o sentimento acima apontado, da *limitação e do constrangimento*, têm de ser diferenciados e relacionados entre si. – Pois o impulso deve ser determinado; ora, o impulso manifesta-se por um certo *sentimento*, por conseguinte, este sentimento deve ser determinado; mas ele somente pode ser determinado por um sentimento de outra espécie.

6) Se no primeiro sentimento o eu não fosse limitado, não ocorreria no segundo um *mero anseio*, mas sim *causalidade;* pois o eu poderia então produzir algo fora de si, e o seu impulso não seria limitado a determinar o próprio eu apenas interiormente. Inversamente, se o eu não se sentisse como *ansiando*, então ele não se poderia sentir como *limitado*, dado que é apenas pelo sentimento do ansiar[28] que o eu sai para fora de si próprio – é unicamente por este sentimento no eu e para o eu que é posto algo que deve ser fora dele.

(Este ansiar é importante, não só para a Doutrina da Ciência prática, mas também para a Doutrina da Ciência inteira. É só por ele que o eu é impulsionado *em si próprio* – *para fora de si;* é só por ele que se manifesta, *nele* próprio, um *mundo exterior*.)

---

27. *Sehnen.*
28. *Sehnen.*

7) Ambos estão, por conseguinte, sinteticamente unificados, um não é possível sem o outro. Sem limitação, não há anseio, sem anseio, não há limitação. – Ambos são também perfeitamente opostos um ao outro. No sentimento da limitação, o eu é sentido apenas como *passivo*, no do anseio, também como *ativo*.

8) Ambos fundam-se sobre o impulso e, na verdade, sobre *um e precisamente o mesmo* impulso no eu. O impulso do eu, limitado pelo não-eu, e apenas assim capaz de um impulso, determina a faculdade da reflexão e, por este meio, surge o sentimento de um constrangimento. O mesmo impulso determina o eu, pela atividade ideal, a sair de si próprio, e a / // produzir algo fora de si próprio; e dado que o eu, para este efeito, é limitado, surge assim um *anseio* e, pela faculdade da reflexão, que é, assim, posta na necessidade de refletir, surge *um sentimento de anseio*. – Pergunta-se como pode um e precisamente o mesmo impulso produzir um impulso oposto. Somente pela diversidade das forças às quais ele se dirige. Na primeira função, ele dirige-se apenas à mera faculdade da reflexão, que só apreende o que lhe é dado; na segunda, ao esforço absoluto, livre, fundado no próprio eu, que visa o criar, e cria efetivamente, pela atividade ideal; só que até aqui ainda não conhecíamos o seu produto, nem estávamos capacitados a conhecê-lo.

9) O anseio é, por conseguinte, a manifestação *originária, completamente independente*, do esforço que reside no eu. *Independente*, porque não atende a absolutamente nenhuma limitação, nem é por esse meio detida. (Esta observação é importante: pois mostrar-se-á, noutra ocasião, que este anseio é o veículo de todas as leis práticas; e que elas só se podem conhecer na medida em que dele se deixem derivar ou não.)

10) No anseio surge, pela limitação, simultaneamente, um sentimento de constrangimento, que tem de ter o seu fundamento num não-eu. O objeto do anseio (aquele que o eu determinado pelo impulso tornaria real[29] se tivesse causalidade, e que

---

29. *wirklich.*

pode denominar-se provisoriamente o *ideal*) é inteiramente adequado e congruente com o esforço do eu; aquele, porém, que poderia ser posto pela relação do sentimento de limitação ao eu (e que certamente será também posto) está em conflito com o mesmo. Ambos os objetos são, por conseguinte, eles próprios, opostos um ao outro.

11) Porque no eu não pode haver nenhum aspirar sem sentimento de constrangimento, e, inversamente, o eu é sinteticamente unificado em ambos, é um e precisamente o mesmo eu. No entanto, nas duas determinações ele é colocado claramente em conflito consigo próprio; / ele é simultaneamente *limitado* e *ilimitado, finito* e *infinito*. Esta contradição tem de ser desfeita, e vamos agora elucidá-la claramente e resolver satisfatoriamente.

12) O anseio, como ficou dito, procura tornar real algo fora do eu. Disto, ele não é capaz; o eu, em geral, não é capaz disso, até onde podemos ver, em nenhuma das suas determinações. – No entanto, este impulso que vai para fora tem de causar o que ele puder. Mas ele pode atuar sobre a atividade ideal do eu, determiná-la a sair de si própria e a produzir algo. – Acerca desta faculdade de produção não precisamos aqui de questionar; ela será em seguida geneticamente deduzida; mas é preciso com certeza responder à seguinte pergunta, que // tem de importunar todo aquele que pensa conosco. Porque, embora tivéssemos partido originariamente de um impulso para fora, não tiramos esta conclusão mais cedo? A resposta é a seguinte: o eu não pode dirigir-se *para si próprio validamente* (pois aqui apenas se fala disto, e para um possível observador já tiramos esta conclusão mais acima) *para fora,* sem antes se ter limitado a si próprio; pois até aqui não há, para o eu, nem um interior, nem um exterior. Esta limitação de si próprio aconteceu pelo *sentimento de si* deduzido. Pois ele tampouco pode dirigir-se para fora, se de alguma maneira o mundo exterior não se manifesta a ele, *nele próprio*. E isto apenas acontece pelo anseio.

13) Pergunta-se *como* e *o que* produzirá a atividade ideal do eu determinada pelo anseio? – No eu existe um determinado sen-

timento de limitação = **X**. No eu existe, além disso, um anseio que visa à realidade. – Mas a realidade só se manifesta, para o eu, pelo sentimento: logo, o anseio visa um sentimento. Ora, o sentimento **X** não é o sentimento ansiado; porque então, o eu não se sentiria *limitado*, e não se sentiria *anseio;* e, em geral, não se sentiria de todo; – mas é, muito pelo contrário, o sentimento oposto, -**X**. / O objeto que teria de estar presente, se o sentimento -**X** devesse ter lugar no eu, e que nós queremos denominar também -**X**, teria de ser produzido. Este seria o ideal. – Ora, se por sua vez o objeto **X** (fundamento do sentimento de limitação **X**) também pudesse ser sentido, então o objeto -**X** seria fácil de pôr, pela mera contraposição. Mas isto é impossível, porque o eu nunca sente um objeto, mas apenas a si próprio; e só pode produzir o objeto por atividade ideal. Ou então, o próprio eu poderia como que despertar em si o sentimento -**X**, e então ele próprio estaria capacitado imediatamente a comparar os dois sentimentos entre si, notar a sua diversidade, e expô-la em objetos, como os fundamentos da mesma. Mas o eu não pode despertar nenhum sentimento em si; senão ele teria causalidade, o que ele não deve, entretanto, ter. (Isto prende-se com o princípio da Doutrina da Ciência teorética: o eu não se pode limitar a si.) – Assim, a tarefa não é nada menos do que a de concluir, a partir do sentimento da limitação, o qual não se deixa, de todo, tampouco determinar mais além, para o objeto do anseio completamente oposto; que o eu, pela atividade ideal, o produza apenas segundo a orientação do primeiro sentimento.

// 14) O objeto do sentimento de limitação é algo real[30]; o do anseio não tem nenhuma realidade, mas deve tê-la, em consequência do anseio, pois ele visa à realidade. Os dois são opostos um ao outro, porque por um o eu sente-se limitado e, segundo o outro, esforça-se por sair da limitação. O que um é, o outro não é. Isto, e nada mais, se pode, até agora, afirmar de ambos.

---

30. *Reeles.*

15) Penetraremos mais profundamente na investigação. – O eu, conforme se disse, pôs-se como eu por livre-reflexão sobre o sentimento, segundo o princípio: o que se põe a si próprio, o que é simultaneamente determinante e determinado, é o eu. – O eu, por conseguinte, nesta reflexão (que se manifestou como sentimento de si), *determinou-se,* / circunscreveu-se completamente e limitou-se a si próprio. Nela, ele é *absolutamente determinante.*

16) O impulso que se dirige para fora orienta-se por *esta* atividade, e torna-se, por isso, a este respeito, um impulso para *determinar,* para *modificar* algo fora do eu, a realidade já dada pelo sentimento. – O eu era simultaneamente o determinado e o determinante. Ele ser impulsionado pelo impulso para fora, significa que ele deve ser o determinante. Mas todo o determinar pressupõe uma matéria determinável. – O equilíbrio tem de ser mantido; logo, a realidade permanece sempre o que ela era, *realidade,* algo de relacionável com o sentimento; absolutamente nenhuma modificação, para ela, como tal, como mera *matéria,* é pensável, senão a aniquilação e supressão completa. Mas a sua existência é a condição da vida; no que não vive não pode haver nenhum impulso, e nenhum impulso do vivente pode partir da aniquilação da vida. Portanto, o impulso que se manifesta no eu não se dirige, de todo, à *matéria* em geral, mas a uma certa *determinação da matéria.* (Não se pode dizer *diversas matérias.* A materialidade[31] é inteiramente simples – mas: *matéria com diversas determinações.*)

17) *Esta* determinação pelo impulso é o que é sentido como um *anseio.* O anseio não se dirige, por conseguinte, à produção da matéria, como tal, mas à modificação da mesma.

18) O *sentimento* do anseio não era possível sem reflexão sobre a determinação do eu pelo impulso indicado, como se compreende por si próprio. Esta reflexão não era possível sem *limitação* do impulso e, na verdade, expressamente, do impul-

---

31. *Stoffheit, Materialität.*

so para a determinação, o qual se manifesta unicamente no anseio. Mas toda a limitação do eu é apenas sentida. Pergunta-se então que tipo de sentimento possa ser esse, pelo qual o *impulso do determinar* é sentido como limitado.

435   // 19) Todo o determinar acontece por atividade ideal. Se o sentimento exigido deve ser possível, então, um objeto teria já, por conseguinte, de ter sido determinado por esta atividade ideal, e esta ação de determinar teria de se relacionar com o sentimento. – Surgem aqui as seguintes questões; 1) Como deve a atividade ideal chegar à possibilidade e efetividade deste determinar? 2) Como deve este determinar poder relacionar-se com o sentimento?

À primeira, responderemos; já foi acima indicada uma determinação da atividade ideal do eu pelo impulso, que tem, tanto quanto pode, de atuar constantemente. Por ela tem, em primeiro lugar, em consequência dessa determinação, de ser *posto o fundamento da limitação* como um objeto, de resto completamente determinado por si próprio; objeto que, precisamente por isso, não chega, porém, à consciência, nem pode chegar. E então, foi assim indicado um impulso no eu para a simples determinação; e, em consequência deste, a atividade ideal tem inicialmente, no mínimo, de esforçar-se para procurar *determinar o* objeto posto. – Não podemos dizer *como o* eu, em consequência do impulso, deve determinar o objeto; mas sabemos, ao menos, que ele, segundo esse impulso, fundado no mais íntimo da sua essência, deve ser o *determinante*, aquele que é *tão só pura e simplesmente ativo* no determinar. Ora, mesmo se abstrairmos do sentimento do *anseio* já conhecido, cuja simples presença já decide sobre a nossa pergunta – pode ou não, pergunto, este impulso de determinação segundo fundamentos puros *a priori* ter causalidade, ser satisfeito? É sobre a sua limitação que se funda a possibilidade de um anseio; sobre a qual se funda a possibilidade de um sentimento e, sobre este – a vida, a consciência e a existência espiritual em geral. Assim, tão certo quanto o eu é eu, o impulso à determinação não tem nenhuma causalidade. Todavia, o fundamento disto, tampouco quanto acima, no esforço em geral, não pode residir nele próprio, pois que então ele não seria nenhum impulso: portanto, tem de residir num impulso contrário do não-eu, *para se determinar a si próprio,* numa causalidade do não-eu, completamente independente do eu e do seu impulso, / que segue o *seu* caminho e rege-se segundo as *suas* leis, assim como este se rege segundo as suas. 309

Por conseguinte, se há um objeto, e há determinações suas em si, i.e., produzidas pela própria causalidade interior da natureza (conforme admitimos entretanto hipoteticamente, mas que *para o eu* iremos já em seguida realizar); se, além disso, a atividade ideal (intuinte) do eu é impelida para fora pelo impulso, como o demonstramos, então o eu determinará, e tem de determinar, o objeto. O eu // será conduzido, nesta 436 determinação, pelo impulso, e visa determiná-lo segundo este; mas ele está, simultaneamente, sujeito à causação do não-eu, e é limitado por este, pela constituição efetiva da coisa, a *não* poder determinar a mesma em maior ou menor grau segundo o impulso.

O eu é limitado por esta restrição do impulso; surge, assim como em cada limitação do esforço, e da mesma maneira, um sentimento, o qual aqui é um sentimento de limitação do eu, não pela *matéria,* mas *pela constituição da matéria.* E assim é também, simultaneamente, respondida a segunda pergunta, de como pode a restrição do determinar relacionar-se com o sentimento.

20) Continuaremos em seguida esta discussão, e demonstraremos mais agudamente o que foi há pouco afirmado.

a) O eu determina-se a si próprio, por absoluta espontaneidade, como foi acima mostrado. É para esta atividade de determinar que o impulso presentemente a investigar se volta, e impulsiona-a para fora. Se queremos aprender a conhecer profundamente a determinação da atividade pelo impulso, então temos, antes de tudo o mais, de conhecê-la profundamente a *ela própria.*

b) Ela era, no agir, apenas e simplesmente *refletinte.* Ela determinou o eu, assim como o encontrou, sem nada alterar nele; ela era, poderia dizer-se, meramente *figurativa*[32]. O impulso não pode, nem deve colocar algo que não esteja nela; ele impele-a, por conseguinte, apenas para o / reproduzir[33] disso que existe, assim como existe; impele à mera intuição, mas de modo nenhum ao modificar da coisa por causalidade real. Só deve ser produzida no eu uma determinação, assim como ela está no não-eu.

c) E, no entanto, o eu que reflete sobre si próprio tinha de ter em si próprio, em *um* aspecto, a medida do refletir. Ele dirigia-se, a saber, ao que era *(realiter) simultaneamente determinado e determinante*, e punha-o como eu. Que um tal existisse, não dependia do eu, na medida em que nós o considerávamos meramente como refletinte. Mas por que não refletia ele sobre algo menos, apenas sobre o determinado, ou apenas sobre o determinante? Por que não sobre algo mais? Por que não estendia ele o âmbito do seu objeto? Disto, tampouco poderia já o fundamento residir fora dele, porque a reflexão aconteceu com espontaneidade absoluta. Ele tinha, por conseguinte, de ter apenas em si próprio a limitação disso que pertence a toda a reflexão. – Que era assim, deriva também de uma outra consideração. O eu deve ser posto. O "simultaneamente determinado e determinante" foi // posto como eu. O refletinte tinha esta medida em si próprio, e trouxe-a consigo para a reflexão; pois ele próprio, *enquanto reflete por espontaneidade absoluta,* é simultaneamente o determinante e determinado.

Tem o refletinte porventura alguma lei interna de determinação, também para a determinação do não-eu, e se tem, qual?

Esta pergunta é fácil de responder a partir dos fundamentos já apresentados. O impulso dirige-se ao eu refletinte, tal como ele é. Ele nada pode dar ao mesmo, ou tomar-lhe, a sua lei interna de determinação permanece a mesma. Tudo o que deve ser objeto da sua reflexão e do seu determinar (*ideal*) tem (*realiter*) de ser "simultaneamente determinado

---

32. *Bildend.*
33. *Nachbilden.*

e determinante"; e assim também o não-eu a determinar. Por isso, a lei subjetiva da determinação é de *que / algo* seja *simultaneamente determinado e determinante*, ou *determinado por si próprio:* e o impulso de determinação visa encontrá-lo desse modo, e só se pode satisfazer sob esta condição. – Ele deseja *determinidade, totalidade* e *completude* perfeitas, as quais consistem unicamente nesta nota característica. Aquilo que, *na medida em que é determinado,* não é também simultaneamente *o determinante,* é, nessa medida, *efeito;* e este efeito é excluído da coisa, como algo *estranho,* pelo limite que a reflexão traça, e é separado e esclarecido a partir de *algo diverso.* Aquilo que, *na medida em que é determinante,* não é simultaneamente *o determinado,* é, nessa medida, *causa,* e o determinar é relacionado a *algo diverso,* e assim excluído para fora da esfera posta para a coisa pela reflexão. Apenas na medida em que a coisa está em ação recíproca consigo própria é que ela é uma coisa, e a mesma coisa. Esta nota característica é transferida, pelo impulso de determinação, para fora do eu, para a coisa; e esta é uma observação importante. 311

(Os exemplos mais triviais servem como explicação. Porque são o doce, ou o amargo, o vermelho ou o amarelo etc., sensações *simples,* que não são decompostas em várias – ou porque são elas, em geral, sensações consistentes por si e não meramente partes constitutivas de uma outra? O fundamento disto tem, evidentemente, de residir no eu, *para o qual* eles são sensações simples; por isso, tem de haver no eu, *a priori,* uma lei para a *limitação* em geral.)

d) A diferença entre o eu e o não-eu permanece, apesar desta igualdade da lei da determinação. Se se refletir sobre o eu, então também o refletinte e o refletido são iguais, são um e precisamente o mesmo, determinado e // determinante; se se refletir sobre o não-eu, então eles são opostos; pois o refletinte, como se compreende por si próprio, é sempre o eu. *438*

e) Daqui resulta, simultaneamente, a demonstração rigorosa de que o impulso para a determinação não procura uma modificação real, mas apenas um determinar ideal, um determinar para o eu, um reproduzir. Aquilo que pode ser objeto seu / tem de ser *realiter* determinado perfeitamente por si próprio, e nada resta aí para uma atividade ideal do eu mas, muito pelo contrário, uma tal atividade estaria em contradição evidente com a determinação do impulso. Se o eu modifica *realiter*, então não está dado o que deveria ser dado.

21) Pergunta-se apenas como, e de que maneira, o determinável deve ser dado ao eu; e pela resposta a esta questão penetraremos de novo mais profundamente na conexão sintética das ações aqui a indicar.

O eu reflete sobre si, como simultaneamente determinado e determinante, e limita-se nessa medida (ele vai exatamente tão longe quanto vão o determinado e determinante): não há *limitação* sem um *limitante*. Este limitante, a opor ao eu, não pode ser como que produzido pela atividade ideal, como é postulado na teoria, mas tem de ser dado ao eu, tem de residir nele. Ora, algo assim encontra-se certamente no eu, a saber, é aquele que, conforme foi acima mostrado, é excluído nesta reflexão. – O eu só se põe como eu na medida em que é o *determinado e o determinante*, mas ele só os é no aspecto ideal. O seu esforço para a atividade real é limitado; ele é, nesta medida, posto como força interior, encerrada, que se determina a si própria (i.e., simultaneamente determinada e determinante) ou, dado que ela não tem manifestação, matéria intensiva[34]. Se se refletir sobre esta, como tal, então, ela é, consequentemente, transportada pela oposição para fora, e o em si e originariamente *subjetivo* é transformado num *objetivo*.

a) Torna-se aqui inteiramente claro de onde surge a lei: o eu não se pode pôr como determinado sem se opor um não-eu. – Ou seja, teríamos podido seguir, segundo aquela lei agora conhecida à saciedade, inicialmente do seguinte modo: se o eu deve determinar-se, então ele tem necessariamente de opor algo a si; mas dado que aqui estamos na parte prática da Doutrina da Ciência e, / por isso, temos em toda a parte

---

34. *intensiver Stoff.*

de atender ao impulso e ao sentimento, tivemos também de deduzir esta lei de um impulso. – O // impulso que vai originariamente para fora, efetua o que pode e, dado que ele não pode efetuar a atividade real, efetua ao menos a atividade ideal que, segundo a sua natureza, não pode ser restringida, e impulsiona-a para fora. Daí surge a oposição; e assim, pelo impulso, e no impulso, estão em conexão todas as determinações da consciência e, em particular, também a consciência do eu e do não-eu.

b) O subjetivo é transformado num objetivo; e, inversamente, todo o objetivo é originariamente um subjetivo. – Um exemplo inteiramente adequado não pode ser apresentado; pois fala-se aqui de um *determinado em geral*, que nada mais é, além de um determinado; e um tal não pode, de todo, ocorrer na consciência, e disso veremos em breve a razão. Tudo o que é determinado, tão certo quanto deva ocorrer na consciência, é necessariamente um *particular*. Através de exemplos desta última espécie pode-se, no entanto, exibir com toda a clareza na consciência a afirmação acima proferida.

Seja, e.g., algo *doce, azedo, vermelho, amarelo*, ou algo do gênero. Uma tal determinação é obviamente algo apenas *subjetivo;* e não esperamos que alguém, que apenas compreenda estas palavras, o negue. O que sejam doce ou azedo, vermelho ou amarelo, não se deixa, simplesmente, descrever, mas apenas sentir, e não se deixa comunicar ao outro por nenhuma descrição, mas cada um tem de relacionar o objeto com o seu próprio sentimento, se alguma vez um conhecimento da minha sensação deva surgir nele. Pode apenas dizer-se: *em mim existe a sensação do amargo, do doce* etc., e nada mais. – Mas então, posto também que o outro relaciona o objeto ao seu sentimento, como sabeis vós, então, que o conhecimento da *vossa* sensação surge nele de modo que ele sinta da mesma forma que vós? Donde sabeis vós, e.g., que o açúcar provoca, sobre o gosto do outro, exatamente aquela impressão que surge em vós quando comeis açúcar? / É certo que chamais *doce* àquilo que surge em vós quando comeis açúcar, e ele, e todos os vossos concidadãos também o chamam, como vós, doce;

mas este acordo está apenas nas palavras. Donde sabeis, então, que o que vós ambos denominais açúcar, é para ele exatamente o mesmo que é para vós? Acerca disto nada se deixará jamais estabelecer; a coisa reside no território do puramente subjetivo, e não é, de todo, objetiva; só com a síntese do açúcar [SW: com] um gosto determinado, *em si subjetivo,* e objetivo somente *pela sua* *440* *determinidade em geral, //* é que a coisa transita para o domínio da objetividade. Todo o nosso conhecimento parte de uma tal relação ao sentimento; sem sentimento não é possível absolutamente nenhuma representação de uma coisa fora de nós.

Ora, esta determinação *de vós próprios* transporta-vos imediatamente para algo *fora de vós:* do que é propriamente acidente do vosso eu, fazeis um acidente de uma coisa que deve existir fora de vós (constrangidos por leis que foram à saciedade estabelecidas na Doutrina da Ciência), *de uma matéria*[35] *que deve ser extensa* *no espaço e deve preenchê-lo.* Que mesmo esta matéria pode bem ser algo presente apenas em vós, meramente subjetivo, sobre isso, já há muito que ao menos uma suspeita deveria ter em vós surgido, porque sois capazes, sem mais, sem que de algum modo um novo sentimento dessa matéria tenha lugar, de transportar para ela algo que, segundo a vossa própria confissão, é subjetivo [SW: como doce, vermelho, e outros que tal]; porque, além disso, uma tal matéria, sem um subjetivo a transportar para ela, não existe de todo para vós e, por isso, também não é, para vós, além disso, absolutamente nada, senão o suporte, de que necessitais, do subjetivo a ser transportado para fora de vós. – Enquanto transportais o subjetivo para ela, ela existe, sem dúvida, em vós e para vós. Ora, se ela existisse originariamente fora de vós, e vos chegasse a partir de fora, para a possibilidade da síntese que tendes de empreender, então ela teria, de algum modo, de vos ter chegado pelos sen- *315* tidos. Mas os sentidos fornecem-nos / algo meramente subjetivo, da espécie do que foi indicado acima; a matéria, como tal, não cai de modo nenhum nos sentidos, mas apenas pode ser projetada, ou pensada, pela imaginação produtiva. Ela não pode ser vista, nem ouvida, nem provada, nem cheirada; mas cai sob o sentido do tato

---

35. *Stoff.*

(*tactus*), poderia porventura objetar alguém inexperiente na abstração. Mas este sentido anuncia-se apenas pela sensação de uma resistência, de um não-poder que é subjetivo; *o resistente* não é, salvo seja, *sentido*, mas apenas *inferido*. Este sentido só alcança a superfície, e esta anuncia-se sempre por algo de subjetivo, e.g., que ela é áspera ou lisa, fria ou quente, dura ou mole, ou algo assim; mas não o interior do corpo. Em primeiro lugar, porque estendeis então esse calor ou frio que sentis (juntamente com a mão, com a qual o sentis) ao longo de toda uma superfície extensa, e não o pondes num único ponto [SW: no único ponto em que o sentis]? E como chegais a admitir ainda um interior do corpo, que no entanto não sentis, entre as superfícies? // Isto acontece obviamente pela imaginação produtiva. – No entanto, tomais essa matéria como algo objetivo, e isso com justiça, porque todos concordais que ela está presente, e tendes de concordar, dado que a sua produção funda-se sobre uma lei geral de toda a razão. *441*

22) O impulso era dirigido à atividade do eu que reflete sobre si própria, que se determina a si própria *como eu, enquanto tal*. Reside, por conseguinte, expressamente na determinação pelo impulso que o *eu* deve ser o que determina a coisa – por conseguinte, que o eu deve refletir sobre si próprio neste determinar. Ele tem de refletir, i.e., de pôr-se como o determinante. – (Retornaremos a esta reflexão. Aqui, consideramo-la meramente como um meio auxiliar para avançar na nossa investigação.)

23) A atividade do eu é uma só, e ela não pode / dirigir-se simultaneamente a vários objetos. Ela deve determinar o não--eu, que aqui queremos denominar **X**. O eu deve agora, como se compreende, refletir sobre si próprio *neste determinar* pela mesma atividade. Isto não é possível sem que a ação *de determinar* (do **X**) seja interrompida. A reflexão do eu sobre si próprio acontece com espontaneidade absoluta, portanto também este interromper. O eu interrompe a ação de determinar, com absoluta espontaneidade. *316*

24) O eu é, por conseguinte, restringido no determinar, e daí surge *um sentimento*. Ele é *restringido*, pois o impulso de *determinar* dirigiu-se para fora sem qualquer determinação, i.e., até ao infinito. – Ele tinha em geral em si a regra para

refletir sobre o determinado *realiter* por si próprio, como um e precisamente o mesmo; mas nenhuma lei de que o mesmo – no nosso caso, **X** – devesse chegar até **B**, ou até **C** etc. Agora, este determinar é interrompido num ponto determinado, que queremos denominar **C**. (Não se pergunte, por ora, que tipo de limitação seja esta; livremo-nos, porém, de pensar numa limitação no espaço. Fala-se de uma limitação da intensidade, e.g., do que separa o doce do ácido e semelhantes.) Logo, existe *uma restrição* do impulso de determinação, como condição de um sentimento. Existe, além disso, *uma reflexão* sobre isso, como a outra condição do mesmo. Pois que enquanto a livre-atividade do eu interrompe o determinar do objeto, ela dirige-se ao determinar, e à limitação, a todo o seu âmbito que, precisamente por isso, se torna num âmbito. Mas o eu não se torna consciente desta liberdade do seu agir; e por isso a limitação é atribuída à coisa. – Há um sentimento da limitação do eu pela *determinidade* da coisa, ou o sentimento de um *determinado, de algo simples.*

442

317

// 25) Descrevemos em seguida a reflexão que intervém no lugar do determinar interrompido, e que se denuncia como interrompido por um sentimento. – Nela, o eu deve / pôr-se como eu, i.e., como o que se determina a si próprio na ação. É claro que o que é posto como produto do eu não pode ser outra coisa senão uma intuição de **X**, uma imagem[36] sua, mas de modo nenhum o próprio **X**, conforme se torna claro a partir de princípios teoréticos e também a partir do que acima ficou dito. Ele é posto como produto do eu na sua liberdade, o que significa: ele é posto como *contingente,* como um tal que não teria de ser necessariamente assim como é, mas que poderia também ser de outro modo. – Se o eu se tornasse consciente da sua liberdade no figurar[37] (se ele refletisse novamente também sobre a presente reflexão), então a imagem seria posta como contingente *em relação ao eu.* Uma tal reflexão não tem lugar; ele teria, por conseguinte, de ser posto

---

36. *Bild.*
37. *Bilden.*

como contingente *em relação a um outro não-eu*, que até aqui é-nos ainda totalmente desconhecido. Debateremos mais completamente, em seguida, o que foi dito em termos gerais.

Para ser adequado à lei da determinação, **X** teve de ser determinado por si próprio (simultaneamente determinado e determinante). Ora, ele é isso devido ao nosso postulado. Agora, **X** deve, além disso, por virtude do sentimento presente, ir até **C** e não mais longe; mas também, ser determinado até aí. (Mostrar-se-á em breve o que isto quer dizer.) Nenhum fundamento desta determinação reside, de todo, no eu *idealiter* determinante, ou intuinte. Ele não tem nenhuma lei para isso. (O que se determina a si próprio chega porventura só até aí? Por um lado, mostrar-se-á que considerado apenas em si próprio, ele vai até aí, i.e., até à infinidade; por outro, ainda que porventura devesse existir uma diferença na coisa, como chega ela ao círculo de ação do eu ideal? Como se torna ela acessível a este, dado que o mesmo não tem absolutamente nenhum ponto de contato com o não-eu, e só é *idealiter* ativo na medida em que não tem nenhum ponto de contato que tal, e não é limitado pelo não-eu? – Expresso de modo popular: porque é o *doce* algo *diverso* do *azedo*, oposto a ele? Ambos são, em geral, algo *determinado*. Mas fora esse caráter geral, / qual é o fundamento de distinção? Ele não pode residir apenas na atividade ideal, porque não é possível um conceito de nenhum dos dois. No entanto, ele tem, ao menos em parte, de residir no eu; pois há uma diferença *para o eu*.) 318

Por conseguinte, o eu ideal oscila com liberdade absoluta para além e para dentro dos limites. O seu limite é completamente indeterminado. Pode ele permanecer nesta situação? // De modo nenhum; pois agora, conforme o postulado, ele deve refletir sobre si próprio nesta intuição, pôr-se portanto na mesma como *determinado;* pois toda a reflexão pressupõe determinação. 443

A regra da determinação em geral é-nos bem conhecida; algo só é determinado na medida em que é determinado por si próprio. Por conseguinte, o eu teria de pôr-se, nesse intuir de **X**, para si próprio o limite do seu intuir. Ele teria de se determinar, por si próprio, a pôr precisamente o ponto **C** como ponto-limite, e **X** seria, consequentemente, determinado pela espontaneidade absoluta do eu.

26) Mas – esta argumentação é importante – **X** é um tal que se determina por si próprio segundo a lei da determinação em geral, e só é o objeto da intuição postulada, na medida em que se determina por si próprio. – Até aqui, com efeito, falamos apenas da determinação *interior* da essência: mas a limitação *exterior* segue-se imediatamente dela. **X** = **X** na medida em que é simultaneamente determinado e determinante, *e estende-se até onde ele é isso*, e.g., até **C**. Se o eu deve limitar **X** corretamente, e de modo adequado à coisa, então *tem* de limitá-lo em **C**, e não se poderia, por isso, dizer que a limitação aconteça por absoluta espontaneidade. Os dois contradizem-se entre si, e poderiam tornar necessária uma distinção.

27) Mas – a limitação [SW: de X] em **C** é apenas *sentida*, e não *intuída*. A limitação que é livremente posta deve ser apenas *intuída*, / e não *sentida*. Mas, ambos, intuição e sentimento, não têm nenhuma conexão. A intuição *vê*, mas é *vazia; o* sentimento *relaciona-se com a realidade*, mas é *cego*. – No entanto, **X** deve, na verdade, e até onde ele é limitado, ser limitado. Por conseguinte, é exigida uma unificação, uma conexão sintética do sentimento e da intuição. Investigaremos melhor, em seguida, esta última, e assim chegaremos inadvertidamente ao ponto que buscamos.

28) O intuinte deve limitar **X** por espontaneidade absoluta e, com efeito, de tal modo que **X** apareça como limitado apenas por si próprio – tal era a exigência. Esta é satisfeita se a atividade ideal põe, pela sua faculdade de produção absoluta, além de **X** (no ponto **B**, **C**, **D** etc., pois a atividade ideal não pode pôr, ela própria, o ponto-limite determinado, nem pode ele ser imediatamente dado), um **Y**. – Este **Y**, como oposto a um interiormente determinado, a um algo, tem 1) ele próprio // de ser algo, i.e., simultaneamente determinado e determinante, segundo a lei da determinidade em geral, 2) ele deve ser oposto a **X** ou limitá-lo, ou seja, com **X**, na medida em que é determinante, **Y** não se relaciona como o determinado e, na

medida em que ele é determinado, **Y** não se relaciona com ele como o determinante, e inversamente. Não deve ser possível apreender os dois conjuntamente, refletir sobre ambos como sobre um só. (É bem de notar que não se fala aqui de limitação ou determinação relativa; numa tal relação, eles estão certamente; mas fala-se de determinação ou limitação interior, e nesta relação eles não estão. Cada ponto possível de **X** está em ação recíproca com cada ponto possível de **X**; e assim também em **Y**. Mas nem todo o ponto de **Y** está em ação recíproca com cada ponto de **X**, ou inversamente. Os dois são algo; mas cada um é algo diverso; e só assim chegamos então a levantar e a responder à questão: *que* são eles? Sem oposição, todo o não-eu é algo, mas não algo determinado, particular, e / a questão sobre o *que* é isto ou aquilo não tem, [SW; sem uma oposição,] de todo, nenhum sentido, porque ela só é respondida por oposição.) 320

É para isto que o impulso determina a atividade ideal; a lei da ação exigida é facilmente deduzível segundo a regra acima enunciada, a saber: **X** e **Y** devem excluir-se reciprocamente. Podemos denominar este impulso, na medida em que ele – como acontece aqui – se dirige meramente à atividade ideal, *o impulso para a determinação recíproca.*

29) O ponto-limite **C** é posto apenas pelo sentimento; portanto, **Y**, que reside além de **C**, na medida em que deve começar exatamente em **C**, também só pode ser dado por relação ao sentimento. É apenas o sentimento que os unifica no limite. – Por conseguinte, o impulso para a determinação recíproca procura simultaneamente um sentimento. Nele, são, por isso, intimamente unificados *atividade ideal e sentimento;* nele, o eu inteiro é um. – Podemos, nesta medida, denominá-lo *o impulso para a reciprocidade em geral.* – Ele é o que se manifesta pelo *anseio;* o objeto do anseio é *algo diverso, oposto* ao que está presente.

No anseio, a idealidade e o impulso para a realidade estão intimamente unificados. O anseio dirige-se *a algo diverso;* isto só é possível sob a pressuposição de uma determinação prévia pela atividade ideal. Nele ocorre, além disso, o impulso para a realidade (como restringido) porque ele é *sentido*, e não pensado, ou apresentado. Mostra-se aqui como pode ocorrer num sentimento um // impelir *para fora*, por conseguinte, o pressentimento[38] de um mundo exterior; a saber, porque ele é modificado pela atividade ideal, que é livre de toda a limitação. Mostra-se aqui, além disso, como se pode remeter uma função teorética da mente à faculdade prática; o que teria de ser possível, se o ser racional alguma vez devesse tornar-se num todo completo.

/ 30) O sentimento não depende de nós, porque depende de uma limitação, e o eu não se pode limitar-se a si próprio. Então, um sentimento oposto deve intervir. Levanta-se a questão: intervirá a condição exterior, sob a qual é unicamente possível um tal sentimento? Ela tem de intervir. Se ela não intervier, então o eu não sente nada de *determinado;* e ele não sente, por conseguinte, *absolutamente nada;* então, ele não vive, e não é nenhum eu, o que contradiz a pressuposição da Doutrina da Ciência.

31) O sentimento de um *oposto* é a condição da satisfação do impulso, logo *o impulso para a reciprocidade dos sentimentos* em geral é o *anseio*. O ansiado está agora determinado, mas apenas pelo predicado de que ele deve *ser algo de diverso* [SW; um recíproco,] para o sentimento.

32) Ora, o eu não pode sentir de dois modos simultaneamente, pois ele não pode ser *limitado em* **C** e, simultaneamente, *não ser limitado em* **C**. Logo, o estado alterado não pode ser *sentido como* estado alterado. O outro teria, por isso, de ser intuído, apenas pela atividade ideal, como algo diverso e oposto ao sentimento presente. – Estariam, por conseguinte, no eu sempre presentes simultaneamente intuição e sentimento, e ambos seriam sinteticamente unificados num e no mesmo ponto.

Ora, a atividade ideal não pode, além disso, tomar o lugar de nenhum sentimento, ou produzir algum; ela só poderia, assim, determinar o seu objeto em que ele *não* seja o que é sentido;

---

38. *Ahnung.*

em que todas as determinações possíveis possam caber nele, exceto as que estão presentes no sentimento. Assim, a coisa, para a atividade ideal, permanece sempre determinada apenas negativamente; e o que é sentido não é, então, tampouco, determinado. Não se deixa, portanto, imaginar nenhum meio de determinação, senão o determinar negativo prosseguido até ao infinito.

/ (Assim é, certamente. Que quer dizer, e.g., *doce?* Em primeiro lugar, algo que não se refere à visão, à audição etc., mas ao *paladar.* O que seja o paladar, tendes já de saber pela sensação, e poderia ser-vos presentificado pela imaginação, mas somente de modo obscuro e negativo (numa síntese // *de tudo o que não é paladar.*) Além disso, de entre aquilo que se relaciona ao paladar, ele não é *azedo, amargo,* etc., tantas determinações particulares do paladar quantas souberdes porventura enumerar. Mas mesmo que tivésseis enumerado todas as sensações do paladar por vós conhecidas, ainda assim vos poderiam ser dadas sempre novas sensações, até aqui por vós desconhecidas, das quais iríeis então ajuizar, elas não são *doces.* Portanto, o limite entre o doce e todas as sensações de gosto por vós conhecidas permanece ainda e sempre infinito.)

A única questão ainda por responder seria a seguinte: como é trazido à atividade ideal o fato de[39] que o estado do senciente se alterou? – Provisoriamente: isto descobre-se pela satisfação do anseio, por um sentimento; – circunstância que terá consequências muito importantes.

§.11. Oitavo teorema

Os sentimentos têm também de poder ser opostos

1) O eu deve opor, pela atividade ideal, um objeto **Y** ao objeto **X**; ele deve pôr-se como alterado. Mas ele só põe **X** por ocasião de um sentimento e, com efeito, do sentimento de um *outro.* – A atividade ideal depende apenas de si própria, e não do senti-

---

39. "fato de", adenda do trad.

mento. Está presente no eu um sentimento **X** e, neste caso, a atividade ideal não pode, como foi mostrado, limitar o objeto **X**, indicar *o que* ele é. Agora, deve surgir no eu um outro sentimento = **Y**, devido ao nosso postulado: e agora a atividade ideal deve determinar o objeto **X**, i.e., poder opor-lhe um **Y** determinado. / Por isso, a alteração e a reciprocidade no sentimento deve poder ter influência sobre a atividade ideal. Pergunta-se como pode isso acontecer.

2) Os sentimentos são, eles próprios, *diversos*, para algum observador fora do eu, mas eles devem ser diversos também para o eu, ou seja, eles devem ser postos como opostos. Isto cabe apenas à atividade ideal. // Ambos os sentimentos têm, por conseguinte, de ser postos, para que *ambos* possam ser postos, sinteticamente unificados, mas também opostos. Temos então de responder às três questões seguintes: a) Como é posto um sentimento? b) Como são unificados sinteticamente sentimentos, pelo pôr? c) Como são eles opostos?

3) Um sentimento é posto pela atividade ideal. Isto só se deixa pensar do seguinte modo: o eu reflete, sem qualquer consciência, sobre uma restrição ao seu impulso. Daí surge, em primeiro lugar, um sentimento de si. Ele reflete novamente sobre essa reflexão, ou põe-se, nela, como o simultaneamente determinado e determinante. Assim, o próprio sentir torna-se uma ação ideal, pois que a atividade ideal é transferida para lá. O eu sente ou, mais corretamente, *tem a sensação de algo*, da matéria. – Uma reflexão da qual já se falou acima, pela qual unicamente **X** se torna objeto. Pela reflexão sobre o *sentimento,* ele torna-se *sensação.*

4) Os sentimentos são sinteticamente unificados *pelo pôr ideal.* O seu fundamento de relação não pode ser nenhum outro, senão o fundamento da reflexão sobre os dois sentimentos. Este fundamento da reflexão era que, de outro modo, o impulso para a determinação recíproca não seria satisfeito, não poderia ser posto como satisfeito, e porque, se isto não acontece, não há sentimento, e então nenhum eu em geral. – Logo, o fundamento sintético de distinção da reflexão so-

bre ambos é que sem reflexão sobre *ambos* não poderia ser refletido sobre *nenhum dos dois*, como sobre um sentimento.

Deixar-se-á em breve ver sob que condição não terá lugar a reflexão sobre o sentimento isolado. / – Cada sentimento é necessariamente uma limitação do eu; por conseguinte, se o eu não é limitado, então ele não sente; e se não pode ser *posto* como limitado, então não pode ser posto como senciente. Logo, se a relação entre *dois sentimentos* fosse a de que *um* só fosse limitado e determinado *pelo outro*, então – dado que não se pode refletir sobre algo, sem que seja refletido sobre o seu limite, e que aqui de cada vez um sentimento é o limite de outro – não se poderia refletir nem sobre um, nem sobre o outro, sem que se refletisse sobre os dois. 324

5) Se os sentimentos devem estar nesta relação, então algo tem de haver em cada um deles que remeta para o outro. – Ora, nós encontramos, efetivamente, uma tal relação. Indicamos um sentimento que estava ligado com um anseio; por conseguinte, a um impulso para uma *alteração*. Se este anseio deve ser perfeitamente determinado, então o *outro, o ansiado* tem de ser // indicado. Ora, um tal outro sentimento foi efetivamente postulado. O eu pode, em si, determiná-lo como quiser: na medida em que ele é um ansiado [SW; determinado], e o ansiado, ele tem de se relacionar com o primeiro e, com respeito a ele, tem de ser acompanhado por um sentimento *de satisfação*. O sentimento do anseio não se deixa pôr sem uma satisfação que ele visa; e a satisfação, sem a pressuposição de um anseio que é satisfeito. Lá onde cessa o anseio e a satisfação começa, aí passa o limite. 448

6) Pergunta-se apenas, ainda, como se evidencia a satisfação no sentimento? – O anseio surgiu a partir de uma impossibilidade de determinar, porque ele carecia de limitação; nele foram, por isso, unificadas atividade ideal e impulso para a realidade. Tão logo surgiu um outro sentimento, tornou-se 1) possível a determinação exigida, a perfeita limitação de **X**, e ela aconteceu efetivamente, dado que / existe o impulso, e a força para isso; 2) precisamente daí, de que ela acontece, segue-se que existe um outro sentimento. No sentimento, em 325

si, como limitação, não há, e não pode haver absolutamente nenhuma diferença. Mas daí, de que se torna possível algo que não era possível sem uma alteração do sentimento, segue-se que o estado do senciente foi alterado. 3) *Impulso* e *ação* são agora um e precisamente o mesmo; a determinação que o primeiro requer é possível, e acontece. O eu reflete *sobre esse sentimento* e *a si próprio* no mesmo, como o simultaneamente determinante e determinado, como completamente uno consigo próprio; e uma tal determinação do sentimento pode denominar-se *aprovação*. O sentimento é acompanhado de aprovação.

7) O eu não pode pôr este acordo do impulso e da ação sem os diferenciar; mas não os pode diferenciar sem pôr algo no qual eles são opostos. Ora, um tal é o sentimento precedente que, por isso, é necessariamente acompanhado por um *desagrado* (pelo contrário da aprovação, pela manifestação da desarmonia entre o impulso e a ação). – Nem todo o anseio é necessariamente acompanhado de desagrado, mas se ele é satisfeito, então surge desagrado em relação ao precedente, que se torna enfadonho, insípido.

8) Os objetos **X** e **Y**, que são postos pela atividade ideal, não são mais determinados apenas pela oposição, mas também pelos predicados *desagradável* e *agradável*. E assim se determina progressivamente até ao infinito, e as determinações internas das coisas (que se relacionam ao sentimento) não são nada mais, senão graus de desagradável ou de agradável.

449 // 9) Até aqui aquela harmonia ou desarmonia, a aprovação ou o desagrado (como coincidir ou não coincidir de dois diversos, mas não como sentimento) existem somente para um observador possível, e não para o próprio eu. Mas ambos devem existir também para este último, e serem postos pelo mesmo – se apenas idealisticamente, / pela intuição, ou por uma relação ao sentimento, não sabemos por enquanto.

326

10) O que deve ser posto, ou idealisticamente, ou como algo sentido, para isso tem de se deixar apontar um impulso. Nada do que está no eu está nele sem um impulso. Teria, por isso, de se deixar apontar um impulso que visasse uma harmonia.

11) Harmonizador é o que se pode considerar como o mutuamente determinado e determinante. – No entanto, o harmonizador não deve ser um só, mas uma duplicidade harmonizadora; portanto, a relação seria a seguinte: **A** tem de ser simultaneamente, em si próprio, em geral determinado e determinante, e assim também **B**. Mas deve haver ainda em ambos uma determinação particular (a determinação de até onde), com respeito à qual **A** é o determinante, se **B** é posto como o determinado, e inversamente.

12) Um tal impulso reside no impulso para a *determinação recíproca*. – O eu determina **X** por **Y** e inversamente. Observe-se o seu agir em ambas as determinações. Cada uma destas ações é obviamente determinada pela outra, porque o objeto de cada uma é determinado pelo objeto da outra. Pode denominar-se este impulso *o impulso para a determinação recíproca* do eu por si próprio, ou o impulso para a absoluta *unidade* e completação do eu em si próprio. – (O círculo está agora percorrido: em primeiro lugar, impulso para a determinação do eu; depois, pelo mesmo, do não-eu; – dado que o não-eu é um diverso e, por isso, nenhum particular pode ser perfeitamente determinado em si e por si próprio – impulso para a sua determinação pela reciprocidade; impulso para a determinação recíproca do eu por si próprio, por meio dessa reciprocidade. É, por conseguinte, uma determinação recíproca do eu e do não-eu que, por virtude da unidade do sujeito, tem de se tornar numa determinação recíproca do eu por si próprio. Assim, segundo o esquema já anteriormente estabelecido, estão percorridas e esgotadas as maneiras de agir do eu, e isto garante a completude da nossa dedução / dos impulsos capitais do eu, porque fecha e conclui o sistema dos impulsos.)

13) O harmonizador, determinado mutuamente por si próprio, deve ser impulso e ação. a) Ambos devem poder ser considerados como sendo em si // simultaneamente determinado e determinante. Um impulso desta espécie seria um impulso que se produzisse absolutamente a si próprio, um impulso absoluto, um impulso pelo impulso. (Se ele for expresso como lei, conforme num certo ponto da reflexão, exatamente por causa des-

ta determinação, ele tem de ser expresso, então é uma lei pela lei, uma lei absoluta, ou o imperativo categórico – *Tu deves, simplesmente.*) Deixa-se facilmente ver onde, num tal impulso, reside o *incondicionado;* a saber, ele impulsiona-nos até ao indeterminado, sem fim (o imperativo categórico é meramente formal, sem qualquer objeto). b) Uma *ação* ser simultaneamente determinada e determinante, quer dizer: age-se porque se age, e para agir, ou com autodeterminação e liberdade absolutas. Todo o fundamento e todas as condições do agir residem no agir. – Do mesmo modo, mostra-se imediatamente onde reside aqui o indeterminado; não há ação sem um objeto; por conseguinte, a ação teria simultaneamente de dar-se a si própria o objeto, o que é impossível.

14) Ora, entre ambos, o *impulso* e o *agir,* deve haver a relação de que os dois mutuamente se determinam. Uma tal relação exige, em primeiro lugar, que o agir *se deixe considerar como produzido* pelo impulso. – O agir deve ser absolutamente livre, logo, determinado irresistivelmente por absolutamente nada e, logo, também não pelo impulso. Mas ele pode, no entanto, ser constituído de modo tal que o agir se pode considerar como determinado por ele, ou não. Mas agora *como* esta harmonia ou desarmonia se manifesta, esta é precisamente a questão a responder, e cuja resposta se encontrará imediatamente por si própria.

Esta relação exige que o *impulso* se deixe pôr como determinado pela ação. – No eu, / em simultâneo, nada pode ser oposto. Todavia, impulso e ação são, aqui, opostos. Por conseguinte, tão certo quanto uma ação intervém, o impulso é interrompido, ou limitado. Assim surge um *sentimento.* A ação dirige-se para o fundamento possível deste sentimento, põe-no, realiza-o.

Mas, se agora, segundo a exigência acima, *o agir* está determinado pelo *impulso,* então também o objeto está determinado por ele; ele é adequado ao impulso, e é exigido por ele. O impulso é agora (*idealiter*) determinável pela ação; deve ser-lhe atribuído o predicado de que ele é um tal que se dirigia a essa ação.

A harmonia existe, e surge um sentimento de *aprovação* que, aqui, é um sentimento de *contentamento*, de plenitude, de total completação (que, no entanto, // dura só um momento, devido ao anseio que necessariamente retorna). – Se a ação não é determinada pelo impulso, então o objeto é *contra* o impulso, e surge um sentimento de *desagrado*, de insatisfação, de dilaceração do sujeito consigo próprio. – Também agora o impulso é determinável pela ação; mas só negativamente; ele não era um impulso tal que se dirigia a essa ação.

15) O agir de que aqui se fala é, como sempre, um agir apenas ideal, pela representação. Também a nossa causalidade sensível no mundo dos sentidos, em que *acreditamos*, não nos chega de outro modo, senão mediatamente, pela representação.

GLOSSÁRIO

Este Glossário apresenta uma seleção dos termos filosóficos mais característicos, de ocorrência mais frequente nos *Fundamentos da Doutrina da Ciência,* ou ainda aqueles cuja tradução apresente particularidades dignas de registro, quer pelo contexto, quer por exigências próprias da versão para a língua portuguesa. Na generalidade dos casos, transcreve-se a grafia original do autor.

absehen – abstrair

ableiten – derivar

absoluterst – absolutamente primeiro

absondern – abstrair, separar

abstrahiren – abstrair

anschauen – intuir

Anstoß – obstáculo

anstoßen – obstaculizar

Antrieb – motivo, ímpeto

Anwendung – aplicação

Art – maneira, espécie, modo, tipo

Aufgabe – problema, tarefa

aufheben – suprimir

auftragen – transferir

ausschließen – excluir

aussöhnen – reconciliar

Bedingung – condição

Bedürfnis – carência

begreifen – conceber, compreender

begrenzen – confinar, limitar, delimitar

Begrenzend – limítrofe, limitante, limitando

Begrenzung – delimitação, limitação

beschränken – limitar, restringir

besonderen – particular

Bestimmtbarkeit – determinabilidade

Bestimmtheit – determinidade

Bestimmung – determinação, destinação

bewirken – causar

bewirktes – efetuado, efeito

Beziehbarkeit – relacionalidade

beziehen – referir, relacionar

Beziehung – referência, relação

Beziehungsgrund – fundamento de relação

Beziehungsurtheil – juízo de relação

Bild – imagem

Bildend – figurativo

da seyn – existir, haver

Differenz – diferença

Einfach – simples

Einfluß – influência

eingreifen – interferir, prender-se

Einig – uno

einschließen – conter, encerrar

Einschränkbarkeit – limitabilidade

einschränken – limitar, restringir

einwirken – atuar

Einwirkung – causação, causalidade

Empfindung – sensação

Endlichkeit – finitude

entäußern – alienar

entgegensetzen – opor

Entgegensetzung – oposição

entgegenseyn – ser-oposto

Erscheinung – aparência, fenômeno

Faktum – fato

Fest – rígido, seguro

festsetzen – assegurar, instituir, estipular, fixar, deter, firmar

Fremdartig – estranho

fühlen – sentir

Gebiet – domínio, território

Gefühl – sentimento, sentir

Gegensatz – oposto, oposição

Gegenseitig – mútuo, mutuamente

gegensetzen – contrapor, opor

Gegensetzung – contraposição, oposição

Gegenstand – objeto

Gegenstehend – que obsta

Gegenstreben – esforço contrário

Gegentheil – contrário

Gehalt – conteúdo

Gemeinen menschverstand – senso comum

Glaube – crença

glauben – crer, acreditar

Gleich – igual

Gleichartig – semelhante

Gleichheit – igualdade

gleichsetzen – pôr como igual

Gleichung – equiparação

Glied – elo, membro

Grenz – limite, fronteira

grenzen – confinar, delimitar

Grund – razão, razão suficiente, fundamento

Grundlage – fundamentos

Grundsatz – princípio

Gültigkeit – validade

handeln – agir

Handelsweise – maneira de agir

Handlung – ação

Handlungsart – modo de ação

Handlungsweise – modo de ação

hemmen – travar

Ich – eu, eus
ideal-Grund – fundamento ideal

Kausalität – causalidade
Kraft – força

Lehrsatz – teorema
Leiden – passividade
Limitation – limitação

Mangel – carência
Materialität – materialidade
Merkmal – nota, característica
Mittelbarkeit – mediatividade

nachbilden – reproduzir
Nicht-ich – não-eu

postulieren – postular
Prinzip – princípio

real-Grund – fundamento real
reflektiren – refletir
Reihe – série
Relation – relação
Richtung – direção

Satz – proposição, princípio, frase

Satz des Grundes – princípio de razão suficiente

Schlechthin – simplesmente

Schrank – limite, fronteira

schranken – limitar

Schwärmerei – arrebatamento

schweben – oscilar, pairar

sehnen – ansiar, anseio

Selbstbewußtseyn – consciência de si

Selbstthätigkeit – autoatividade

Setzbar – postulável

setzen – pôr

Setzendes – que põe, ponente

Seyend – ente

seyn – ser, existir, consistir

Spontaneität – espontaneidade

Stoff – material, matéria

Stoffheit – materialidade

stoßen – chocar, esbarrar

streben – esforçar-se, esforço

Thathandlung – ato originário

Thatsache – fato

Thätiges – agente

Thätigkeit – atividade

Theilbarkeit – divisibilidade

treiben – impulsionar, impelir, mover

Trieb – impulso

übereinkommen – concordar

Übereinstimmung – acordo

Übergang – passagem

übergehen – passar, transitar

Überschwenglich – excessivo

übertragen – transferir, transportar

Unbedingt – incondicionalmente, incondicionado

Unbegreifflich – inconcebível

Unbegrenzheit – não-limitação

Unbeschränkbar – ilimitável

Unendlichkeit – infinidade

unterscheiden – diferenciar, distinguir

Unterscheidung – diferença, diferenciação

Ursprünglich – originário, original

Urtheilskraft – faculdade de julgar

verbinden – ligar

Vereinigen – unificar

Vereinigung – unificação

vergleichen – comparar, equiparar

Vergleichung – comparação

verhalten (sich) – passar-se, estar para... como..., relacionar-se, comportar–se

Verhältniß – correlação, relação

Vermögen – faculdade

vermüthen – pressentir

vernichten – anular

verwechseln – permutar, permutar reciprocamente, trocar, confundir

Verwechslung – troca

Voraussetzung – pressuposição

Was – o que

Wechsel – reciprocidade

Wechselbestimmung – determinação recíproca

wechseln – permutar

Wechsel-thun und leiden – atuar e passividade recíprocos

Wechselwirkung – ação recíproca

wesen – ser, essência

Widerspruch – contradição

widerstand – resistência

widerstehen – resistir

widerstreben – resistência, contrariar

Widerstreit – conflito

wirken – efetuar, atuar, agir, agir causalmente, efetuar causalidade

Wirksamkeit – causalidade, eficácia, eficiência

Wirkung – causação, efeito

zurückdringen – recalcar

zurücktreiben – repelir

zurückwirken – reagir

zusammenfallen – coincidir

zusammenfassen – reunir

Zusammenhang – conexão

zusammentreffen – coincidir, encontrar

Zuthun – acrescento, cooperação, intervenção, colaboração, contributo

Zwang – constrangimento

COLEÇÃO PENSAMENTO HUMANO

- *A caminho da linguagem*, Martin Heidegger
- *A Cidade de Deus (Parte I; Livros I a X)*, Santo Agostinho
- *A Cidade de Deus (Parte II; Livros XI a XXIII)*, Santo Agostinho
- *As obras do amor*, Søren Aabye Kierkegaard
- *Confissões*, Santo Agostinho
- *Crítica da razão pura*, Immanuel Kant
- *Da reviravolta dos valores*, Max Scheler
- *Enéada II – A organização do cosmo*, Plotino
- *Ensaios e conferências*, Martin Heidegger
- *Fenomenologia da vida religiosa*, Martin Heidegger
- *Fenomenologia do espírito*, Georg Wilhelm Friedrich Hegel
- *Hermenêutica: arte e técnica da interpretação*, Friedrich D.E. Schleiermacher
- *Investigações filosóficas*, Ludwig Wittgenstein
- *Parmênides*, Martin Heidegger
- *Ser e tempo*, Martin Heidegger
- *Ser e verdade*, Martin Heidegger
- *Verdade e método: traços fundamentais de uma hermenêutica filosófica (Volume I)*, Hans-Georg Gadamer
- *Verdade e método: complementos e índice (Volume II)*, Hans-Georg Gadamer
- *O conceito de angústia*, Søren Aabye Kierkegaard
- *Pós-escrito às migalhas filosóficas (Volume I)*, Søren Aabye Kierkegaard
- *Metafísica dos costumes* – Immanuel Kant
- *Do eterno no homem* – Max Scheler
- *Pós-escrito às migalhas filosóficas (Volume II)*, Søren Aabye Kierkegaard
- *Crítica da faculdade de julgar*, Immanuel Kant
- *Ciência da Lógica – 1. A Doutrina do Ser*, Georg Wilhelm Friedrich Hegel
- *Ciência da Lógica – 2. A Doutrina da Essência*, Georg Wilhelm Friedrich Hegel
- *Crítica da razão prática*, Immanuel Kant
- *Ciência da Lógica – 3. A Doutrina do Conceito*, Georg Wilhelm Friedrich Hegel
- *Lições sobre a Doutrina Filosófica da Religião*, Immanuel Kant
- *Leviatã*, Thomas Hobbes
- *À paz perpétua – Um projeto filosófico*, Immanuel Kant
- *Fundamentos de toda a doutrina da Ciência*, Johann Gottlieb Fichte
- *O conflito das faculdades*, Immanuel Kant
- *Conhecimento objetivo – Uma abordagem evolutiva*, Karl R. Popper
- *Sobre o livre-arbítrio*, Santo Agostinho

CULTURAL

Administração
Antropologia
Biografias
Comunicação
Dinâmicas e Jogos
Ecologia e Meio Ambiente
Educação e Pedagogia
Filosofia
História
Letras e Literatura
Obras de referência
Política
Psicologia
Saúde e Nutrição
Serviço Social e Trabalho
Sociologia

CATEQUÉTICO PASTORAL

Catequese
Geral
Crisma
Primeira Eucaristia

Pastoral
Geral
Sacramental
Familiar
Social
Ensino Religioso Escolar

TEOLÓGICO ESPIRITUAL

Biografias
Devocionários
Espiritualidade e Mística
Espiritualidade Mariana
Franciscanismo
Autoconhecimento
Liturgia
Obras de referência
Sagrada Escritura e Livros Apócrifos

Teologia
Bíblica
Histórica
Prática
Sistemática

REVISTAS

Concilium
Estudos Bíblicos
Grande Sinal
REB (Revista Eclesiástica Brasileira)

VOZES NOBILIS

Uma linha editorial especial, com importantes autores, alto valor agregado e qualidade superior.

VOZES DE BOLSO

Obras clássicas de Ciências Humanas em formato de bolso.

PRODUTOS SAZONAIS

Folhinha do Sagrado Coração de Jesus
Calendário de mesa do Sagrado Coração de Jesus
Almanaque Santo Antônio
Agendinha
Diário Vozes
Meditações para o dia a dia
Encontro diário com Deus
Guia Litúrgico

CADASTRE-SE
www.vozes.com.br

EDITORA VOZES LTDA.
Rua Frei Luís, 100 – Centro – Cep 25689-900 – Petrópolis, RJ
Tel.: (24) 2233-9000 – Fax: (24) 2231-4676 – E-mail: vendas@vozes.com.br

UNIDADES NO BRASIL: Belo Horizonte, MG – Brasília, DF – Campinas, SP – Cuiabá, MT
Curitiba, PR – Fortaleza, CE – Juiz de Fora, MG – Petrópolis, RJ – Recife, PE – São Paulo, SP